35. SINCLAIR-HAUS-GESPRÄCH

Die Bürger und ihr öffentlicher Raum.

Städte zwischen Krise und Innovation

HERAUSGEGEBEN IM AUFTRAG
DER HERBERT QUANDT-STIFTUNG
VON CHRISTOF EICHERT UND ROLAND LÖFFLER
UNTER MITARBEIT VON ANTJE KLAUDIUS

HERDER

FREIBURG · BASEL · WIEN

Inhalt

Einleitung

5 *Von Christof Eichert und Roland Löffler*

I. Öffentliche Räume, Städteplanung, Architektur

18 Bedeutung, Funktion und Wandel öffentlicher Räume
Perspektiven aus Forschung und Praxis
Von Ulrich Berding

32 Öffentliche Räume zwischen Krise und Innovation
Einsichten und Thesen aus der europäischen Stadtforschung
Von Sabine Knierbein

58 Den öffentlichen Raum aktivieren
Von Olafur Eliasson

63 »Unser Vorbild ist und bleibt die europäische Stadt«
Thomas Gauly im Gespräch mit dem Architekten Christoph Mäckler über Städte der Zukunft, eine Architektur der Angemessenheit und seine Liebe zu Frankfurt am Main

69 Wasser als öffentlicher Raum
Wie der Verein »Flussbad Berlin« die Mitte der Hauptstadt verändern will
Von Charlotte Hopf

78 Der Libero vom Moritzplatz
Wie Andreas Krüger partizipative und kreativwirtschaftliche Stadtentwicklung vorantreibt
Von Roland Löffler

II. Unternehmerische Verantwortung im öffentlichen Raum

88 Mehr als nur ein Beförderungsmittel
Der öffentliche Personalnahverkehr als Mobilitätsversorger und Ort von Nutzungskonflikten in urbanen Räumen
Von Sigrid Evelyn Nikutta

98 Vom Wahrzeichen zum Warenzeichen?
Mehr Lebensqualität durch werbefinanzierte Stadtmöblierung oder Ausverkauf des öffentlichen Raums?
Von Daniel Wall

III. Politik und Religion im öffentlichen Raum – deutsche und schwedische Konzepte

110 Nach Stuttgart 21
Geht eine partizipative Großstadtpolitik nur »grün«?
Von Jochen Partsch

120 Politik in großen Städten
Herausforderungen für die CDU
Von Peter Tauber

128 Tabu Schrumpfung
Über den öffentlichen Diskurs zum demografischen Wandel in schwedischen Kommunen
Von Josefina Syssner und Gert-Jan Hospers

144 Der Öffentlichkeitsauftrag der Kirchen
Gleichbleibende Bedeutung bei sinkender Resonanz?
Von Rainer Maria Kardinal Woelki

IV. Bürgergesellschaft, Mitverantwortung und die Debatte über die Gestaltung öffentlicher Räume

162 Unbeholfene Demokraten
Moralische Leidenschaften in der Bundesrepublik
Von Till van Rahden

186 Auf dem Weg zur Reformation unseres Denkens
Zur ordnungspolitischen Bedeutung der Zivilgesellschaft
Von Kurt Biedenkopf

198 Demokratie am Scheideweg
Ein Plädoyer für bürgerschaftliche Mitverantwortung und eine gemeinsame Entscheidungsvorbereitung
Von Volker Hassemer und Stefan Richter

215 »Erfolgsfaktor bei der Bürgerbeteiligung: Aus Emotionen technische Fragen machen«
Der Bello-Dialog in Berlin erprobte bürgerschaftliche Mitverantwortung konkret
Roland Löffler im Gespräch mit der Berliner Staatssekretärin für Justiz und Verbraucherschutz, Sabine Toepfer-Kataw, über das neue Hundegesetz

Anhang

223 Die Autoren
234 Teilnehmer der Sinclair-Haus-Gespräche
237 Sinclair-Haus-Gespräche
240 Die Herbert Quandt-Stiftung und die Sinclair-Haus-Gespräche
242 Bildnachweis
244 Impressum

Einleitung

VON CHRISTOF EICHERT UND ROLAND LÖFFLER

Öffentliche Räume waren immer mehr als lediglich frei zugängliche Flächen und Orte. Schon im antiken Griechenland konstituierte sich die Polis auf der Agora, dem zentralen städtischen Ort, als Diskussions- und Entscheidungsraum für die Bürger. Heute bieten öffentliche Räume die Chance, Gemeinschaft zu ermöglichen und zu bewahren – für Menschen jeder Herkunft, jeden Alters und jeden Glaubens. Damit sind sie privaten Räumen überlegen, die natürlich immer erforderlich sind und deren Schutz ein stets präsentes Thema ist. Angesichts der dominierenden Debatten um den Schutz der Privatsphäre stellt sich aber die Frage nach der Wertschätzung des öffentlichen Raums in unserer Zeit.
Die Städte haben eine wichtige gesellschaftspolitische Aufgabe bei der Erfüllung von Grundfunktionen des Zusammenlebens: Städte- und Verkehrsplanung, Wohnungsbau sowie Bereitstellung von Gewerbegebieten sind Beispiele dafür. Öffentliche Räume sind dabei nicht nur Lückenfüller, sondern dienen der Begegnung von Menschen und der Entwicklung von sozialen Beziehungen, die wiederum konstitutiv für Funktion und Bedeutung dieser Räume sind. Dazu leisten auch Unternehmen einen Beitrag, als Dienstleister, als Anbieter von öffentlich zugänglichen Flächen, auf denen Begegnungen stattfinden, oder als Mitwirkende bei deren Gestaltung. Diesen unterschiedlichen Dimensionen des öffentlichen Raumes will dieser Band nachgehen.

Ulrich Berding, Stadtplaner in Hannover, zeigt in seinem Beitrag »Bedeutung, Funktion und Wandel öffentlicher Räume. Perspektiven aus Forschung und Praxis«, wie essentiell es ist, bei der Weiterentwicklung öffentlicher Räume auf ihre unterschiedlichen sozialen, politischen, ökologischen und ökonomischen Funktionen einzugehen. Diese Funktionsdimensionen seien weder statisch noch konstant, sondern verändern sich in ihrem Verhältnis zueinander ständig. Das zeige sich auch in einer historischen Perspektive: Während vor über 100 Jahren – also nach der Industrialisierung und Urbanisierung in Europa – noch die Nutzung der Städte für Verkehr, Transport und den Umschlag von Waren zentral war, steht heute das Flanieren und der Aufenthalt um seiner selbst willen im Blickpunkt. Die Nutzung von öffentlichen Straßen und Plätzen werde optional. Das zeige sich an der Ausweitung von Fußgängerzonen und dem vielfältigen Angebot an Konzerten, Public Viewings und anderen Events an öffentlichen Orten, was sogar zur deren Übernutzung führen könne.

An Berdings Ausführungen schließt Sabine Knierbein, Europäische Urbanistin an der Technischen Universität Wien, mit ihrem Aufsatz »Öffentliche Räume zwischen Krise und Innovation. Einsichten und Thesen aus der europäischen Stadtforschung« an. Auch sie beobachtet, dass sich die europäischen Städte gegenwärtig unter hohem Entwicklungsdruck verändern, der durch unterschiedliche Ursachen bedingt wird: etwa durch Deindustrialisierung, europäische Integration, internationale Migration, ökonomische Globalisierung und durch den Klimawandel. Die öffentlichen Räume dieser Städte, verstanden als grundlegende Momente der urbanen Erfahrung und als ästhetische Eckpfeiler des Stadtbildes, gewönnen im Zuge dieses Wandels aber an Bedeutung. Knierbein fragt deshalb, welche Rollen öffentliche Räume im Zuge der politischen, kulturellen und ökonomischen Umwälzungen in den Städten spielen könnten, wie Stadtverwaltungen mit der Aufgabe der Bereitstellung und Erhaltung qualitativ ansprechender urbaner Lebensräume umgehen, welche Bedeutung der Forschung und internationalen, speziell europaweiten Vereinbarungen zukomme. Knierbein geht mit Hilfe einer Politikfeldanalyse auf der EU-Ebene politischen Strategien für öffentliche Räume (EU-Politik des öffentlichen Raumes) auf verschiedenen Feldern nach und stellt diesen Konzepten empirische Befunde aus verschiedenen europäischen Städten gegenüber. Auf theoretischer Ebene weist die Expertin für Stadtkultur und öffentliche Räume darauf hin, dass umgangssprachlich der Begriff *öffentlicher Raum* oft unscharf benutzt wird. Die Urbanistik unterscheide deshalb konzeptionell zwischen *öffentlicher Sphäre* und *öffentlichem Raum*. In der politischen Theorie werde die Debatte um *öffentliche Räume* gern und schnell mit jenen Diskursen um die *öffentliche Sphäre* gleichgesetzt, also jenen Diskussionsräumen, in denen öffentliche Meinung im Austausch mit vielen (aber oft auch nicht mit allen) entstehen könne. Vor diesem Dilemma, das wollen die Herausgeber dieses Buches offen konzedieren, steht auch das hier vorliegende Buch, dessen erstes Kapital klar dem Bereich der öffentlichen Räume als jenem Ort gewidmet ist, an denen sich Öffentliches zu entfalten vermag. Dagegen gehen die politisch ausgerichteten Kapitel einen Schritt weiter und variieren Themen, die eher mit dem Frankfurter Philosophen Jürgen Habermas zur *öffentlichen Sphäre* gerechnet werden können. Allerdings lassen sich Brücken zwischen beiden Feldern schlagen. So wird in der angelsächsischen Forschung, wie Knierbein zeigt, der Zusammenhang zwischen städtischem Alltagsleben und öffentlicher Meinungsbildung hergestellt und der öffentliche Raum als eine *Geographie der öffentlichen Sphäre* verstanden.

Wie kaum ein anderer Künstler und Intellektueller der Gegenwart hat sich Olafur Eliasson mit dem Verhältnis von Kunst, öffentlichem Raum und öffentlicher Sphäre auseinandergesetzt. Der isländisch-dänische Künstler und Direktor des *Instituts für Raumexperimente* an der Universität der Künste in Berlin plädiert deshalb in diesem Band dafür, zu erkennen, »dass der öffentliche Raum nicht das ist, was übrig bleibt, nachdem alle anderen Räume privatisiert oder weggenommen worden sind. Der öffentliche Raum ist in sich ein Volumen, ein positiver Raum, etwas Robustes oder auch Präsentes.« Im öffentlichen Raum sollen die gesellschaftlichen Werte so umgesetzt werden, dass man, wenn man sich in dem Raum bewege oder aufhalte, bemerke, mit welcher Gesellschaft man es zu tun habe. Deshalb komme dem Kultursektor eine gewisse Vorbildfunktion zu. Als Eliasson vor einiger Zeit vor dem Rathaus in Kopenhagen ein Kunstwerk mit Eis aus Grönland installierte, wollte er damit einen Anstoß zur Klimadebatte liefern. Er kooperierte in diesem Kontext mit der dänischen Regierung, mit der Kommune, mit dem Klimaministerium, mit der UN, mit dem »Intergovernmental Panel on Climate Change«. Alle Partner glaubten daran, dass der öffentliche Raum die Möglichkeit biete, etwas in diesem Fall Theoretisches, die wissenschaftliche Information über das Klima, so der Öffentlichkeit auf teilnehmende und inklusive Art beizubringen, dass sie sich auch persönlich zum Klima äußern könne. Eliasson glaubt, dass unsere Gesellschaften in Europa noch immer unterschätzen, welche großartigen Qualitäten der öffentliche Raum besitze. Wir alle sollten den öffentlichen Raum viel stärker bespielen, rentabler nutzen und aktivieren – dafür müsse man aber das Vertrauen dem Raum, und nicht nur den anderen Menschen, gegenüber vertiefen.

In enger Kooperation mit Eliasson steht auch der Frankfurter Stararchitekt Christoph Mäckler. Eine Leserin der *Frankfurter Allgemeinen Zeitung* schwärmte nach der Eröffnung von Mäcklers »Neuem Portikus«, einer Ausstellungshalle im Zentrum der Bankenmetropole direkt am Main der Mainmetropole: »Frankfurt leuchtet so schön wie nie. Und das ist Olafur Eliasson zu verdanken, der mit seinen wundersamen Lichtinstallationen im gläsernen Dach des Portikus auf der Maininsel eine große neue Attraktion geschaffen hat.« Das »wundersame Licht« scheint nur nachts auf, tagsüber zieht das Portikus-Gebäude selbst die Blicke auf sich. Ein schlichtes Giebelhaus in der deutschen Hauptstadt der Wolkenkratzer. Das ist typisch für Mäckler, der die Metropole der Zukunft als »die unseren gesellschaftlichen Bedürfnissen angepasste Stadt der Vergangenheit« ansieht, wie er im Gespräch mit dem stellvertretenden Stiftungsratsvorsitzenden der Herbert Quandt-Stiftung, Thomas Gauly, erklärt. Mäckler will die Städte unseres Kontinents wieder zu ihren eigentlichen Ideen zurückführen. Dafür müssten Architekten und Städteplaner besser ausgebildet werden, interdisziplinärer denken und die Baugeschichte Europas besser kennen. Ohne Kenntnis der Geschichte eines Ortes bleibe Architektur an der Oberfläche hängen, so Mäckler. Städte bräuchten Beständigkeit, gerade weil sich die Welt so schnell ändere. Leider vernachlässige die heutige Architektur meist das Gesamtbild der Stadt und beschäftigte sich selbstverliebt mit dem Bauen von Unikaten und Bauwerke würden zu Kunstwerken. Mäckler votiert dagegen für eine »Architektur der Angemessenheit«, für die Einbindung von Bauwerken in den städtebaulichen Kontext. Das schönste Kompliment sei für ihn, zu hören, seine Bauwerke sähen aus, als ob es schon immer dort gestanden hätten.

Zurück zu den Wurzeln städtebaulicher Entwicklungen will auch Charlotte Hopf, die Berliner Dombaumeisterin und stellvertretende Vorsitzende des Vereins »Flussbad Berlin«. Diese ungewöhnliche Initiative von Bürgern, Architekten und Städteplanern erinnert daran, dass vor 100 Jahren der Spreekanal im historischen Zentrum Berlins seine ursprüngliche Funktion verlor. Das Projekt »Flussbad Berlin« möchte diesen Flussabschnitt, der die Museumsinsel im Westen umfließt und heute eine der größten innerstädtischen Funktionsbrachen ist, auf neue Weise nutzbar machen. Der Fluss solle sich in der Mitte des historischen Zentrums Berlins auf 750 Metern Länge in eines der größten und schönsten Schwimmbecken der Welt verwandeln. Im oberen Teil des insgesamt etwa anderthalb Kilometer langen Wasserlaufs sind außerdem eine einzigartige Biotoplandschaft und ein Schilfbecken zur natürlichen Reinigung des Flusswassers vorgesehen. So entstünden neue Räume und ein grünes Band durch den historischen Kern der Stadt. Zu den ersten Erfolgen dieses ungewöhnlichen Bürgerengagements zählen der Zuschlag eines öffentlich geförderten Forschungsprojekts und eine breite Diskussion in der deutschen Hauptstadt über die Umwandlung der Spree in Mitte.

Nicht weniger unkonventionell gingen Andreas Krüger und seine Mit-Gesellschafter des Kunstbedarfsunternehmens Modulor in Berlin vor, als sie einen neuen Geschäftsstandort suchten. Sie fanden ihn ausgerechnet am brachliegenden Kreuzberger Moritzplatz, den sie in ein lebendiges Kreativzentrum verwandelten. Roland Löffler zeichnet in seinem Porträt »Der Libero vom Moritzplatz« die Genese des Kreativunternehmers Andreas Krüger zu einem gefragten Stadtentwickler in ganz Europa nach. Krüger versucht, neue, oft künstlerische Nutzungsideen für brachliegende Terrains mit kommerziellen Ideen durch partizipative Prozesse zu verbinden. Was am Moritzplatz gelang, soll nun auch andernorts in Deutschland und Europa zu kulturwirtschaftlichen Clustern führen.

Im zweiten Kapitel legen die Vorstandsvorsitzende der Berliner Verkehrsbetriebe, Sigrid Evelyn Nikutta, und der langjährige Vorstandsvorsitzender der Wall AG, Daniel Wall, ihre Thesen zum Thema »Unternehmerische Verantwortung im öffentlichen Raum« dar. Nikutta stellt dabei die Bedeutung des öffentlichen Nahverkehrs (ÖPNV) in den Mittelpunkt ihrer Überlegungen. Der ÖPNV sei ein Problemlöser im öffentlichen Raum, bündelt und entlastet den Verkehr. Der ÖPNV biete Raum für alle Menschen, so verschieden sie sein mögen, und sorge dafür, dass Mobilität keine Frage des Geldbeutels werde. Deshalb sei eine ausreichende öffentliche Finanzierung des ÖPNV wichtig.

Dagegen zeigt Daniel Wall aus privatwirtschaftlicher Perspektive, wie wichtig gute Werbung im öffentlichen Raum ist. Sie sei nicht bloß ein Teil von Urbanität, sondern schaffe diese erst. In seinem Aufsatz »Wahrzeichen zur Warenzeichen? Mehr Lebensqualität durch werbefinanzierte Stadtmöblierung oder Ausverkauf des öffentlichen Raums?« stellt er das Geschäftsmodell seines Unternehmens vor, das moderne Stadtmöblierung, also Wartehäuschen, öffentliche Toiletten, Multifunktionssäulen *und* Außenwirtschaft miteinander verbinde. Die Außenwerbung refinanziert die modernen Stadtmöbel – und für die Nutzungserlaubnis öffentlicher Orte erhalten die Kommunen entsprechende Erlöse – eine Win-Win-Situation in einer Private-Public-Partnership, so Wall. Zugleich plädiert der Unternehmer für ein Weniger an Werbung, weil sonst eine Überreizung im öffentlichen Raum entstünde, die weder dem Bürger noch dem werbetreibenden Unternehmen gut tue.

Das dritte Kapital »Politik und Religion im öffentlichen Raum – deutsche und schwedische Konzepte« geht einen Schritt über die Erörterung des öffentlichen Raums hinaus und widmet sich stärker dem öffentlichen Diskurs bzw. dem Nachdenken über die öffentliche Sphäre. Der grüne Oberbürgermeister von Darmstadt, Jochen Partsch, legt in seinem Beitrag »Nach Stuttgart 21. Geht eine partizipative Großstadtpolitik nur ›grün‹?« dar, welch starke Wurzeln seine Partei in Bürgerbewegungen hat. Partsch zeigt, dass es eine Frage der Haltung sei, wie man mit Bürgern und deren Beteiligungswillen umgehe. Bürgerbeteiligung sei ein sehr intensiver Prozess. Er erforderte nicht zuletzt die Bereitschaft der städtisch Verantwortlichen, Personal und Geld in den Prozess zu investieren. Der glaubhafte Wille der politisch Verantwortlichen zur Beteiligung sei zentral, um diesen Grundsatz zu erfüllen. Noch wichtiger sei es aber, dass es ein Interesse der Bürgerschaft an der Bürgerbeteiligung gebe. Ihr sie von Verwaltungsseite überzustülpen, führt nicht zum Erfolg.

Auch der CDU-Generalsekretär Peter Tauber denkt in eine ähnliche Richtung. Er setzt sich in seinem Aufsatz »Politik in großen Städten. Herausforderungen für die CDU« intensiv damit auseinander, dass seine Partei zwar zahlreiche Kommunalwahlen in Großstädten gewinne, aber kaum noch einen Oberbürgermeister in Deutschlands Metropolen stelle. Wie auch die SPD habe seine Partei mit einem insgesamt geringeren Stimmenanteil zu kämpfen; so sei die CDU besonders bei jüngeren Menschen und bei Frauen aktuell nicht sehr erfolgreich. Die Volkspartei der Mitte nehme das Thema ernst und habe im Frühjahr 2015 im Bundesvorstand die »Hamburger Erklärung« zu einer zukünftigen Großstadtpolitik verabschiedet. Zudem habe die Unions-Fraktion im Deutschen Bundestag seit Anfang 2014 mit dem Berliner Generalsekretär Kai Wegner einem Großstadtbeauftragten eingesetzt. Der Karlsruher Bundesparteitag im Dezember 2015 verabschiedete das Papier einer von Tauber geleiteten »Meine CDU 2017« zur Modernisierung der Parteiarbeit. So wolle die CDU stärker solche Multiplikatoren, die gut im Kultur- und Sozialbereich vernetzt seien, für sich gewinnen – bisher eine Domäne von SPD und Grünen. Auch parteiübergreifende Allianzen und das Aufstellen von parteilosen Kandidaten (wie jüngst erfolgreich mit Henriette Reker zur Oberbürgermeisterin in Köln) seien Optionen. Tauber betont klar: »Wir als CDU müssen uns weiter anstrengen, um in Großstädten erfolgreich zu sein. Das wird ein langer Prozess und setzt an manchen Orten einen innerparteilichen Kulturwandel voraus.«

Einen ganz anderen Blick auf Politik, speziell Kommunalpolitik, wirft das Sozialwissenschaftler-Duo Josefina Syssner und Gert-Jan Hospers. Die beiden Kommunalforscher aus Schweden und den Niederlanden betreiben gemeinsam ein Forschungsprojekt zu fünf demografisch sensiblen Gemeinden in der schwedischen Region Östergötland. In ihrem Beitrag »Tabu Schrumpfung« führen sie aus, wie stark der öffentlichen Diskurs zum demografischen Wandel in schwedischen Kommunen von Tabus geprägt ist. Auf der Basis zahlreicher empirischer Quellen, öffentlicher Dokumente, Fokusgruppeninterviews, Diskussionen mit Politikern und Beamten arbeiten sie heraus, wie schwer sich die Verantwortlichen tun, langfristige Strategien zu entwickeln, um dem Bevölkerungsrückgang zu begegnen. Noch immer haben Wachstumsstrategien Vorrang, auch wenn diese wenig realistisch erscheinen. Deshalb fällt es den Kommunalpolitikern und Beamten nicht leicht, über negative Bevölkerungsentwicklung zu sprechen und Adaptionsverfahren zu entwickeln. So bleibt es in vielen Gemeinden aktuell bei Ad-hoc-Maßnahmen. Auch die Zivilgesellschaft wird von der Verwaltung nur selten als Ressource wirklich ernst genommen und in die langfristige Planung der Kommunalentwicklung strategisch einbezogen. Den schwedischen Kommunen steht ein radikales Umdenken bevor, wollen sie den Herausforderungen gerecht werden und die Potentiale entdecken, die in Schrumpfungsszenarien versteckt sind. Nur dann können sie die sozialen Herausforderungen des demografischen Wandels bewältigen.

Soziale Integration ist nicht nur eine kommunale Aufgabe, sondern auch eine traditionelle Domäne der Kirchen in Deutschland. Jahrzehntelang wurde ihnen eine weitreichende ethisch-gesellschaftspolitische Prägekraft zugesprochen. Mit der Säkularisierung und Individualisierung der Gesellschaft, aber auch durch die stärkere Sichtbarkeit anderer Religionen, wird dieser »Öffentlichkeitsauftrag« der christlichen Kirchen zunehmend in Frage gestellt. Der Kölner Kardinal Rainer Maria Woelki erklärt an verschiedenen sozialethischen Konfliktfelder, welche Bedeutung die Religion im öffentlichen Raum als wichtiger Ort der Gemeinschaft und der moralischen Urteilsbildung auch heute besitzt.

Auch das vierte Kapitel kann im Sinne der oben genannten Unterscheidung stärker dem Diskurs über die öffentliche Sphäre zugeordnet werden und greift grundsätzliche wie ganz praktische Fragen zum Verhältnis von »Bürgergesellschaft, Mitverantwortung und der Gestaltung öffentlicher Räume« auf. Der in Kanada lehrende, deutsche Historiker Till van Rahden zeigt, dass sich eine Bürgergesellschaft nicht einfach von selbst herausbildet, sondern eine lange Genese benötigt. In seinem Aufsatz »Unbeholfene Demokraten. Moralische Leidenschaften in der Bundesrepublik« gibt er einen Einblick in die langsame und komplizierte Geschichte der bundesdeutschen Bürgergesellschaft nach Holocaust und Zweitem Weltkrieg. Im Jahrhundert der Extreme erschien die Idee der liberalen Demokratie bereits Ende der 1930er Jahre fast erledigt. Deshalb wirkt die Verankerung des demokratischen Verfassungsstaates und die breite Verinnerlichung der demokratischen Kultur in Deutschland fast wie ein Wunder. Van Rahden geht diesen Entwicklungen deshalb mit dem Konzept der »Moralgeschichte« nach. Ihn interessiert, wie ein bestimmtes Verständnis von Bürgerlichkeit, von Moral und Umgangsformen, von Vertrauen und bürgerlichen Tugenden die »ungesellige Geselligkeit« der Bürgerinnen und Bürger förderte. Welche Zugehörigkeitskonzepte entwarfen die Nachkriegsdeutschen, welche Zugehörigkeitsgefühle entwickelten sie und welche Rolle spielten diese für ihr Selbstverständnis? Wie haben Kontroversen um ethische Fragen – im Schatten von Völkermord und Vernichtungskrieg – die Bundesrepublik als eine Demokratie geprägt, die noch in den Kinderschuhen steckte? Van Rahden zeigt an sehr unterschiedlichen empirischen Beispielen, wie langsam und behäbig, ja unbeholfen die Deutschen zu Demokraten wurden. Ihnen fehlte die spielerische *politesse*. Nur wenige hätten verstanden, dass eine *politesse des manières* und eine *politesse de l'esprit* sich aus einer republikanischen Gleichheitsliebe speisen, die es den Bürgern ermögliche, mit Feindschaft und Abneigung zu leben und Formen von Geselligkeit zu kultivieren, dank derer sie auch jene Dinge begreifen könnten, die sie sich nicht zu eigen machen wollten. Kaum verwunderlich, dass es nicht zu den Kompetenzen der Nachkriegsdeutschen gehörte, Gegensätze, Konflikte, Aversionen auszuhalten, andersartige politische Leidenschaft und moralische Inkommensurabilität anzuerkennen. Diese Fähigkeit zur Toleranz und zur Geduld zählen aber zu den Kerntugenden eines öffentlichen, liberalen und demokratischen Lebens, so der Wissenschaftler von der Université de Montréal. Sie habe sich in der frühen Bundesrepublik nur langsam entwickelt.

Auch der ehemalige sächsische Ministerpräsident Kurt Biedenkopf blickt in die Jahre nach dem Zweiten Weltkrieg zurück und kritisiert das weitverbreitete Sicherheitsdenken der Deutschen. Durch die Errungenschaften der sozialen Marktwirtschaft, insbesondere des Sozialsystems, war der Wille der Bürger, ihre individuelle Freiheit im sozialen Bereich vom Staat einzufordern, schon kurze Zeit nach dem Krieg politisch kaum noch wirksam. Deshalb sei es an der Zeit, dass sich unsere Gesellschaft wieder auf ihre Grundlagen besinne. Für den langjährigen Juraprofessor bedeutet dies, dass Staat und Gesellschaft sich stärker, als es in den letzten Jahrzehnten der Fall war, um »die Entfaltung der Freiheit« bemühen solle. Nur so könne sich ein fruchtbares Verhältnis zwischen Bürgergesellschaft und Staat ausgestalten lassen. Das gelte auch für die gesamte politische Klasse. Sicherheit dominierte über Freiheit. Biedenkopf plädiert deshalb für eine »Reformation unseres Denkens« und hebt unter dem Stichwort Freiheit die »ordnungspolitische Bedeutung der Zivilgesellschaft« hervor. Nur wenn die Bürger im öffentlichen Raum ihr Recht auf Verantwortung und Selbstverantwortung einforderten und wahrnähmen, könnten sie die Versuche des Staates abwehren, sie unter Berufung auf das Gemeinwohl zu bevormunden. Diese Neujustierung des Verhältnisses von Bürger und Staat führt zwangsläufig zur Machtfrage. Sein Votum ist in dieser Frage klar: »Wenn wir sie stets aufs Neue zugunsten der Zivilgesellschaft entscheiden, definieren wir zugleich den freiheitlichen Gehalt unserer Demokratie.«

Genau hier schließen Volker Hassemer und Stefan Richter mit ihrem Aufsatz »Demokratie am Scheideweg. Ein Plädoyer für bürgerschaftliche Mitverantwortung und eine gemeinsame Entscheidungsvorbereitung« an. Die beiden Vorstandsmitglieder der *Stiftung Zukunft Berlin* legen ein ausgearbeitetes, von ihnen oft praktiziertes Konzept der Bürgerbeteiligung vor, das in den fünf Grundsätzen »bürgerschaftlicher Mitverantwortung« gipfelt. Ihr Anliegen beruht auf zwei Grundpfeilern: a) Bürger müssten sich auf Augenhöhe mit den Entscheidern begegnen können. Ihre Argumente dürften nicht weniger zählen als die der Entscheider. b) In unserem repräsentativen System sei die Entscheidungshoheit der Politik dennoch zu wahren. So würden Bürger und Politik gemeinsam zur demokratischen Weiterentwicklung des Gemeinwesens beitragen. Der Grundsatz dafür ist: Politik auf der einen sowie Bürgerinnen und Bürger auf der anderen Seite bereiten demokratische Entscheidungen gemeinsam vor. Hassemer/Richter geht es also um eine gemeinsame Entscheidungsvorbereitung – im Vorfeld der eigentlichen Entscheidung im Parlament. Den Kern der gemeinsamen Entscheidungsvorbereitung bildet ein Forum, in dem sich Politik und Verwaltung sowie Bürgerinnen und Bürger träfen. Hier kommt es zum Streit über den besten Weg, zum Austausch der Argumente. Die Thesen der Bürgervertreter nehmen die Politiker dann mit in Parlament und Verwaltung und entwickeln sie dort weiter zu Gesetzesvorhaben.

Dieses Modell der »bürgerschaftlichen Mitverantwortung« wurde in den zwei vergangenen Jahren etwa bei der Erarbeitung des neuen Berliner Hundegesetzes praktisch umgesetzt. Roland Löffler befragt die Berliner Staatssekretärin für Justiz und Verbraucherschutz, Sabine Toepfer-Kataw, über die Auswirkungen des sogenannten »Bello-Dialogs« auf die politische Arbeit der Exekutive und die Zusammenarbeit mit der *Stiftung Zukunft Berlin*. Toepfer-Kataw verweist dabei auf einen Schlüsselpunkt erfolgreicher Beteiligungsprozesse: Herrchen und Hund verbinde eine enge persönliche Verbindung. Deshalb seien alle Veränderungen des Hundegesetzes sehr emotional besetzt. Erst wenn es gelänge, diese gefühlsmäßige Betrachtung der Dinge in technische Fragen zu verwandeln, würden sie lösbar. Wie ernst die Politikerin die Auseinandersetzung mit den Sorgen und Ideen der Bürger nahm, zeigt sich daran, dass sie an allen Sitzungen des Bello-Dialogs teilnahm. Das Ergebnis dieser Sondierungsrunden war zwar nicht die Blaupause des Gesetzes, denn die Verwaltung setzte noch eine erfahrene Verwaltungsrichterin an die Ausformulierung des komplett neuen Gesetzestextes. Aber die intensive Suche nach Kompromissen habe zu einer hohen Qualität des Reformpaketes geführt und eine breite Rückendeckung in der Bevölkerung erbracht. Allerdings müsse auch die Verwaltung hinter derartigen Partizipationsprozessen stehen, so Toepfer-Kataw. Sie ist deshalb von »bürgerschaftlicher Mitverantwortung« im Vorfeld kontroverser politischer Veränderungsprozesse überzeugt – man müsse allerdings bei Megaprojekten der Stadtentwicklung die großen Themen in viele kleine Blöcke unterteilen, um Befürworter und Gegner zu einem Kompromiss zu bewegen.

Diesen und anderen Fragen geht dieser Band des 35. und letzten Sinclair-Haus-Gesprächs nach, das vom 24./25. April 2015 in Bad Homburg stattfand. Die Herbert Quandt-Stiftung wird Ende 2016 ihre operative Arbeit einstellen und in eine Förderstiftung transformiert werden. Ein Band über die Bürger, ihre öffentlichen Räume und die öffentliche Sphäre ist deshalb eine passende Abrundung der gesamten Arbeit der Herbert Quandt-Stiftung, die sich immer darum bemüht hat, neue Impulse für den öffentlichen Diskurs in Deutschland zu geben.

Ein Beispiel für klassische Städteplanung: Das Rathaus von Görlitz.

I. Öffentliche Räume, Städteplanung, Architektur

Bedeutung, Funktion und Wandel öffentlicher Räume

Perspektiven aus Forschung und Praxis

VON ULRICH BERDING

1. Was ist »öffentlicher Raum«?

Wenn vom »öffentlichen Raum« die Rede ist, entsteht in unseren Köpfen schnell ein Bild, eine Vorstellung von dem, was damit gemeint ist. Je nach Vorbildung, fachlichem Hintergrund oder auch thematischem Anlass kann sich dieses Bild jedoch von Kopf zu Kopf sehr stark unterscheiden.

Nach Hannah Arendt entsteht ein »öffentlicher Raum« aus der »gleichzeitigen Anwesenheit zahlloser Aspekte und Perspektiven«.[1] Jürgen Habermas nimmt die Frage der allgemeinen Zugänglichkeit in den Fokus: »Eine Öffentlichkeit, von der angebbare Gruppen eo ipso ausgeschlossen wären, ist nicht etwa nur unvollständig, sie ist vielmehr gar keine Öffentlichkeit.«[2] Während in diesen Konzepten weniger von physischen als von gesellschaftlichen Orten und Räumen die Rede ist, bezieht sich Hans Paul Bahrdt in seinen Überlegungen zur Öffentlichkeit ausdrücklich auf die »moderne Großstadt«. Die dort vorzufindenden sozialen Beziehungen seien durch »lückenhafte Integration« gekennzeichnet. Unter diesen Bedingungen entstehe Öffentlichkeit erst dort, »wo durch spezifische Stilisierung des Verhaltens dennoch Kommunikation und Arrangement zustande kommen«.[3]

Perspektivenvielfalt, Zugänglichkeit und spezifische Verhaltensweisen sind auch heute noch wesentliche Merkmale für »Öffentlichkeit«. Der »Raum« selbst wurde in diesem Zusammenhang jedoch nicht oder nur am Rande thematisiert. Erst Ende

---

[1] Arendt, Hannah: Vita Activa oder Vom tätigen Leben. Stuttgart 1960. S. 56f.

[2] Habermas, Jürgen: Strukturwandel der Öffentlichkeit. Untersuchungen zu einer Kategorie der bürgerlichen Gesellschaft. 5. Auflage als Sonderauflage der Sammlung Luchterhand. Neuwied/Berlin 1971. S. 107.

[3] Bahrdt, Hans Paul: Die moderne Großstadt. Soziologische Überlegungen zum Städtebau. Hg. von Ulfert Herlyn. Opladen 1998. S. 93.

der 1980er Jahre nahmen die Kultur- und Sozialwissenschaften wieder verstärkt die Räumlichkeit und die Raumbezogenheit sozialen Lebens wahr. Unter dem Schlagwort des *Spatial Turn* wird Raum nicht mehr allein als physisch definierter »Behälter« betrachtet, in dem sich Menschen begegnen, sondern als Ausdruck sozialer Beziehungen und menschlichen Handelns.[4]
Raum und Gesellschaft stehen also in einer Wechselwirkung. Einerseits ist Raum sowohl mentales und physisches als auch symbolisches Konstrukt und die »Entstehung des Raums [...] ein soziales Phänomen«.[5] Andererseits hat das Räumliche Bedeutung für das Handeln gesellschaftlicher Akteure und die Konstitution der Gesellschaft. Aus dieser sozialwissenschaftlichen Diskussion resultiert die Erkenntnis, dass die öffentliche Nutzung von Stadträumen nicht etwas einmal Gegebenes ist, sondern aus komplexen Wechselbeziehungen resultiert und somit ständiger Veränderung unterworfen ist. Auch in einer anderen Hinsicht erfuhren frühere Betrachtungsweisen wichtige Weiterentwicklungen: Wurde das städtische Leben zunächst in der Polarität von Öffentlichkeit und Privatheit gedacht, so geht man heute von Übergängen und Überlagerungen dieser Sphären aus.

Zunächst entwickelten Marc Fester, Sabine Kraft und Elke Metzner 1983 eine Unterscheidung städtischer Freiräume hinsichtlich ihrer »sozialen Raumcharaktere«.[6] Baulich-räumliche Konstellationen und Verhaltensweisen korrespondierten ebenfalls in diesem Konzept, aber neben den öffentlichen und privaten Freiräumen gerieten auch gemeinschaftlich nutzbare Orte in den Blick – sowie die von den Autoren eher skeptisch betrachteten Schnittstellen der verschiedenen Raumtypen, etwa: der »halböffentliche Raum«. Für die planerische Praxis im Siedlungsbau hat diese differenzierte Betrachtung von Freiräumen immer noch Bedeutung. Zugleich aber wird die Annahme, dass einzelnen Raumtypen spezifische Verhaltensweisen zuzuordnen sind, verstärkt in Zweifel gezogen: So stellt Thomas Ebers fest: »Öffentlichkeit und Privatheit sind heute nicht mehr einander ausschließend zu denken.«[7] Der vermeintlichen Eindeutigkeit der sozialen Raumcharaktere steht ein erheblich facettenreicherer Alltag der Raumnutzer gegenüber. Nicht nur nimmt früher als »privat« bezeichnetes Verhalten im öffentlichen Raum zu. Das Verhalten in Stadträumen unterschiedlicher Art differenziert sich auch je nach Nutzungskon-

[4] Lefebvre, Henri: »Die Produktion des Raums«. In: Dünne, Jörg/Günzel, Stephan (Hg.): Raumtheorie. Grundlagentexte aus Philosophie und Kulturwissenschaften. Frankfurt a.M. 206. S. 330-342, hier S. 336.

[5] Löw, Martina: Raumsoziologie. Frankfurt a.M. 2001. S. 263f.

[6] Fester, F. Marc/Kraft, Sabine/Metzner, Elke: Raum für soziales Leben. Eine Arbeitshilfe für Planungs- und Entwurfspraxis. Karlsruhe 1983.

[7] Ebers, Thomas: »Öffentlichkeit als eine Grundvoraussetzung menschlichen Seins: Überlegungen zu einer Philosophie des öffentlichen Lebens«. In: Städtische Öffentlichkeit – öffentliche Stadträume. BBSR-Berichte Kompakt 01/2014. S. 5.

text und sozialem Umfeld stark aus. Der Hamburger Journalist Hanno Rauterberg resümiert: »[D]ie meisten Menschen [führen] ein unpolarisiertes Leben, ein Leben voller Übergänge.«[8]

Zu dieser Entwicklung trägt auch die Verbreitung mobiler Kommunikationstechniken bei: Mit der parallelen Präsenz des Smartphone-Nutzers im Stadtraum und in den sozialen Medien entsteht »Bilokalität«[9] – verbunden mit entsprechend mehrdeutigem Verhalten im physischen Raum. Damit wird zugleich auf eine weitere Diskussion verwiesen, die seit Ende der 1990er Jahre geführt wurde: Skeptiker befürchteten, dass digitale Technologien eine Bedrohung für die sozialen Funktionen der Stadträume bedeuten und »Funktionen des öffentlichen Raums in die Privatsphäre der Wohnung«[10] verlagert werden könnten. Doch diese Skepsis wird vor allem von Vertretern der jüngeren Generation nicht geteilt: »Anders als von Kulturpessimisten prophezeit, bringt das Internet das öffentliche Stadtleben nicht zum Aussterben oder führt gar zu Verfall und Ende des öffentlichen Stadtraumes, sondern evoziert vielmehr eine lebendige und vielschichtige Renaissance des öffentlichen Raumes in der europäischen Stadt.«[11]

Neben verschiedenen Zugangsvoraussetzungen und Verhaltensregulierungen ist auch die Nutzung öffentlicher Räume selbst sozial selektiv. Soziale Gruppen empfinden öffentliche Räume unterschiedlich attraktiv und haben spezifische Nutzungsbedürfnisse und Vorlieben. Sozialwissenschaftliche Untersuchungen belegen, dass Angehörige sozialer Gruppen die Nähe zueinander suchen und bestrebt sind, sich nach Möglichkeit anderen Gruppen gegenüber abzugrenzen: »Tatsächlich steht einem nichts ferner und ist nichts weniger tolerierbar als Menschen, die sozial fern stehen, aber mit denen man in räumlichen Kontakt kommt.«[12] Bewusste Ab- und Ausgrenzung »schwächerer« durch »stärkere« Gruppen ist ebenso prägend für die Realität öffentlicher Stadträume wie die »(freiwillige) Dominanz bestimmbarer Gruppen«.[13]

---

[8] Rauterberg, Hanno: Wir sind die Stadt! Urbanes Leben in der Digitalmoderne. Berlin 2013. S. 48.

[9] David, Benjamin/Junghans, Anja: »Mit dem Computer in den Hosentasche entsteht ein neuer öffentlicher Zwischenraum.« In: telepolis 09.01.2011. URL: http://www.heise.de/tp/artikel/33/33977 (06.05.2015).

[10] Schubert, Herbert: »Ein neues Verständnis von urbanen öffentlichen Räumen.« In: Havemann, Antje/Selle Klaus (Hg.): Plätze, Parks & Co. Stadträume im Wandel – Analysen, Positionen und Konzepte. Detmold 2010. S. 184-194, hier S. 187.

[11] David/Junghans: »Mit dem Computer in den Hosentasche.«

[12] Bourdieu, Pierre: »Physischer, sozialer und angeeigneter physischer Raum«. In: Wentz, Martin (Hg.): Stadt-Räume. Frankfurt a. M./New York 1991. S. 25-34, hier S. 32.

[13] Wehrheim, Jan: »Segregierte Öffentlichkeit«. In: Havemann/Selle (Hg.): Plätze, Parks & Co. S. 276-291, hier S. 288f.

Die unterschiedlichen Freiraumansprüche einzelner Gruppen wurden in zahlreichen empirischen Studien eingehend analysiert. So haben die Psychologen Martha und Hans Heinrich Muchow schon in den 1920er Jahren in einer richtungsweisenden Studie aufgezeigt, auf welch spezielle Weise Kinder ihre Umwelt wahrnehmen und sich aneignen.[14] Später folgten Untersuchungen mit ähnlichen Fragestellungen, die sich auf verschiedene weitere Nutzergruppen bezogen. In diesem Zusammenhang wurde auch auf geschlechtsspezifische Unterschiede hinsichtlich Raumaneignung und Präsenz im Raum hingewiesen.[15] Mädchen sind meist in öffentlichen Räumen weniger präsent als Jungen, verhalten sich auf nicht eigens ausgewiesenen Orten eher defensiv und sind auf Spielplätzen überproportional vertreten – und lassen sich dort eher von anderen, beispielsweise älteren Kindern und Jugendlichen, vertreiben als Jungen.

Nutzung und Nutzbarkeit werden auch von Rahmenbedingungen geprägt – zum Beispiel der Konkurrenz mit anderen Nutzungen. Das gilt beispielsweise für den ruhenden und fließenden Verkehr, der nicht nur Flächen in Anspruch nimmt, sondern auch ein Gefährdungspotenzial für alte wie junge Menschen besitzt und schwer überwindbare Barrieren im System der öffentlichen Räume schaffen kann. Darüber hinaus wirkt sich auch der demografische Wandel auf Bedeutung und Nutzung öffentlicher Räume aus: Mit einem wachsenden Anteil älterer Menschen kommt Fragen der Sicherheit, Barrierefreiheit und Mobilität eine immer größere Bedeutung zu. Zugleich differenzieren sich auch mit einer ethnisch-kulturell vielfältiger werdenden Gesellschaft die Nutzungsanforderungen an die öffentlichen Räume weiter aus. Überdies führt der in einigen Regionen deutlich spürbare Rückgang der Bevölkerungszahlen sowohl zu einem nachlassenden Nutzungsdruck auf öffentliche Räume als auch zu einer sich ändernden Nutzungsstruktur bei nachlassender sozialer Kontrolle.

1.1 Akteursvielfalt und Governance im öffentlichen Raum

Die planungsbezogene Diskussion über öffentliche Räume war anfänglich ausschließlich auf die Kommunen und ihr Handeln ausgerichtet. Dem lag die Annahme zugrunde, dass öffentliche Räume im Besitz der Kommune seien und von ihr gestaltet, gepflegt und in ihrer Nutzung sofern notwendig reguliert werden. Dieses Bild von der alleinigen und umfassenden kommunalen Zuständigkeit hätte schon aufgrund der historischen Fakten der Korrektur bedurft – denn schon immer gab es andere Akteure, seien es Kirchen oder Privatpersonen, die über öffentlich genutzte

[14] Muchow, Martha/Muchow, Hans Heinrich: Der Lebensraum des Großstadtkindes. Nachdruck der Ausgabe Hamburg 1935. Bensheim 1978.

[15] Vgl. u.a. Spitthöver, Maria: Frauen in städtischen Freiräumen. Köln 1989.

Stadträume verfügten. Erst jüngere Forschungen aber zeigen, wie groß die Akteursvielfalt tatsächlich ist und wie komplex die Überlagerungen von Zuständigkeiten in den öffentlichen Räumen sein können. Differenziert man nach Maß und Art der Einflussnahme von Akteuren auf öffentliche Räume, ergibt sich ein höchst heterogenes Bild, das sich von Raum zu Raum stark unterscheiden kann. So können etwa die einen Akteure über Eigentumsrechte oder Nutzungsrechte verfügen, während andere den Raum »regulieren«, also bestimmen, auf welche Weise und von wem er genutzt werden darf. Für den baulichen Zustand und das gestalterische Erscheinungsbild können wiederum weitere Akteure verantwortlich sein. Blickt man auf diese differenzierte Weise hinter die Kulissen öffentlich zugänglicher Räume, zeigt jeder Stadtraum einen spezifischen »Fingerabdruck«, ein eigenes Akteursprofil. In vielen Räumen existieren komplexe Überlagerungen und Überschneidungen von Verantwortlichkeiten, und die öffentliche Hand ist dabei oft nur eine Stimme von vielen. Die Komplexität von Einflüssen und Interessen ist damit ein wesentliches Kennzeichen innerstädtischer öffentlicher Räume, deren Planung und Entwicklung entsprechend umfassender Abstimmungs- und Abwägungsprozesse bedarf.[16]

Die Komplexität von Einflüssen und Interessen ist ein wesentliches Kennzeichen innerstädtischer öffentlicher Räume.

Mit diesen Befunden wird deutlich, dass auch für die öffentlichen Stadträume gilt, was für die Stadtentwicklung insgesamt festgestellt wurde: Es sind viele Akteure auf jeweils eigene Weise tätig. Wenn Kommunen handlungsfähig werden wollen, müssen sie mit und zwischen diesen Akteuren Verbindungen herstellen und kooperative Strategien entwickeln. Entsprechend findet man in der Praxis verschiedenste Formen einer solchen *local governance* auch für öffentlich nutzbare Stadträume.

2. Funktionen

Öffentliche Räume erschließen Städte, sie bilden ihre innere Struktur, dienen der räumlichen Mobilität der Menschen, dem Transport und Konsum von Waren. In ihnen findet gesellschaftliches Leben statt, hier werden die Vielfalt und Verschiedenheit der Stadtgesellschaft, Toleranz, Integration, aber auch Ausgrenzung sichtbar. Öffentliche Räume sind Orte des Aufenthaltes, sie bieten Möglichkeiten zur Begegnung und zu vielfältigen kulturellen, sportlichen und anderen Freizeitaktivitäten. Nicht zuletzt besteht in den öffentlichen Räumen einer Stadt die Möglichkeit zu politischer Repräsentation, Meinungsbildung und Demonstration.

Dass der öffentliche Raum viele Funktionen erfüllt und entsprechend umfassend Nutzen für Stadt und Gesellschaft stiften kann, ist internationaler Konsens: »Public

[16] Vgl. Berding, Ulrich u.a. (Hg.): Stadträume in Spannungsfeldern. Detmold 2010.

space [...] has the potential to influence a wide range of benefits: as a stage to encourage social cohesion and interaction and build social capital; as a venue for economic exchange and element in determining economic competitiveness and investment decisions; as an environmental resource and direct influence on energy use; and as an important contributor to the liveability or urban places and influence on the health and well-being of local populations.«[17]
Auf einige dieser Aspekte wird im Folgenden näher eingegangen.

2.1 Identitätsstiftende Funktionen

Öffentliche Räume bilden das Grundgerüst, den »Grundriss« der Städte. Sie sind so aus der Vogelperspektive beziehungsweise im Stadtplan häufig auf den ersten Blick zu finden. Aber auch dort, wo in der jeweiligen Stadtbaugeschichte keine so prägende Gestaltung wirksam war, sind es einzelne Straßen und Plätze, die der Stadt ihre Identität geben, sie unverwechselbar machen können. Zugleich sind sie oft konstante Elemente der Stadtstruktur und überdauern lange Zeiträume, selbst gravierende Einschnitte wie Naturkatastrophen oder Kriege. Sie sind damit auch Träger von Bedeutungen, Erinnerungen und Geschichten, verdichten sich so zum Bild einer Stadt und können Teil des kollektiven Gedächtnisses werden.

Aus der Vogelperspektive: Nördlingen ist ein historisches Musterbeispiel für Stadtentwicklung.

[17] Carmona, Matthew/Magalhães, Claudio de/Hammond, Leo: Public space: the management dimension. London 2008. S. 7f.

»Was kommt einem, wenn man an eine Großstadt denkt, als erstes in den Sinn? Ihre Straßen. Wenn die Straßen einer Großstadt uninteressant sind, ist die ganze Stadt uninteressant; wenn sie langweilig sind, ist die ganze Stadt langweilig«.[18] Zustand von und Leben in öffentlichen Räumen prägen wesentlich das Bild, das sich Bewohner wie Besucher von einer Stadt machen. Entsprechend standen Straßen und Plätze schon in den literarischen Stadtbeschreibungen des Mittelalters im Zentrum der Betrachtung. Auch heute spielen Abbildungen öffentlicher Räume, insbesondere Plätze und Straßen in zentralen Lagen, unter den Bildern von Städten eine besondere Rolle – und werden zum Beispiel intensiv für das Stadtmarketing genutzt.

Dieser prägenden Bedeutung öffentlicher Räume entspricht es auch, dass sie auf vielfältige Weise kulturell genutzt werden. Das gilt nicht nur für die Platzierung von Kunstobjekten, sondern bezieht die Gestaltung der Räume und ihrer prägenden Elemente ebenso ein wie ihre Nutzung – etwa für Aktionen, als Orte für Aufführungen, Inszenierungen und (temporäre) Installationen.[19] Auch die Bemühungen um (Stadt-)Baukultur haben daher die Plätze und Parks der Städte nicht nur zum Gegenstand, sondern nutzen sie als Orte für Aktionen und Interventionen.

2.2 Soziale Funktionen

Die sozialen Funktionen öffentlicher Räume sind vielfältig: Als Teil des Spektrums von privater über gemeinschaftlicher zu öffentlicher Nutzung sind öffentliche Räume die Orte, in denen entscheidende Sozialisations- und Aneignungserfahrungen vor allem heranwachsender Menschen gemacht werden. Gefährdungsfreie und anregungsreiche Streifräume sind daher ein wichtiges Element einer Stadt- und Freiraumplanung, die Kinder und Jugendliche bewusst berücksichtigen möchte. Öffentlich nutzbare Räume können, sofern ihre Struktur und Gestaltung dies zulassen, allen Gruppen in der Stadt Möglichkeiten zum Aufenthalt, zu Begegnungen und gemeinsamen Aktivitäten bieten. Bei der Gestaltung löst daher die Idee des *design for all* zunehmend die zielgruppenspezifische Planung ab.

In den öffentlichen Stadträumen wird die Stadtgesellschaft sichtbar. Hier gibt es zum einen die Chance, Vielfalt und Verschiedenheit der Stadtbevölkerung wahrzunehmen und Fremden Begegnungen zu ermöglichen. Zum anderen werden gerade in den öffentlichen Räumen gesellschaftliche Spannungen, Vorbehalte und Ausgrenzungen sichtbar. Dies kann zu Unsicherheitsgefühlen bei der Nutzung ent-

[18] Jacobs, Jane: Tod und Leben großer amerikanischer Städte. Berlin 1963. S. 27.

[19] Vgl. Beeren, Willem-Jan/Berding, Ulrich/Kluge, Florian: Raum auf Zeit. Temporäre Interventionen im öffentlichen Raum. Band 1. Aachen 2013.

sprechender Räume und in der Konsequenz zur Vermeidung derselben führen. In der räumlichen Planung wird daher versucht, Angsträume nicht entstehen zu lassen und Nutzern ein Gefühl von Sicherheit zu vermitteln. Generell gelten öffentliche Räume als Orte der potenziellen Begegnung für die Bewältigung gesellschaftlicher Vielfalt als wichtig.

2.3 Ökologische Funktionen

In den 1920er Jahren gewannen Grünräume in der Stadt zum ersten Mal eine Bedeutung im Sinne der Gesunderhaltung von Mensch und später auch Umwelt. Mit der Forderung nach »sanitärem« Grün zur Durchlüftung der Städte werden Baustrukturen aufgelockert und Aufenthaltsräume im Freien für die Stadtbevölkerung geschaffen. Mit der in den 1970er Jahren verstärkt einsetzenden weltweiten Hinwendung zu ökologischen Fragen und der Orientierung am Ziel einer nachhaltigen Entwicklung gewannen die Freiräume in den Städten zusätzlich an Bedeutung. Im Vordergrund steht zunächst die Reduktion von motorisiertem Individualverkehr durch den Ausbau von Rad- und Wanderwegen sowie des ÖPNV-Angebotes. Mit dem Klimawandel gewinnt das Freihalten von stadtklimatisch relevanten Flächen (Kaltluftschneisen) sowie die klimagerechte und stadtökologisch angepasste Gestaltung von Freiräumen (Verschattung, Vermeiden von Hitzestauungen) noch einmal eine neue Relevanz.

2.4 Ökonomische Funktionen

Straßen und Plätze waren historisch zentrale Voraussetzungen für die Entstehung und ökonomische Entwicklung der Städte. Das sind sie in vielfältiger Weise auch heute noch, ihre Transportfunktion dauert an. Warenumschlag und Konsum haben sich zwar weitgehend in die Gebäude am Rande der öffentlichen Räume verlagert. Diese aber tragen wesentlich zum Lagewert bei und leben umgekehrt von der Intensität der merkantilen Nutzung an ihren Rändern. Angesichts der zentralen Bedeutung, die der »Lage« immobilienwirtschaftlich beigemessen wird, kommt den jeweils standortprägenden öffentlichen Räumen – ob Straße, Platz oder Park – erhebliche Bedeutung als Standortfaktor zu. Der Wert von Immobilien wird also nicht unwesentlich auch vom Vorhandensein und Zustand öffentlicher Räume geprägt. Vernachlässigte oder stark verkehrsbelastete Räume können zur Abwanderung und damit zur Minderung des Immobilienwertes beitragen. Umgekehrt kann die Aufwertung öffentlicher Räume zur Steigerung der Attraktivität für bestimmte Nutzungen und damit des Lagewertes von Grundstücken beitragen. Aus diesem Grund werden öffentliche Räume zunehmend als Investitionsimpulse genutzt. Vor allem bei Projekten der Wiedernutzung und Konversion stehen Investitionen in hochwertige öffentliche (Frei-)Räume am Beginn der Entwicklung. Sie sollen das Image des Standortes prägen und entsprechende private Investitionen auslösen. Dieses Aufgabenverständnis hat inzwischen so an Bedeutung gewonnen, dass *place management* und *place branding* bereits als eigenständige Tätigkeitsbereiche gelten.

Darüber hinaus haben die öffentlich nutzbaren Räume auch noch eine unmittelbare wirtschaftliche Bedeutung: Sie ermöglichen die Erwirtschaftung von Erträgen. Das gilt sowohl für private Grundeigentümer als auch – in zunehmendem Maße – für Kommunen und andere öffentliche Akteure. Mit der Vergabe von Sondernutzungsrechten für Außengastronomie, für das Aufstellen von Waren und Dekorationen vor Geschäften, für Märkte aller Art, aber auch für Werbung an Gerüsten und Fassaden, erwirtschaften die Kommunen inzwischen erhebliche Beträge. Das wird in der Bevölkerung nicht immer positiv bewertet und kann zu Klagen über das »Zustellen« und »Übernutzen« der öffentlichen Räume oder über die Entstellung des Stadtbildes durch großformatige Werbung führen.

2.5 Politische Funktionen

Der öffentliche Raum wurde und wird auch immer mit Politik in Zusammenhang gebracht: Hier sieht man die Orte für politische Reden, Versammlungen und Demonstrationen. Die Freiheit zur politischen Meinungsäußerung gilt geradezu als Gradmesser für die Öffentlichkeit eines Ortes.

Ebenso werden in öffentlichen Räumen in besonderer Weise Gestaltungsabsichten und Wirksamkeit kommunalpolitischen Handelns deutlich. Eine Bevölkerungsbefragung des Bundesinstituts für Bau-, Stadt- und Raumforschung (BBSR) kommt in Bezug auf die innerstädtischen Räume zu dem Ergebnis: »Wer mit der Innenstadt alles in allem nicht zufrieden ist, gibt auch der Lokalpolitik schlechte Noten.«[20] Pflege und Entwicklung der öffentlichen Räume werden damit zu so etwas wie einer »Kernkompetenz« der lokalen Politik: Hier kann sie – unübersehbar – zeigen, was sie zu leisten imstande ist. Das vor allem aus drei weiteren Gründen:

Die Freiheit zur politischen Meinungsäußerung gilt geradezu als Gradmesser für die Öffentlichkeit eines Ortes.

- Ein wesentlicher Regelungsbereich lokaler räumlicher Planung liegt in der Unterscheidung von bebaubaren und frei zu haltenden Flächen (insbesondere im Zuge der gesetzlichen Bauleitplanung);
- die Kommunen verfügen über den Großteil der öffentlich nutzbaren Räume und damit über weitreichende Gestaltungsmöglichkeiten;

[20] Bundesinstitut für Bau-, Stadt- und Raumforschung (Hg.): Stadtansichten. Befunde der BBSR-Umfrage aus Groß- und Mittelstädten. In: BBSR KOMPAKT 6/2011. S. 16.

- die Gestaltung des öffentlich nutzbaren Raumes zeigt, ob und auf welche Weise die vielfältigen Interessen, Bedürfnisse und Möglichkeiten der Stadtgesellschaft aufgegriffen und umgesetzt werden.

Doch die Planung und Entwicklung der öffentlichen Räume liegt nicht allein in der Hand der kommunalen Planung und Politik. Inzwischen zeigt sich immer mehr, dass nicht nur viele Akteure über Teile des Systems der öffentlich nutzbaren Räume verfügen, sondern Funktionsfähigkeit und Nutzung der Stadträume ganz wesentlich auch von

- privaten Investitionen (in der Randbebauung, in Geschäfte und Lokalitäten, die attraktive Ziele bilden),
- zivilgesellschaftlichen Aktivitäten (Kultur, Freizeit) und nicht zuletzt vom
- Nutzungsverhalten und den Standortpräferenzen der Stadtbewohner abhängen (*use begets more use*[21]). Insofern sind auch die öffentlichen Räume der Städte in einem umfassenden Sinne Ergebnis von Kooperation und »Ko-Produktion«.

Dies findet auch in verschiedenen Handlungsprogrammen auf Bundes- und Landesebene seinen Ausdruck, die ausdrücklich auf kooperative Handlungsansätze ausgerichtet sind.

2.6 Funktionswandel

Die hier beschriebenen Funktionen sind weder statisch noch konstant, sondern verändern sich und in ihrem Verhältnis zueinander ständig. Dieser Wandel wird von ökonomischen, gesellschaftlichen, politischen und technologischen Entwicklungen vorangetrieben und vollzieht sich teils kontinuierlich, teils in Schüben. Dies lässt sich seit den ersten Stadtgründungen bis heute nachvollziehen.

Für einen zeitlichen und thematischen Ausschnitt und fokussiert auf vorrangig innerstädtische Räume verdeutlicht Jan Gehl diese Veränderungsprozesse[22]: Entlang einer Zeitachse, die um 1900 beginnt – also nach der Industrialisierung in Europa und dem damit verbundenen Urbanisierungsprozess und vor der Massenmotorisierung des Stadtverkehrs – und um 2000 endet, wird deutlich gemacht, wie sich die Gewichtung von »notwendigen« und »optionalen« Aktivitäten auf innerstädtischen Plätzen verschoben hat. Zu Beginn des 20. Jahrhunderts standen noch Nutzungen im Vordergrund, die im Wesentlichen dem Verkehr, dem Transport und dem Umschlag von Waren dienten. Der Müßiggang, das Flanieren und der Aufenthalt um seiner selbst willen stand deutlich im Hintergrund. Dieses Verhältnis

---

[21] Whyte, William H.: The social life of small urban spaces. Washington, DC 1980. S. 18.
[22] Gehl, Jan: »Public spaces for a changing life«. In: Havemann/Selle (Hg.): Plätze, Parks & Co. S. 375-384, hier S. 376.

Die verkehrsberuhigte Innenstadt von Greifswald lädt zum Bummeln ein.

kehrt sich zum Ende des 20. Jahrhunderts radikal um. Heute *muss* man nicht mehr zu den und auf die Plätze in der Stadt gehen – man *kann*. Die Nutzung ist, so Gehls zentrale Botschaft, »optional«. Waren kann man sowohl im Internet wie vor der Stadt erwerben, und auch für sämtliche Formen der Erholung und der Muße gibt es anderswo Standorte und Gelegenheiten. Wenn man Plätze, Parks und Promenaden in der Stadt aufsucht, dann – so Gehl – weil es sich hier um attraktive Orte handelt. Ihre »Qualität« – das bezieht sich sowohl auf die Gestaltung als auch auf die Nutzung – ist nun entscheidend, während sie dies hundert und mehr Jahre zuvor in sehr viel geringerem Maße war. Ergänzend wird auf eine Parallelentwicklung hingewiesen, die erhebliche Auswirkungen auf die Nutzung der Stadträume hatte: Die »Invasion der individuellen Massenmotorisierung« in die Städte – und die dadurch ausgelöste Gegenbewegung in Form von Fußgängerzonen, Verkehrsberuhigung etc.

3. Aufgaben

Aus den Beobachtungen zu Funktion und Wandel der öffentlichen Räume lassen sich abschließend Aufgaben für die Akteure der Stadtentwicklung ableiten.

3.1 Rückblick: Handlungsfeld Öffentlicher Raum

In den 1950er und 1960er Jahren wurden vor allem die zentralen Bereiche vieler Städte der wachsenden individuellen Motorisierung des Verkehrs angepasst, was die Nutzung und das Aussehen öffentlicher Räume stark veränderte. Als Reaktion auf diese »Invasion des Automobils«[23] und die damit verbundene »Zweckentfremdung« öffentlicher Räume[24] entstanden parallel dazu Fußgängerzonen und andere autofreie Bereiche in den Innenstädten. In den 1970er und 80er Jahren wandte man sich verstärkt auch dem Wohnungsumfeld, insbesondere den innenstadtnahen Wohnquartieren zu. Aufwertungsmaßnahmen in Straßen, Plätzen und grünen Freiräumen sollten auch zur Stabilisierung der Quartiere insgesamt beitragen.

Ab Mitte der 1980er Jahre begannen viele Städte und Regionen mit der Entwicklung von Freiraum- und Grünsystemen (Grüne Gürtel, Ringe, Bänder). Im Zuge dieser Maßnahmen versuchten die Städte auch immer wieder, die Verbindungen zu den öffentlich nutzbaren Räumen in der inneren Stadt zu stärken. Der Schwerpunkt der Stadterneuerung verschob sich in dieser Zeit weg von den Gründerzeitgebieten hin zu den Siedlungen der 1950er und die Großsiedlungen der 1960er/1970er Jahre. Insbesondere bei Letzteren stand die Erneuerung der oft funktionsentleerten und vernachlässigten Plätze und Grünanlagen in den hoch verdichteten Siedlungen mit im Vordergrund. Spätere Rückbaumaßnahmen (beispielsweise im Zuge des Stadtumbaus) griffen allerdings wesentlich tiefer in die Substanz ein und veränderten dabei nicht nur die Dichten, sondern auch die Freiraumstruktur der betroffenen Stadtteile insgesamt. In den 1990er Jahren setzte durch die Öffnung von ehemaligen Industrie-, Infrastruktur- und Kasernenarealen eine Zeit des Neubaus in den Städten ein. Es wurde dabei bewusst versucht, die Fehler der 1970er Jahre zu vermeiden. Wesentlich hierbei war und ist es bis heute, den öffentlichen Räumen von Anfang an große Aufmerksamkeit zukommen zu lassen. Zudem gibt es mittlerweile ein großes Bewusstsein hinsichtlich der Bedeutung von hochwertigen öffentlichen Räumen für den Lagewert einer Immobilie – dies gilt gleichermaßen für Wohn- wie für Gewerbestandorte.

---

[23] Ebd.

[24] Feldtkeller, Andreas: Die zweckentfremdete Stadt. Wider die Zerstörung des öffentlichen Raumes. 2. Auflage. Frankfurt a. M./New York 1995.

Ausgelöst durch den Strukturwandel im Einzelhandel und die Schwächung zentraler Lagen durch die großflächigen Einkaufzentren im Umland ziehen in den letzten Jahren die Innenstädte wieder mehr Aufmerksamkeit auf sich. Um hier den Verlust an Kaufkraft zu kompensieren, verstärken die Kommunen vor allem ihr kulturelles und Freizeit-Angebot in den öffentlichen Räumen. Unterstützt wird dieser Wandel der Innenstädte durch Programme auf Bundes- und Landesebene. Ihnen gemeinsam ist der kooperative Ansatz, also das Bemühen, alle relevanten lokalen Akteure aktiv einzubeziehen. Die Stärkung der Funktion öffentlicher Räume und die Neugestaltung von Plätzen, Straßenräumen etc. ist allerdings nicht auf die innere Stadt beschränkt. So sind zum Beispiel auch Quartiersplätze Gegenstand der Stadtpolitik und -planung. Darüber hinaus versuchten sich verschiedene Städte an Entwicklungskonzepten für den gesamten öffentlichen Raum – in Anlehnung an sehr positiv aufgenommene Beispiele aus dem Ausland (Barcelona, Lyon etc.).

3.2 Aktuelle Herausforderungen

Die Bewertung öffentlicher Räume stellt sich derzeit je nach Lage und Situation der Kommune sowie nach Lage und Funktion der Räume innerhalb der Stadt recht unterschiedlich dar. Während auf der einen Seite Funktionsverluste und Entleerung zum Beispiel durch den demografischen Wandel beklagt werden, ist an anderen Standorten von »Übernutzung«, zum Beispiel im Rahmen großer Events, die Rede.

Trotz dieser in Teilen heterogenen Ausgangslage gibt es übergreifende Aufgabenstellungen:
Eine davon ist das stete Bemühen um »stadtverträglichen« Verkehr. Dabei kommt der Veränderung des *Modal Split* zugunsten des Fuß- und Radverkehrs große Bedeutung zu. Ein übergreifendes Thema ist die bestehende Diskrepanz zwischen den Erfordernissen kommunaler Aufgaben und den für ihre Erfüllung zur Verfügung stehenden finanziellen Mitteln. Während zum Beispiel die Zahl und Größe der von der Stadt zu unterhaltenden Flächen vor allem durch die Umnutzungen vormaliger Infrastruktur-, Gewerbe- oder Militärflächen zunimmt, sinken die zur Verfügung stehenden kommunalen Mittel für Pflege und Unterhalt. Um handlungsfähig zu bleiben, werden vielerorts die laufenden Aufwendungen für die Unterhaltung deutlich zurückgenommen, Pflegeintervalle verlängert und zunehmend auch private Ko-Finanzierungen für die Umgestaltungen öffentlicher Räume eingeworben.

Darüber hinaus stellen sich neue Aufgaben:

- die Rücksichtnahme auf die Erfordernisse des Klimawandels, vor allem durch das Freihalten von Kaltluftschneisen und mikroklimatisch bedeutsamen Grünflächen sowie eine entsprechend angepasste Gestaltung und Bepflanzung von Plätzen und Straßen;
- der Umgang mit im Stadtraum sichtbar werdender gesellschaftlicher Vielfalt und der Frage, ob und wie gestalterisch mit einer möglichen Vielfalt und Verschiedenheit von Nutzungsanforderungen umgegangen werden kann oder muss;
- die Moderation oder Initiierung temporärer und performativer Ansätze bei der Entwicklung öffentlicher Räume, wie zum Beispiel zeitlich begrenzte Nutzungen auf Plätzen und Straßen, informelle Aneignungen brach gefallener Areale, strategisch eingesetzte Zwischennutzungen.

Die Entwicklung öffentlicher Räume bleibt also eine Daueraufgabe für die Stadtverwaltung und die darüber hinaus im städtischen Freiraum tätigen Akteure.

Öffentliche Räume zwischen Krise und Innovation

Einsichten und Thesen aus der europäischen Stadtforschung

VON SABINE KNIERBEIN

1. Einleitung

Europäische Städte verändern sich gegenwärtig unter hohem Entwicklungsdruck, der durch unterschiedliche Veränderungsmuster bedingt wird: Etwa durch Deindustrialisierung, europäische Integration, internationale Migration, ökonomische Globalisierung und Klimawandel. Die öffentlichen Räume dieser Städte, verstanden als grundlegende Momente der urbanen Erfahrung und als ästhetische Eckpfeiler des Stadtbildes, gewinnen im Zuge dieses Wandels an Bedeutung.

Welche Rollen sollen öffentliche Räume im Zuge der politischen, kulturellen und ökonomischen Umwälzungen in den Städten spielen, und wie wirken sich die benannten Veränderungen auf die sozialen und ökologischen Facetten des öffentlichen Raumes als einer von vielen Menschen geteilten Ressource aus? Wie gehen Stadtverwaltungen mit der Aufgabe der Bereitstellung und Erhaltung qualitativ ansprechender urbaner Lebensräume um? Und inwieweit reflektiert dieser Umgang den Charakter öffentlicher Räume als Drehscheibe des Wandels einerseits und als öffentliches Allgemeingut andererseits? Als Drehpunkt der Veränderungen versprechen öffentliche Räume gesellschaftliche Innovationskraft für die Dienstleistungs- und Wissensökonomie, wohingegen Überlegungen zu ihrer Rolle als Allgemeingut auf ihre grundlegende Versorgungsfunktion für die Stadtbevölkerung auch in Zeiten der Krise verweisen: Öffentliche Freiräume sind etwa in Erdbebengebieten zentrale Sicherungsflächen in der Stadt; der öffentliche Zugang zu Wasser, Strom, Internet und Bedürfnisanstalten ist ein Garant für eine solide räumliche Grundversorgung mit angemessenen städtischen Lebensbedingungen vor allem dann, wenn Menschen durch Segregation, Exklusion und Verdrängungsprozesse benachteiligt werden oder ihr privates Heim infolge von Haushaltsverschuldungen und Zwangsräumungen verlieren. Dies ist derzeit etwa für weitere Teile der bisherigen Mittelschicht in Madrid der Fall. Auch für die gegenwärtige Bewältigung der großen Migrationsbewegungen und Flücht-

Öffentliche Räume sind Drehpunkte der Veränderungen.

lingssituation werden öffentliche Räume wie Bahnhofshallen für humanitäre Hilfe adaptiert und umgenutzt. Neue NGOs und etablierte zivilgesellschaftliche Vereinigungen füllen hier die vielfältigen Nischen, die weder Staat noch Markt zu bearbeiten im Stande sind.

Diese Beispiele zeigen, dass öffentliche Räume nicht nur ein vielversprechendes und multidisziplinäres Forschungsfeld sind, sondern dass es aufgrund der Fülle an beobachtbaren Trends und Tendenzen zunächst einer eingehenden Begriffsschärfung bedarf, um den Gegenstand wissenschaftlich einzugrenzen.

2. Öffentliche Räume – begriffliche Schärfungen

Die interdisziplinären Debatten zu den öffentlichen urbanen Räumen sind seit jeher heterogen, umfassen ganz unterschiedliche räumliche Maßstäbe und eine Vielzahl an involvierten Akteuren, Institutionen und gesellschaftlichen Sphären. Nachfolgend werden die wichtigsten konzeptuellen Gradwanderungen kompakt beschrieben, um anschließend die Thesen und Einsichten zu den gegenwärtigen urbanen Transformationen in Europa vorzustellen.

2.1 Die Stadt als realer Ort und als Idealtypus

Mit dem Blick auf die Wesensbestimmung der öffentlichen Räume weist Ali Madanipour auf einige Unklarheiten hin, die »das Öffentliche« betreffen: »While for some, it describes a condition, for others, it offers a recipe for action«.[1] Um die Debatten über die öffentlichen Räume daher systematisch zu strukturieren, ist es wichtig, ein *normatives Verständnis* des Öffentlichen in der Stadt von einem *beschreibend-analysierenden Verständnis* der städtischen Öffentlichkeiten zu unterscheiden. Das *beschreibende Verständnis* zielt darauf ab, menschliches Handeln im öffentlichen Raum im Austausch mit anderen Menschen zu untersuchen und darzustellen. Es geht also um die Kopräsenz von Menschen im offen zugänglichen, städtischen Raum. Hiermit werden auch die Wirkungen erfasst, die Menschen auf andere Menschen entfalten und zwar unabhängig davon, ob es um zwischenmenschliche Handlungen auf der Ebene der Individuen untereinander geht, oder ob das generelle Verhältnis zwischen Individuum und Gesellschaft gemeint ist. Zentrale Begriffe dieses Verständnisses sind »Handlungen« und »Verhalten«. Das Konzept kommt etwa in der Soziologie, Ethnografie, empirischen Politikfeldanalyse und Umweltpsychologie zur Anwendung. Mittels eines *normativen Verständnisses* des Öffentlichen hingegen versuchen Forschende einen Weg der Weiterentwicklung menschlicher Beziehungen aufzuzeigen. Hier wird eine soziophilosopische Position entwickelt,

---

[1] Madanipour, Ali: Public and Private Spaces of the City. London 2003. S. 109.

wie der Austausch und die Beziehungen zwischen den Menschen aussehen könnten, um ein gewisses gesellschaftspolitisches Ideal (z. B. Demokratie, Integration, Inklusion) zu erreichen. Dieses Verständnis kommt speziell in der politischen Theorie, aber auch in der Sozialphilosophie zum Einsatz. In vielen städtebaulichen, planerischen und architektonischen Herangehensweisen zum öffentlichen Raum schwingt eine stark normative Tonalität mit. Zentrale Begriffe sind hier »Emanzipation« und »Machtstrukturen«, die das Öffentliche in der Stadt gesellschaftspolitisch prägen, etwa durch punktuelle oder strukturelle Wechselbeziehungen zwischen Individuen, Gruppen oder der Gesellschaft als Ganzes.[2]

Deskriptives Verständnis des öffentlichen Raumes: Menschen in Köln am Bahnhofsvorplatz zwischen Kommerz, Mobilität und Aufenthalt

Übertragen auf den öffentlichen Raum lassen sich anhand dieser Unterscheidungen zwei unterschiedliche Tendenzen festmachen:
Die *erste Perspektive*, die versucht, das reale öffentliche Leben in der Stadt und seine Veränderungen durch die Analyse der Veränderungen des öffentlichen Lebens in öffentlichen Räumen zu verstehen und zu interpretieren, um damit Erkenntnisse über jüngere Phänomene der Stadtentwicklung und die Veränderung der Stadtgesellschaft an sich zu gewinnen.
Die *zweite Perspektive*, die mittels idealtypischer Zuschreibungen den öffentlichen Räumen einen deutlich normativen Charakter einschreibt: Sie werden als Orte des

[2] Madanipour: Public and Private Spaces. S. 109.

(gewünschten) sozialen Zusammenhaltes, der (anstrebbaren) Demokratie und der (notwendigen) Inklusion verstanden. Einerseits lassen sich derlei normative Ansätze in fast allen Gestaltversuchen zum öffentlichen Raum mehr oder weniger ausdrücklich wiederfinden, andererseits führen sie im Extremfall in der politischen Praxis zu übertriebenem staatlichem Interventionismus, wie etwa durch Verbote, Zwang oder übersteigerte Regulation und Kontrolle (Sicherheits- und Überwachungsdiskurs). Auf der wissenschaftlichen Ebene behindert die unscharfe Trennung eine nachvollziehbare Analyse empirischer Gegebenheiten in der Stadt. Auch werden in der stadtplanerischen und städtebaulichen Praxis aufgrund dieser Unschärfen oftmals Neugestaltungen öffentlicher Räume an kaum erreichbare gesellschaftspolitische Ziele geknüpft, die gar nicht oder nur wenig auf den bestehenden empirischen Befund der Nutzungsmuster, auf strukturelle gesellschaftliche Konflikte oder die sozialräumliche Zusammensetzung der Nachbarschaft eingehen. Deswegen mangelt es solchen Ansätzen oftmals an Treffsicherheit, und sie wecken Erwartungen auch in der lokalen Bevölkerung, die oftmals nicht eingehalten oder gar nicht durch architektonische und planerische Interventionen im Stadtraum befriedigt werden können, sondern in anderen Stadtpolitikfeldern (Gesundheitspolitik, Sozialpolitik, Wohnungspolitik, Arbeitsmarktpolitik, Bodenpolitik etc.) bearbeitet werden müssten.

2.2 Öffentliche Räume als Geographie der öffentlichen Sphäre

Eine weitere Unterscheidung trifft die Stadtforschung (Urbanistik) hinsichtlich der Konzepte *öffentliche Sphäre* und *öffentlicher Raum*. Denn in der politischen Theorie wird die Debatte um *öffentliche Räume* gern und schnell mit jenen Diskursen um die *öffentliche Sphäre* gleichgesetzt, also jenen Diskussionsräumen, in denen öffentliche Meinung im Austausch mit vielen (aber oft auch nicht mit allen) entstehen kann. Es geht bei den urbanen öffentlichen Räumen aber weniger um die Macht des Arguments in der rationalen Ausverhandlung einer *öffentlichen Meinung*, sondern vorrangig um das *öffentliche Leben*, die gelebten Räume in der Stadt, die von Vernunft ebenso geprägt werden wie von Gefühlen, die gelebt und geliebt werden und einen zentralen Ort der menschlichen Erfahrung in der städtischen Sozialwelt darstellen.[3] Es geht um die Untersuchung des Wandels des öffentlichen Lebens in der Stadt. In dieser lebensweltlich orientierten empirischen Stadtforschung werden die öffentlichen Räume zunächst als jene Orte verstanden, an denen sich Öffentliches zu entfalten vermag: »Public space is the stage upon which the drama of communal life unfolds«.[4] Im Unterschied zu einer politischen Qualität der Meinungsbildung,

[3] Spiegel, Erika: »Identität und Identifikation«. In: Stadt, Kultur, Natur. Chancen zukünftiger Lebensgestaltung. Bericht der Kommission »Architektur und Städtebau« im Auftrag der Landesregierung Baden-Württemberg. Stuttgart 1987. S. 166-170.

[4] Carr, Stephen/Francis, Mark/Rirlin, Leanne G./Stone Andrew M. (Hg.): Public Space. Cambridge 1993. S. 3.

die in den Diskursen um die Habermas'sche Öffentliche Sphäre im Vordergrund steht,[5] bezieht sich der lebensweltliche Ansatz auf die alltagspraktischen Dimensionen der geplanten wie zufälligen Begegnungen in der Stadt, des gesellschaftlichen Miteinanders im Idealfall oder auch des gesellschaftlichen Nebeneinanders mit seinen ganz eigenen Toleranzgrenzen und Konfliktsituationen. Letztere werden von vielen Menschen in den alltäglichen urbanen Routinen neu ausverhandelt. Ihre kontinuierliche Verschiebung ist ein dynamischer Prozess.

Öffentlicher Raum ist die Geographie der öffentlichen Sphäre.

Setha Low and Neil Smith weisen auf die notwendige analytische Differenzierung zwischen den Diskursen um die öffentliche Sphäre und die öffentlichen Räume hin, kommen aber zu dem Schluss, dass der öffentliche Raum ein Imperativ sei, um die öffentliche Sphäre zu verstehen. Sie verweisen damit auf den weiteren Zusammenhang zwischen städtischem Alltagsleben und städtischen Lebenswelten als Voraussetzung eines Erkenntnisgewinns über die öffentliche Meinungsbildung und kommen zu dem Schluss, dass der öffentliche Raum in diesem Sinne eine *Geographie der öffentlichen Sphäre* darstellt.[6] Gary Bridge und Sophie Watson argumentieren in eine ähnliche Richtung und schlagen eine konzeptuelle Brücke zwischen den performativen und rationalen Interpretationsansätzen hinsichtlich des Entstehens von städtischen Öffentlichkeiten.[7] Für sie gilt es anzuerkennen, dass städtische Öffentlichkeiten als prozessual analysiert werden müssen: Hier spielen einerseits die Intensitäten und die Vielfalt der Impulse in der städtischen Erfahrungswelt (die auch Affekt, Gefühle, Träume und Bedürfnisse beinhalten), anderseits die Ausformulierung einer rational begründeten, mediatisierten öffentlichen Meinung jeweils eine spezielle Rolle. Es ist das Zusammenspiel zwischen orts- und begegnungsbezogenen öffentlichen Handlungsräumen sowie mentalen und visionären Diskurssphären, das städtische Öffentlichkeiten im urbanen Raum überhaupt erst hervorbringt.

Städtischer Raum ist mehr als ein mit Leben zu befüllender Container.

Gleichwohl verbleibt auch dieser Brückenansatz zum Teil in tradierten Denkmustern der modernen Stadtentwicklung verhaftet, die den städtischen Raum eher als mit Leben zu befüllenden Container deuten, und nicht als einen Gesellschaftsraum,

---

[5] Bridge, Gary/Watson, Sophie: »Reflections on Publics and Cultures«. In: Bridge, Gary/Watson, Sophie (Hg.): The New Blackwell Companion to the City. Chichester 2011. S. 379-389.

[6] Low, Setha/Smith, Neil (Hg.): The Politics of Public Space. New York 2005. S. 6.

[7] Bridge/Watson: »Reflections on Publics and Cultures«, hier S. 380; performative Ansätze: Sennet, Richard: The Fall of Public Man. New York 1974; Bezugnehmend auf Simmel, Georg: »The metropolis and mental life«. In: Wolff, Kurt H. (Hg.): The Sociology of Georg Simmel. London 1950 [1903]. S. 409-424; rationale Ansätze: Habermas, Jürgen: Moral Consciousness and Communicative Action. Translated by Shierry Weber Nicholsen and Christian Lenhardt. Introduction by Thomas A. Mc. Carthy. Cambridge, Massachussets 1990. Arendt, Hannah (Hg.): The Human Condition. A study of the control dilemmas facing modern man. Garden City, NY 1958

der durch handelnde Menschen gemacht wird. Dieses starre physische Verständnis (Raum als Container) ist aber raumtheoretisch spätestens seit den 1970er Jahren in die Kritik geraten, weil es dem Raum die Zeit und die Menschen entzieht.

2.3 Posttraditionelles Verständnis der öffentlichen Räume

Wie aber sieht ein nachmodernes Verständnis von öffentlichen Räumen aus? Sophie Watson deutet das urbane öffentliche Leben als ein Spannungsfeld zwischen »enchanting und disenchanting encounters« und beschreibt damit Sozialräume, die durch verzaubernde und desillusionierende Begegnungen in der Stadt generiert werden.[8] Mit diesem gelebten Raum oder, anders formuliert, mit dieser Vielzahl an sozialen Räumen, die sich in der Stadt überlagern und manches Mal kollidieren, befasst sich auch die Theorie der Produktion des sozialen Raumes: Henri Lefebvre verwendet die gelebte Dimension der Stadt und des Raumes (*lived space*), um das Spannungsfeld zwischen dem konzipierten Raum und dem wahrgenommenen Raum zu überwinden: Architektinnen und Planer etwa erstellen Raumkonzepte, werfen gedankliche Schablonen auf die mögliche Gestaltung jener Orte in der Stadt, die als öffentliche Räume gelten (Stadterneuerungsgebiete). Oder sie entwickeln neue Raumvisionen für jene Quartiere, wo Stadt neu entsteht und öffentliches Leben noch nicht existiert (Stadterweiterungsgebiete), was Lefebvre als *conceived spaces* (konzipierte Räume) versteht. Gleichzeitig entstehen speziell durch die räumlichen Eingriffe der planenden und gestaltenden Disziplinen, aber auch durch weitere Akteure, materielle Realitäten oder gebaute Stadt, sogenannte *perceived spaces* (wahrgenommene Räume). Diese haben zumeist eine lange Lebensdauer und funktionieren von ihrer zeitlichen Dynamik her betrachtet anders als etwa städtische Sozialräume oder temporäre politische Proteste auf den Straßen der Städte. Gelebte, konzipierte und wahrgenommene Räume stehen immer in Wechselwirkung miteinander, jedoch kommt der gesellschaftlichen Raumproduktion eine besondere Rolle zu, da sich hier inbesondere zeigt, *wie* eine (Stadt-)Gesellschaft Räume produziert und *welche* Räume sie produziert.[9] Raum ist in diesem Verständnis ein durch soziale Beziehungen geprägter *soziohistorischer Prozess*.

Raum ist ein durch soziale Beziehungen geprägter soziohistorischer Prozess.

Der gestalterische Einfluss, aber auch die planerische Verantwortung, die Architektinnen, Städtebauer und Stadtplanerinnen innehaben, ist auf all diesen Ebenen groß und langfristig. Deshalb werden genau von diesen Disziplinen robuste und nutzungsoffene Gestaltungsangebote für die öffentlichen Räume erwartet. Herbert

[8] Watson, Sophie: City Publics. The (Dis)Enchantments of Urban Encounters. London 2005.
[9] Lefebvre, Henri: The Production of Space. Malden 2009 [1974].

Schubert ergänzt eine solche ergebnis- und handlungsoffene Vorstellung wie folgt: »In einem posttraditionellen Verständnis des öffentlichen Raums als gelebtem Raum muss der Bedeutungsgewinn der öffentlich zugänglichen Innenräume, der virtuellen Stadtrealitäten und der öffentlich agierenden Beziehungsnetze aufgenommen werden.«[10] Mit diesem sozialräumlichen Verständnis öffentlicher Räume überwindet Schubert antiquierte wissenschaftliche Debatten, die mit dem Aufkommen der Neuen Medien – speziell des Internets – den Niedergang des öffentlichen Raumes ankündigten. Auch Setha Low und Neil Smith binden die virtuellen Orte in ihre Konzeption der öffentlichen Räume als Geographie der öffentlichen Sphäre ein.[11] Den Herangehensweisen an öffentliche Räume, die von Sophie Watson, Herbert Schubert sowie von Setha Low und Neil Smith vorgelegt wurden, ist eines gemein: Sie führen den Begriff des Öffentlichen in der Stadt raumtheorisch zurück auf die Menschen, ihre Handlungen und sozialen Beziehungen, durch die überhaupt erst Öffentlichkeit, öffentliches Leben und öffentliche Meinung entstehen können. Solche raum- und handlungstheoretisch fundierten Konzepte nennt man relationale Ansätze des öffentlichen Raumes.[12]

2.4 Perspektivwechsel auf den Menschen: Von Bürgern, Bewohnern und Besuchern

Wo einerseits die raumtheoretischen Debatten zum relationalen öffentlichen Raum zurück auf die raumkonstitutierende Wirkung sozialer Prozesse und die Rolle der Menschen bei der Stadtentwicklung verweisen, wird andererseits der Begriff des *Bürgers* im öffentlichen Raum zunehmend kontrovers diskutiert. Denn er greift zu kurz, wenn man ihn rein formaljuristisch verwendet und demnach Menschen in ihrem spezifischen Verhältnis zum Nationalstaat, zum Bundesland oder zur Gemeinde als Bürger mit staatsbürgerschaftlichen Rechten versteht. Denn in den Städten haben sicherlich nicht allein Menschen mit Wahlrecht oder einem (deutschen) Personalausweis Ansprüche an eine qualitativ hochwertige städtische Umgebung, sondern auch weitere Stadtbewohner (ohne Wahlrecht, ohne Reisepass, etc.): Kinder, Menschen mit unklarem Aufenthaltsstatus oder schlichtweg Menschen, die aufgrund ihrer Migrationsbiografien (partiell) vom Wahlrecht ausgeschlossen sind, aber in den Städten arbeiten und Steuern zahlen. Darüber hinaus ist öffentlicher Raum nicht nur Lebensraum für die Stadtbewohner jenseits des Bürgerbegriffs, sondern auch temporärer Aufenthaltsort für kurzzeitige Bewohner oder Stadtbe-

---

[10] Schubert, Herbert: Städtischer Raum und Verhalten. Zu einer integrierten Theorie des öffentlichen Raums. Opladen 2000. S. 56.

[11] Low/Smith: The Politics of Public Space. S. 3.

[12] Tornaghi, Chiara/Knierbein, Sabine (Hg.): Public Space and Relational Perspectives. New challenges for architecture and planning. London/New York 2015.

sucher. Dem entsprechend ist das Verständnis der *Bürger* sensibel auf *Bewohner* und *Besucher* in der Stadt aufzuweiten, die gemäß des UN-Sozialpakts ein Grundrecht auf angemessenen Lebensstandard und damit auf »die stetige Verbesserung der Lebensbedingungen« in den Städten haben.[13]

2.5 Zusammenschau der konzeptuellen Schärfungen

Diese theoretische Einführung in die gesellschaftswissenschaftlich verortete Stadtforschung, speziell in das sich etablierende Forschungsfeld des *International Public Space Research*, bringt folgende Aspekte der Begriffsschärfung zum öffentlichen Raum zusammen:

1. Unter *öffentlichen Räumen* werden recht verschiedene (disziplinäre) Sichtweisen subsumiert, die nicht immer unbedingt miteinander vereinbar erscheinen. Öffentliche Räume sind gleichzeitig per se ein interdisziplinäres Wissensfeld, in dem eine Vielfalt an Überschneidungen und Zugängen eher Normalität als eine Ausnahme sind. Viele Begriffe müssen deshalb im Dialog der Disziplinen zunächst geklärt werden.
2. Es gibt eine Vielzahl von normativ-idealtypischen und analytisch-deskriptiven Vorstellungen des Öffentlichen in der Stadt, mit der Unterschiedliches untersucht wird: Die einen sind an den Lebensentwürfen, Alltagsrealitäten und an der milieuspezifischen Zusammensetzung der öffentlichen Räume und Wohngebiete interessiert, und an Kompromissen und Konflikten, die sich daraus ergeben. Anderen geht es um ein gesellschaftspolitisches Ideal von Handlung und Diskurs im öffentlichen Raum, das es zu erreichen gilt, und zwar in demokratischen, inklusiven und den sozialen Zusammenhalt stärkenden öffentlichen Räumen.
3. Neben den rationalen Argumenten, die die öffentliche Sphäre prägen, spielen Werteinschreibungen, Gefühlshaltungen, Routinen, Rituale und Symboliken eine zentrale Rolle für das Verständnis der alltäglichen Orte urbanen Lebens. Ausgangspunkt einer Betrachtung des öffentlichen Raumes als öffentliche Sphäre (der öffentlichen Meinungsbildung) ist daher immer ein Verständnis des urbanen Alltagslebens. Beide stehen ohne Zweifel in Wechselwirkung miteinander, allerdings wird aus verschiedenen Disziplinen heraus eine Verwischung beider Diskurse erzeugt, die den Blick auf den Zusammenhang zwischen den Lebensbedingungen in den Städten und in der Formierung von städtischen Meinungen, Öffentlichkeiten und Gegenöffentlichkeiten aufgrund mangelnder analytischer Trennschärfe erschwert.

---

[13] UN-Sozialpakt: Angemessener Lebensstandard. In: Sozialpakt.Info. URL: http://www.sozialpakt.info/angemessener-lebensstandard-3260/ (11.06.2015)

Nachdem in diesem theoretischen Teil nun ein Grundverständnis der öffentlichen Räume als jener Orte geschaffen wurde, an denen sich öffentliches Leben zu entfalten vermag, wird nun die Rolle öffentlicher Räume bei den gegenwärtigen urbanen Transformationen in Europa pointiert beleuchtet.

3. Öffentliche Räume und der urbane Wandel in Europa

Die Europäische Stadtforschung kombiniert relevante wissenschaftliche Ansätze an der Schnittstelle zwischen den Ingenieurs-, Politik-, Kultur- und Sozialwissenschaften: So gibt es etwa jene Zugänge, die versuchen, den gebauten und gelebten Raum zusammenzudenken (Schnittstelle Soziologie und Stadtgestaltung); auch kulturwissenschaftliche Herangehensweisen zwischen Kunst und partizipativer Planung sind geläufig (Schnittstelle Kulturtheorie und Stadtplanung). Des Weiteren prägen Ansätze das Feld, die den Zusammenhang zwischen (supra)nationalen, regionalen oder landespolitischen Agenden herstellen, die ihrerseits Einflussfaktoren und einen Handlungsrahmen für Stadtplanungs-, Stadtentwicklungs- und Städtebaupolitik vorgeben (Schnittstelle Politikwissenschaft, Städtebau und Stadtplanung). Dieser Ansatz wird hier verfolgt: Durch eine Politikfeldanalyse auf der EU-Ebene werden nachfolgend politische Strategien für öffentliche Räume (EU-Politik des öffentlichen Raumes) in fünf Feldern vorgestellt. Dieser Programmatik stehen empirische Befunde aus verschiedenen europäischen Städten gegenüber, die zusammenfassend angerissen werden.[14] Hier geht es nicht immer um öffentliche Räume, deren Flächen im Eigentum der Stadt sind, sondern um eine disziplinenübergreifende Betrachtung der Rolle der öffentlichen Institutionen bei der Steuerung der (sozial)räumlichen Entwicklung der Städte und der Bewältigung der gegenwärtigen urbanen Transformationen in ganz unterschiedlichen Akteurskonstellationen.[15]

Als supranationaler Akteur bringt sich die Europäische Komission in die Fragen der Stadtpolitik mit ein.

Als supranationaler Akteur bringt sich seit geraumer Zeit die Europäische Komission in die drängenden Fragen der Stadtpolitik ein und entwickelt eine facettenreiche Programmatik hinsichtlich der Rolle, die öffentliche Räume zur Bewältigung der eingangs genannten Umwälzungen (Deindustrialisierung und ökonomische Globalisierung; Europäische Integration; internationale Migration; Klimawandel und neue

[14] Madanipour, Ali/Knierbein, Sabine/Degros, Aglaée (Hg.): Public Space and the Challenges of Urban Transformation in Europe. New York/London 2014. Das Buch bringt Fallstudien aus Antwerpen, Belfast, Berlin, Budapest, Dresden, Istanbul, London, Mailand, Neapel, Paris, Warschau, Wien und sechs Städten in der Schweiz (Basel, Luzern, Schaffhausen, St. Gallen, Winterthur und Zürich) zusammen und stellt diese der EU-Politikprogrammatik hinsichtlich der öffentlichen Räume gegenüber. Diese werden durch weitere empirische Befunde aus Berlin, Madrid und Wien ergänzt.

[15] Anthropologie, Architektur, Geografie, Landschaftsarchitektur, Stadtplanung, Städtebau, Politikwissenschaft und Stadtforschung.

Formen staatlicher Steuerung) einnehmen können oder sollen. Welche Rolle spielen eben öffentliche Räume innerhalb dieser Strategien? Welche Richtungen schlägt die Europäische Union vor? Wie versuchen Stadtverwaltungen, wie versucht Stadtpolitik einerseits entlang dieser neuen EU-Programmatik, andererseits unabhängig davon, diesen schlagkräftigen urbanen Wandel in Europa lokal zu gestalten?
Nachfolgend strukturieren fünf Thesen die Einsichten der europäischen Stadtforschung zur Situation der öffentlichen Räume in Europa:

1. **Ökonomie:** Öffentliche Räume sind zentrale Handlungsfelder für den wirtschaftlichen Strukturwandel der Städte.
2. **Soziales:** Speziell in jenen Stadtteilen mit marginalisierter Bevölkerung werden öffentliche Räume planungsstrategisch in den Blick genommen, um den sozialen Zusammenhalt zu stärken.
3. **Kultur:** Im öffentlichen Raum wird das historische Erbe der Europäischen Stadt insbesondere in den Innenstädten bewahrt und gepflegt.
4. **Ökologie:** Öffentliche Freiräume sind zentrale stadtökologische Handlungsfelder, um die Umwelt- und Lebensqualität in den Städten zu verbessern.
5. **Politik:** In den öffentlichen Räumen zeigen sich neue Konstellationen zwischen Staat, Markt und Zivilgesellschaft. Die jüngere Repolitisierung öffentlicher Räume durch städtische Öffentlichkeiten und Gegenöffentlichkeiten ist vorrangig durch den kulturellen Wandel (Migration, ethnische Vielfalt) bedingt.

3.1 Ökonomische Transformationen

Die einleitenden Worte zur 10-Jahres-Strategie der Europäischen Kommission bis 2020 verweisen auf das schiere Ausmaß der Probleme der EU als Wirtschaftsraum: »Europa durchlebt einen Moment des Wandels. Die Krise hat Jahre des wirtschaftlichen und sozialen Fortschritts zunichte gemacht und die strukturellen Schwächen der Europäischen Wirtschaft aufgedeckt. […] Unser BIP fiel im Jahr 2009 um 4 %, unsere Industrieproduktion fiel auf das Niveau der 90er Jahre zurück und 23 Millionen Menschen bzw. 10 % unserer Erwerbsbevölkerung sind nun ohne Beschäftigung. Die Krise war ein gewaltiger Schock für Millionen von Bürgern und hat einige grundlegende Schwächen unserer Wirtschaft freigelegt. […] Zwei Krisenjahre haben zwanzig Jahre Haushaltskonsolidierung zunichte gemacht.[16]
Als Ausweg aus dieser wirtschaftlichen Bredouille schlägt die Europäische Komission eine dreidimensionale Strategie vor:

- Intelligentes Wachstum (*smart growth*) – Entwicklung einer auf Wissen und Innovation gestützten Wirtschaft.

[16] Europäische Kommission: »Eine Strategie für intelligentes, nachhaltiges und integratives Wachstum«. In: EUR-Lex. Brüssel 2010a. URL: http://eur-lex.europa.eu/legal-content/EN-DE/TXT/?uri=CELEX:52010DC2020&from=EN (12.04.2015).

- Nachhaltiges Wachstum (*sustainable growth*) – Förderung einer ressourcenschonenden, umweltfreundlicheren und wettbewerbsfähigeren Wirtschaft.
- Integratives Wachstum (*inclusive growth*) – Förderung einer Wirtschaft mit hoher Beschäftigung und wirtschaftlichem, sozialem und territorialem Zusammenhalt.

In dieser Strategie treten Städte als Orte der Produktion, des Austausches und des Konsums im Zuge des Umbaus von der Industrie- zur Wissensgesellschaft (postfordistischer Strukturwandel) verstärkt in den Blick.[17] Die Lissabon-Strategie hatte bereits darauf abgezielt, Europa zu einem attraktiven Ort für Arbeit und Investition zu machen, wobei den Städten die Kernaufgabe bei der Realisierung der Agendaziele beigemessen wurde.[18] Darauf aufbauend betonten die europäischen Minister für Stadtentwicklung und Raumordnung in der Charta von Leipzig die Rolle öffentlicher Räume für den wirtschaftlichen Wandel: »As soft locational factors, they are important for attracting knowledge, industry, businesses, a qualified and creative workforce and for tourism.«[19] Innovation erscheint als Puls der ökonomischen Transformation: Für die verschiedenen Innovationen, die in Wissenschaft und Technologie, aber auch in der Kreativ- und Kulturwirtschaft entstehen sollen, bedarf es Begegnungen zwischen verschiedenen Akteuren (*meeting of minds, meeting of practices*), die sich speziell im urbanen Umfeld aufgrund der Überlagerung und Dichte der vielen sozialen Räume ergeben. Ali Madanipour hat in diesem Kontext auf die besondere Rolle von örtlichen Begegnungen (*face-to-face*) für den Austausch von *implizitem Wissen* (*tacit knowledge*)[20] verwiesen.[21]

In der EU-Strategie gelten Städte vorrangig als Orte von Produktion, Arbeit und Innovation.

Dass öffentliche Räume nicht nur als Nebenschauplatz, sondern als zentrales Handlungsfeld des wirtschaftlichen Strukturwandels in den Städten fungieren, wo sich globale Wirtschaftsmodelle ihren lokalen Weg bahnen und öffentliche Begegnungsorte zu Experimentierfeldern für neue Kommodifikationsstrategien findiger Unternehmen werden, wurde am Beispiel von Berlin empirisch nachgewiesen.[22] Eine weitere Fallstudie aus Mailand zeigt, wie durch den Fokus auf die optimale

[17] Häußermann, Hartmut/Siebel, Walter/Läpple, Dieter: Stadtpolitik. Frankfurt am Main 2007.

[18] Europäische Kommission: »Lisbon Strategy for Growth and Jobs. 2000«. In: Website der Europäischen Komission. URL: http://ec.europa.eu/archives/growthandjobs_2009/ (12.06.2015).

[19] Europäische Kommission: »Leipzig Charter on Sustainable European Cities. 2007«. S. 3. In: Website der Europäischen Kommission. URL: http://ec.europa.eu/regional_policy/archive/themes/urban/leipzig_charter.pdf (12.04.2015).

[20] Als implizites Wissen wird Wissen verstanden, das die Wissensträger nicht unbedingt mit Worten beschreiben können, aber durch Handeln ausdrücken und vermitteln können.

[21] Madanipour, Ali: Knowledge Economy and the City. Spaces of Knowledge. New York/London 2011. S. 151f.

[22] Knierbein, Sabine: Die Produktion zentraler öffentlicher Räume in der Aufmerksamkeitsökonomie. Ästhetische, ökonomische und mediale Restrukturierungen durch gestaltwirksame Koalitionen in Berlin seit 1980. Wiesbaden 2010.

Verwertbarkeit des städtischen Bodens neue, in sich geschlossene und sozial sortierte Wohngebiete entstehen, deren Freiraumgestaltung einer segregierenden Logik folgten. Gestalterische Eingriffe tragen hier keinesfalls dazu bei, die Lebensqualität in der Stadt und den sozialen Zusammenhalt durch gut vernetzte öffentliche Räume in gemischten Quartieren zu gewährleisten.[23] In Madrid hingegen übernehmen Architekturbüros in einer Doppelrolle als Unternehmer *und* NGOs die Versorgung der Stadtbevölkerung mit einfachsten öffentlichen Dienstleistungen: Im Rahmen von Do-It-Yourself-Kursen bringen die innovativen Sozialunternehmer arbeitslosen Jugendlichen bei, wie man Tische und Bänke aus recycelten Materialien anfertigt, um Schulen und öffentliche Parks auszustatten, die die Stadtverwaltung nicht mehr bereitzustellen imstande ist. Geringfügig vom Kultursektor finanziert, bearbeiten diese Büros damit in prekär bezahlten Arbeitsverhältnissen innovative Nischen der Bedürftigkeit an der Schnittstelle zwischen Bau-, Kultur- und Sozialsektor. Sie fungieren damit maßgeblich als soziale Innovationskraft im Kontext der Sparpolitik und führen den städtischen Strukturwandel in Zeiten der gegenwärtigen Rezession Spaniens aktiv – wenngleich unter prekären Arbeitsbedingungen – herbei.[24]

Ganz und gar nicht innovativ zeigt sich die Stadtpolitik von Budapest, die das Abhalten von lokalen Straßenmärkten im städtischen Freiraum zugunsten einer stärkeren wirtschaftlichen Standortpolitik und bedingt durch das Lobbying der großen Supermarktketten verboten hat, oder das Markttreiben in amtlich regulierte Markthallen umleitet. Da diese Straßenmärkte zuvor eine besonders wichtige Versorgungsfunktion für sozioökonomisch benachteiligte Gruppen mit geringem Einkommen inne hatten, weil man hier äußerst günstig Lebensmittel für den alltäglichen Bedarf kaufen konnte, verschärft sich im Zuge dieser neuen Regulierungspraktiken die Situation speziell für diese Bevölkerungsgruppen, aber auch für weite Teile der städtischen Mittelschicht.[25]

Stadtentwicklung, Sozial- und Wirtschaftspolitik: In Madrid innovativ, in Budapest restriktiv.

Diese Fallstudien führen den empirischen Nachweis, dass öffentliche Räume zentrale Bedeutung einerseits als soziale Umschlagplätze des Wirtschaftswandels, andererseits als offene Orte der Innovation und der Nischenokkupation erlangen. Nicht zu übersehen sind die Ambivalenzen, die die gegenwärtige wirtschaftliche Rolle der öffentlichen Räume während der gegenwärtigen ökonomischen Restrukturierung

---

[23] Bricocoli, Massimo und Savoldi, Paola »Urban Spaces as Public Action ›Made Durable‹. Open Spaces and Urban Change in Milan«. In: Madanipour/Knierbein/Degros: Public Space and the Challenges of Urban Transformation in Europe. S. 11-22.

[24] Knierbein, Sabine/Krasny, Elke/ Viderman, Tihomir (Hg.): Concepts and critique of the production of space. Urbanismo afectivo. Excursion to Madrid, February 2015. Wien 2015; TedX Lecture »Public Space between Crisis, Innovation and Utopia.« URL: https://www.youtube.com/watch?v=aBGQQBhu8bU (letzter Zugriff am 02.10.2015). Wien 2015.

[25] Polyak, Levente: »Exchange in the street. Rethinking open air markets in Budapest«. In: Madanipour/Knierbein/Degros (Hg.): Public Space and the Challenges of Urban Transformation in Europe. S. 48-59.

hervorrufen. In der Stadtentwicklung wird dieser Strukturwandel flankiert durch eine unternehmerische Wende hin zur betriebswirtschaftlich agierenden Stadt. Diese *Entrepreneurial City* bringt neue Herausforderungen mit sich, denn mit Fokussierung auf marktorientiertes Denken in der Stadtentwicklung bleiben gleichzeitig die Kontroversen um die sozialen, politischen, kulturellen und ökologischen Folgen der unternehmerischen Stadt ungelöst. In vielen Fällen verschärfen sie sich sogar.[26] Bezogen auf das Feld der gegenwärtigen ökonomischen Transformationen in den Städten Europas wurde die neue Rolle der öffentlichen Räume als Innovationsträger im Übergang von der Industrie- zur Dienstleistungsgesellschaft (postfordistischer Strukturwandel) bestätigt. Gleichzeitig ist aber eine zentrale Ergänzung zu machen: Denn öffentliche Räume sind auch sozialräumliche Seismografen für die Intensität wirtschaftlicher Krisen, in ihnen stellen sich die humanitären und sozialen Auswirkungen der Finanzkrisen und der Sparpolitik nicht nur in Form von politischen Protesten gegen wirtschaftliche Maßnahmen, sondern auch in zunehmend prekären Lebensverhältnissen im städtischen Alltag dar. In vielen Fällen – so etwa in Budapest und Mailand – bewirkten bauliche und regulative Interventionen in öffentliche Räume eine stärkere Exklusion benachteiligter Bevölkerungsgruppen oder eine soziale Entmischung in segregierte, städtische Enklaven, in denen alltäglicher Austausch im öffentlichen Leben und die (idealtypische) Schulung von Toleranz und integrativem Verhalten nicht mehr möglich ist.

3.2 Soziale Transformationen

Seit ihrem Bestehen hat die EU die Notwendigkeit des sozialen Zusammenhalts betont, der das wirtschaftliche Wachstum begleiten muss. Forschungsergebnisse zeigen jedoch eine einkommensbedingte Zunahme von sozialen Ungleichheiten in fast allen Mitgliedsländern. Städter haben gemeinhin einen höheren Bildungsstatus als die Gesamtbevölkerung (auf europäischem Niveau), sind gleichzeitig jedoch stärker von sozialen Unsicherheiten (Arbeitslosigkeit, soziale Ausgrenzung, Armut) betroffen. Die Lebenserwartung der Stadtbewohner ist noch immer statistisch gesehen kürzer als jene der Menschen auf dem Land, was etwa auf die Luftverschmutzung, aber auch auf die vielfältigen städtischen Stresssituationen, die durch soziale Unsicherheit entstehen können, zurückzuführen ist.

Die einkommensbedingte soziale Ungleichheit nimmt in allen EU-Mitgliedstaaten zu.

Für die europäischen Länder gilt, dass die sozioökonomischen Ungleichheiten in der Bevölkerung 2007 größer waren als 1980, was Forschende anhand des Ungleichgewichts zwischen Lohn- und Produktivitätszuwächsen erklären: Geringverdiener

[26] Jessop, Bob: »The entrepreneurial city: re-imaging localities, redesigning economic governance, or restructuring capital?« In: Jewson, Nick/MacGregor, Susan (Hg.): Realising Cities: New Spatial Divisions and Social Transformation, London 1997. S. 28-41.

sind in vielen EU-Mitgliedsstaaten nicht in der Lage, Nutznießer der Produktivitätszuwächse zu werden.[27] Diese Situation drückt sich speziell in den großen Städten aufgrund ihrer sozialen Dichte und den vielschichtigen Überlagerungen von Problemen aus.[28] Sie manifestiert sich in den räumlichen Peripherien, wo es viel schwieriger erscheint, den wirtschaftlichen Umbruch zu gestalten.

Am Beispiel Wiens zeigt sich, dass die systemische soziale Integrationsleistung, die zuvor der nationale Arbeitsmarkt geleistet hatte, infolge der europäischen Öffnung der Arbeitsmärkte nun durch sozialräumliche Integration in den Stadtquartieren geleistet werden soll. Damit verschiebt sich der Fokus der Integrationspolitik von der Arbeitsmarktpolitik Österreichs auf die territoriale und lokale Ebene der Stadtquartiere, und damit der Stadtpolitik in Wien (Dezentralisierung als Instrument von Governance). Öffentliche Räume geraten in diesem Zuge seit fast zwei Dekaden in den stadtpolitischen Fokus für die soziale Integration. In ihnen soll das Politikziel des »sozialen Zusammenhaltes« durch eine Erhöhung der Prozessqualität bei der partizipativen Entwicklung von Plätzen, Straßen und Parks erreicht werden.[29]

Für die Städte Belfast und Neapel konnte empirisch nachgezeichnet werden, dass in beiden Städten, die historisch durch markante Konflikte, räumliche Gewalt und organisierte Kriminalität geprägt wurden, die sensible Gestaltung und partizipative Entwicklung öffentlicher Räume als integratives Moment von Sozialarbeitern, Nachbarschaftsvereinen, Aktivisten, Freiwilligen und Bezirksverwaltungen genutzt wird, um den Einfluss krimineller Strukturen auf das Alltagsleben der Bewohner zu reduzieren und räumliche Trennungslinien aufzubrechen.[30]

Trotz dieser positiven Befunde entsteht hinsichtlich der sozialen Dimension öffentlicher Räume jedoch ein eklatantes Dilemma: Denn gestalterische Interventionen in öffentlichen Räumen sind sehr oft Auslöser oder (Mit-)Verursacher von sozialen Verdrängungsprozessen, weil durch die gestalterische Neugestaltung öffentlicher Straßen, Plätze und Parks in vielen Fällen die Lagewerte benachbarter Immobilien

---

[27] Europäische Kommission: »Why socio-economic inequalities increase? Facts and policy responses in Europe«. Brüssel 2010b. S. 18. In: Website der Europäischen Kommission. URL: http://ec.europa.eu/research/social-sciences/pdf/policy_reviews/policy-review-inequalities_en.pdf (12.04.2015).

[28] Zu nennen sind hier: Arbeitslosigkeit, Bevölkerungsüberalterung, Migration, Verdrängungsprozesse, räumliche Segregation und Exklusion, tendenziell kleinere Haushalte bei steigendem Flächenverbrauch pro Person, Individualisierung.

[29] Knierbein, Sabine/Madanipour, Ali/Degros, Aglaée: Vienna. »(Re)Framing Public Policies, (Re)Shaping Public Spaces?« In: Madanipour/Knierbein/Degros: Public Space and the Challenges of Urban Transformation in Europe. S. 23-37.

[30] Esposito de Vita, Gabriella. »Segregative Power of Violence in Belfast and Naples. Exploring the Role of Public Spaces Reconnecting Divided Societies«. In: Madanipour/Knierbein/Degros (Hg.): Public Space and the Challenges of Urban Transformation in Europe. S. 169-182.

erhöht werden. Es kommt nicht selten sukzessive zu einem Anstieg der Mieten, der Wohnraum ist für die bestehende Bevölkerung nicht mehr bezahlbar.[31] Die stadtpolitische Forcierung der »Aufwertung von Quartieren« auf der baulich-gestalterischen Ebene läuft also dem zuvor genannten Politikziel der Stärkung des sozialen Zusammenhaltes durch sozial gemischte Quartiere entgegen. Sie hebelt die sozialräumliche Integrationsfunktion und damit das Politikziel der sozialen Kohäsion exakt durch die Art von Maßnahmen (Partizipation in den Prozessen der Gestaltung öffentlicher Räume) aus, die ursprünglich an erster Stelle im partizipativen Instrumentenkatalog der inklusiven Stadtplanung standen. Als Regulationsmaßnahme gegen derartige Entwicklungen der sozialräumlichen Verdrängung und Segregation müssen öffentliche Räume und Erdgeschosszonen der angrenzenden Gebäude folglich mehr denn je als Feld für eine inklusive, integrative und partizipative Sozialpolitik in der Stadt bearbeitet werden. Eine solche Politik nimmt neben der sozialräumlichen Bedeutung urbaner Freiräume als Austauschort verschiedener Religionen, Kulturen und Werthaltungen auch die stadtplanerische Ebene der politischen Bauregulierungen sowie Aspekte von Bestands- und Mieterschutz in den Blick (Stichwort Mietpreisbremse, Bestandsschutz für Gewerbetreibende zur Versorgung der Bevölkerung mit günstigen Lebensmitteln etc.).

Die strategische Förderung des Politikziels »sozialer Zusammenhalt«, die die öffentlichen Räume als Teil der öffentlichen Daseinsvorsorge und damit als Grundaufgabe einer sozial gerechten Stadtpolitik begreift, kann einen wichtigen Beitrag leisten, um das Problem der Gentrifizierung stadtplanerisch und gestalterisch anzugehen: Hier ist in der politischen Abwägung die soziale Dimension öffentlicher Räume höher politisch zu bewerten als die positiven Effekte möglicher wirtschaftlicher Aufwertungsprozesse, weil sozioökonomisch gemischte Quartiere aufgrund ihres starken sozialen Zusammenhalts ein Garant für einen relativen sozialen Frieden in der Stadt sind. Durch Gentrifizierung werden jedoch bekannte soziale Ungleichheitsmomente in den Stadtgesellschaften verschärft und neue Grenzlinien regelrecht stadtgestalterisch zementiert.

3.3 Kulturelle Transformationen

Hat man in der Nachkriegszeit den Wandel öffentlicher Räume noch in Verbindung mit sozialstrukturellen Schichtdebatten gebracht, so kristallisiert sich seit Beginn der 1980er Jahre in Europa ein urbanistischer Fachkanon heraus, der die soziale Individualisierung der Gesellschaft und die Diversifizierung der Lebensstile betont.

---

[31] Hopfgartner, Katrin/Vidosa, Regina. »Espacios exclusivos y excluyentes: ¿Cómo y quién habita el espacio público?« In: Gestión y Ambiente 17 (2014).

Übertragen auf den öffentlichen Raum wird von einer stärkeren Verinselung, Informalisierung, oder dem Rückzug in häusliche oder kommerzielle Erfahrungswelten gesprochen.[32] Derartigen Thesen stehen in der Regel Aussagen entgegen, die von neuen stadtkulturellen Aneignungsmustern durch die Stadtgesellschaften sprechen, statt die die jüngere gesellschaftliche Hinwendung zu den öffentlichen Räumen thematisieren oder auf eben die Ausdifferenzung der Lebensstile verweisen, die sich stark im öffentlichen Raum manifestiert.[33] Stadtkulturelle Ausdifferenzierungen lassen sich entlang ganz unterschiedlicher Linien erkennen: Milieu/Klasse/Schicht, Herkunft/Staatenzugehörigkeit/Ethnizität, Religion, Gender und Bildung/Bildungsherkunft. Diese werden im bunten Alltagsleben der Metropolen speziell im öffentlichen Raum sichtbar.

Die Europäische Kommission bezieht sich in zwei Punkten auf kulturelle Aspekte des öffentlichen Raumes: Erstens, durch ein neues, dynamisches Verständnis von Denkmalschutz, bei dem neben Plätzen, Straßen und Bauten aufgrund ihres kulturhistorischen Wertes auch gewisse kulturelle Praktiken im öffentlichen Raum unter Schutz gestellt werden. Zweitens, in den Programmen zur Förderung von Kreativen, Kulturschaffenden und Künstlern.[34] Erst nach und nach wird das Kulturverständnis auf einen dynamischen Umgang mit dem soziokulturellen Wandel der städtischen Alltagskulturen in Europa erweitert.

Kulturelle Vielfalt ist ein Kernaspekt gegenwärtiger Stadterfahrung in Europa.

Kulturelle Vielfalt ist ein Kernaspekt gegenwärtiger Stadterfahrung in Europa, verursacht durch ganz unterschiedliche Tendenzen: Etwa durch den Zusammenbruch bzw. den Umbau der industriellen Massenproduktion; durch emanzipatorische Bewegungen, die größere Anerkennung oder auch mehr Freiheit in der Stadt anstreben; durch das Öffnen nationaler Arbeits- und Bildungsmärkte; durch Migration innerhalb und zwischen den Ländern Europas und international. Vor dem Hintergrund

---

[32] Verinselungsthese: Ronneberger, Klaus/Lanz, Stephan/Jahn, Walter (Hg.): Die Stadt als Beute. Bonn 1999; Informalisierungsthese: Wouters, Cas: Informalisierung. Norbert Elias' Zivilisationstheorie und Zivisationsprozesse im 20. Jahrhundert. Wiesbaden 1999; Wouters, Cas: »Informalisierung und der Prozess der Zivilisation«. In: Gleichmann, Peter Reinhart/Goudsblom, Johan/Korte, Hermann (Hg.): Materialien zu Norbert Elias' Zivilisationstheorie. Frankfurt am Main 1979. S. 279-298; Verhäuslichungsthese: Schubert: Städtischer Raum und Verhalten; eingehende Diskussion in Knierbein: Die Produktion zentraler öffentlicher Räume in der Aufmerksamkeitsökonomie. S. 39ff.

[33] Selle, Klaus (Hg.): Was ist los mit öffentlichen Räumen? Analysen, Positionen, Konzepte. Dortmund 2003; Belebungsthese: Spiegel: »Identität und Identifikation«; Aneignungsmusterthese: Schubert: Städtischer Raum und Verhalten; Lebensstilthese: Helbrecht, Ilse: Stadtmarketing. Konturen einer kommunikativen Stadtentwicklungspolitik. Basel/Boston/Berlin 1994; eingehende Diskussion in Knierbein: Die Produktion zentraler öffentlicher Räume in der Aufmerksamkeitsökonomie. S. 39ff.

[34] Europäische Kommission: »Culture. Supporting Europe's cultural and creative sectors«. In: Website der Europäischen Kommision. URL: http://ec.europa.eu/culture/ (11.06.2015).

dieser unterschiedlichen Überformungen werden Städte in verschiedene Richtungen gezerrt: Einerseits sind sie Ausdruck der europäischen Zivilisationen und Kulturen. Ihre Bauten und öffentlichen Räume symbolisieren genau diese Geschichtsträchtigkeit (scheinbar authentische Reinheit der Vergangenheit). Andererseits verlangt eben diese kulturelle Vielfalt der gegenwärtigen europäischen Städte Anpassungsleistungen und Transformationswillen von Seiten der Stadtpolitik und -verwaltung, sich auf neue soziokulturelle Realitäten einzulassen. Die tatsächliche Vielfalt der Städte Europas drückt sich gegenwärtig also nicht allein mit Blick auf die kreative Kraft der städtischen Ober- und Mittelschichten im Stadtzentrum und in zentrumsnahen Quartieren aus, sondern ganz maßgeblich und alles andere als einheitlich auch in den Gesellschaftsschichten mit geringem (oder keinem) Erwerbseinkommen sowie in den geografischen Randlagen der Städte (eklektische Diversität der Gegenwart).[35] Diese Sichtweise problematisiert die Vielfalt der realen europäischen Stadt gegenüber ihrem vielzitierten Idealtypus und Image.[36]

Stadtkulturelle Ausdifferenzierung am Beispiel Religion: Der Moscheeneubau in Köln sorgt für kontroverse öffentliche Debatten.

[35] Madanipour/Knierbein/Degros: Public Space and the Challenges of Urban Transformation in Europe. S. 4f.

[36] Ausführungen zur idealtypischen Europäischen Stadt: Clark, Peter: The European city and green space. London, Stockholm, Helsinki and St. Petersburg, 1850-2000. Aldershot 2006; Siebel, Walter (Hg.): Die Europäische Stadt. Frankfurt am Main 2004.

Eine empirische Untersuchung des Stadtviertels Barbés in Paris verdeutlicht, wie sich eine von der Stadtpolitik »geplante kulturelle Diversität« im Gegensatz zur »gelebten kulturellen Vielfalt« in einem historischen Einwanderungsbezirk auswirkt: Das Stadtleben von Barbés ist bereits seit Jahrzehnten durch den Zuzug von Menschen verschiedener Nationen, Religionen und Kulturen geprägt. Differenz und Vielfalt werden hier nicht mittels städtischer Tourismusstrategien (im Zuge des Diversity Branding) künstlich zelebriert, sondern schlichtweg alltäglich gelebt. Stadtpolitik und Stadtverwaltung haben in Barbés kürzlich einen kulturalistisch begründeten Planungsansatz eingeführt, der einen »typisch französischen« Lebensstil »kultiviert«, der sich kulinarisch im Warenangebot von Baguette, Schweinefleisch und Wein manifestiert. Auf der Ebene der Eingriffe setzt die Strategie an einer Neuordnung der Einzelhandelsbetriebe in den Erdgeschosszonen an, deren Anbieter derzeit eng mit den Straßenmarktbetreibern im angrenzenden öffentlichen Raum zusammenarbeiten. Der gesamte Straßenmarkt, und damit einer der gegenwärtigen Impulse für das öffentliche Leben im Quartier, soll hinter die Stadtgrenze verlagert werden. Vordergründig als »richtige Diversität« mit Nationalkulturfärbung gekennzeichnet, rufen diese planerischen Eingriffe in den Einzelhandel, in die Bewirtschaftung der Erdgeschosszonen und in den öffentlichen Raum hintergründig eine im Kern sozioökonomisch bedingte Verdrängung der bisherigen Nutzergruppen (Migranten, Arbeiter etc.) hervor, die in städtische und regionale Randlagen (Banlieue) ausweichen müssen. Eine derart kulturalisierte Planung leistet einer soziökonomisch selektiven Stadtentwicklung Vorschub, die den Investitionsdruck und die Stadterneungstätigkeit vom Stadtzentrum (mit gesättigten Wohnungs- und Immobilienmärkten) auf die innenstadtnahen ehemaligen Arbeiterbezirke verschiebt (wo sich Investoren aufgrund der alten Bausubstanz hohe Renditen durch Investitionen und Mieterhöhungen versprechen). Durch die planerischen und gestalterischen Eingriffe in die öffentlichen Räume von Barbés werden bestehende sozioökonomische Ungleichheiten verschärft und marginalisierte Gruppen sukzessive in die städtische Peripherie verdrängt, weil sie sich die Mieten aufgrund der Aufwertungen nicht mehr leisten können (Gentrifizierung), oder weil ihr Gewerbesortiment nicht mehr den kulturalisierten Vorstellungen von »adäquater Vielfalt« entspricht.[37] Diese Planungsstragie, die als eine stadtpolitische Provokation speziell für die Gruppe der Muslime im multireligiös geprägten Barbés interpretiert werden kann, gründet auf einem starren und hegemonialen Bild von Nationalkultur und spielt insbesondere populistischen Parteien in der Stadtpolitik von Paris in die Hände, um an Wählerstimmen zu gelangen.

Eine scheinbar »richtige Diversität« kann zu sozioökonomischer Ungleichheit führen.

[37] Palumbo, Maria Anita: »Urban Transformation. Social Transition. Barbés, Paris. Where Otherness Takes (Public) Place«. In: Madanipour/Knierbein/Degros: Public Space and the Challenges of Urban Transformation in Europe. S. 117-130.

Das kulturelle Spannungsverhältnis zwischen der »scheinbar authentischen Reinheit der Vergangenheit« (die dem Idealtypus der Europäischen Stadt innewohnt) und der »eklektischen Diversität der Gegenwart« zeigt sich in den europäischen Städten geographisch in der räumlichen Beziehung zwischen Zentrum und Stadtrand. Als weitere Einsicht im Bereich kultureller Transformationen ist festzuhalten, dass Maßnahmen der Europäischen Komission derzeit vorrangig im Bereich des Denkmalschutzes und der Kreativwirtschaft forciert werden. Neben dieser teils sehr selektiven Erinnerungskultur mit Rekurs auf Hochzeiten der (idealisierten) Vergangenheit der europäischen Stadt erscheint es allerdings wesentlich dringlicher, den Kulturbegriff auf ein Verständnis gegenwärtiger Stadtkulturen in ihrer alltäglichen Vielfalt auszuweiten, das neben den Innenstädten insbesondere die Wohngebiete an den Rändern der Städte einbezieht und mit einem dynamischen Stadtkulturbegriff arbeitet, der das jüngere Erbe der Zugezogenen ebenso respektiert wie die lange Historie der Urbanisierungsprozesse in und über Europa hinaus. Städte und Stadtgesellschaften sind lange vor der Gründung der ersten Nationalstaaten entstanden und werden diese auch überdauern. Ihnen war bereits in der frühen Urbanisierungsgeschichte das (oftmals nicht konflikfreie) Aufeinandertreffen von Alt und Neu eingeschrieben. Mit den ersten Stadtgründungen ging das Versprechen auf die Emanzipationskraft der Stadt – quasi als Anpassungsleistung und Aufstiegschance in einer sich ständig verändernden Vielfalt in der Stadtgesellschaft – einher. Genau in dieser Emanzipationsgeschichte und dynamischen Vielfalt liegt die Innovationskraft der gegenwärtigen Städte in Europa begründet.

3.4 Ökologische Transformationen

Die Bereitstellung, Unterhaltung und Weiterentwicklung öffentlicher Räume ist zentraler Gegenstand der nachhaltigen Entwicklung in den strategischen EU-Politikprogrammen. Die *Aalborg Charta* von 1990 beschreibt den Hintergrund, nämlich die ökologischen Probleme, die durch Städte und in Städten entstehen. Diese Programmatik benennt fehlende urbane Freiräume als eine der größten städtischen Umweltprobleme, die insbesondere ärmere Nachbarschaften betreffen.[38] Weitere Aspekte, die angeführt werden, sind: Verkehrsbedingter Lärm und Luftverschmutzung, ungesunde Wohnbedingungen, fehlende Lebensraumqualitäten. Das *Abkommen von Bristol*, das während eines informellen Treffens von EU-Ministern 2005 geschlossen wurde, beschreibt die Qualitäten nachhaltiger *Communities* in Europa mit den normativen Attributen: aktiv, inklusiv, sicher, gepflegt, vernetzt, nützlich, umweltfreundlich, florierend, gut gestaltet und gebaut, und fair für jeden. In die-

[38] Europäische Kommission: »Charter of European Cities & Towns Towards Sustainability. Aalborg 1994«. In: Website der Europäischen Kommission. URL: http://ec.europa.eu/environment/urban/pdf/aalborg_charter.pdf (12.04.2015).

sem Dokument werden die öffentlichen Räume bereits ausdrücklich als Merkmale von »cleaner, safer and greener neighbourhoods« und als Teil einer Vision gesehen, Orte zur Verfügung zu stellen, an denen ressourcenschonendes Verhalten erlernt werden könne.[39] In der *Charta von Leipzig* werden diese Überlegungen noch nachdrücklicher ausformuliert: Eine der grundlegenden Empfehlungen der Gruppe der Minister, um urbane Quartiere zu entwickeln, ist es, qualitativ hochwertige öffentliche Räume zu schaffen und zu erhalten.[40] Kurz: Wenn Stadtverwaltungen in die ressourcenschonenende Gestaltung öffentlicher Räume investieren und diese auch als Räume für umweltschonendes Verhalten bildungspolitisch in den Blick nehmen, dann erhöht das die Lebensqualität in den Städten auf einer breiten, umweltschonenden Basis sowohl direkt als indirekt.

Eine Fallstudie aus Antwerpen zeigt, wie wichtig die Rolle zivilgesellschaftlicher Vereine bei der ressourcenschonenden Entwicklung einer stadtpolitischen Planungsprogrammatik für umweltfreundliche öffentliche Räume ist: Bei der Entwicklung des Hafengebietes der Stadt preschten Umweltakteure und -vereine vor und prägten nachhaltig die spätere Politik des öffentlichen Raumes: Aus einem anfänglichen sozialen Konflikt zwischen der Hafenbetreibergesellschaft, der Stadtverwaltung und den organisierten Umweltschutzvereinen entwickelte sich eine neue institutionelle Governance-Konstellation, bei der die Hafenverwaltung unter dem Druck der Nachhaltigkeitsforderungen der Vereine Kompensationsflächen auf dem Hafengebiet auswies, aus denen sich später neue öffentliche Räume und der Prozess der Veröffentlichung des Hafengeländes entwickelten. Antwerpen zeigt sich nun nicht mehr als Industriestadt, sondern als Hafenstadt mit maritimen Flair mit einem öffentlich zugänglichen Hafenareal. Die flämische Stadtgesellschaft hat einen Teil des Hafengebiets zurückerobert (durch aktive Forderung) und erhalten (durch politische Kompromisse, die in einer Nachhaltigkeitsstrategie resultieren, die von vielen städtischen Akteuren ausverhandelt wurde).[41]

In Antwerpen veränderte sich die Stadtplanung dank der Forderungen der Umweltverbände.

Der Fall Lissabon hingegen zeigt, wie die EU-Emissionsrichtlinien die Verbesserung der Qualität der Stadtluft vorantreiben: Die Stadt baute in den vergangenen

[39] UK Presidency: »Bristol Accord. Conclusions of Ministerial Informal on Sustainable Communities in Europe«. Office of the Deputy Prime Minister. London 2005. S. 7, S. 18f. In: Website der Europäischen Investitionsbank. URL: http://www.eib.org/attachments/jessica_bristol_accord_sustainable_communities.pdf (12.04.2015).

[40] Europäische Kommission: Leipzig Charter on Sustainable European Cities.

[41] Hackenberg, Katja. »The Return of the Port as Public Space in Antwerp«. In: Madanipour/Knierbein/Degros: Public Space and the Challenges of Urban Transformation in Europe. S. 38-47.

Jahren massiv die öffentlichen Straßen und Plätze im Stadtzentrum fußgängerfreundlich und autofrei um, um damit die schlechte Emissionsbilanz aufzubessern. Gleichzeitig wurde die Aufenthaltsqualität für Stadtbewohner und Touristen verbessert.

Speziell im Zuge der Hinwendung vieler Stadtverwaltungen zur kompakten und nicht an den Rändern ausufernden europäischen Stadt erhalten daher die öffentlichen Räume eine zentrale strategische Rolle, um Umweltqualität auch für die Bewohner in der dichten und kompakten Stadt zu gewährleisten. Zudem stützt diese Strategie andere umweltpolitische Ziele, etwa die Reduzierung des derzeit immer noch steigenden Flächenverbrauchs in Europa und auch die Schonung der Ressourcen, weil kompakte Städte energetisch effizienter arbeiten.[42] Mit diesen Zielvorgaben wird auch die politische Abwendung von jenen Lebensstilen des Fordismus markiert, die mit der autoorientierten Stadtentwicklung der Nachkriegszeit zusammenfallen (auf Autobesitz beruhende staatliche Begünstigung von Suburbanisierung; Pendlerpauschale; fordistische Stadtpolitik). Es dreht sich bei den ökologischen Transformationen jedoch nicht nur um das Einbringen von Grün in die Städte, sondern um das stadtplanerische und umweltpsychologische Schärfen von Wahlmöglichkeiten der Bewohner zugunsten des Leitbilds der kompakten Stadt. Es geht um einen Mentalitätswandel und um Umweltbildung. Die neueren strategischen Visionen von Stadtentwicklung zielen darauf ab, insbesondere junge Familien und urbane Mittelschichten mit nachhaltigeren Lebensstilen in der Stadt zu halten. Damit einher geht der Ruf nach Verkehrsräumen für Fahrradfahrer und Fußgänger, um den drängenden Klimaproblemen und weiteren Aspekten der Umweltverschmutzung durch das Propagieren neuer Lebensstile zu begegnen.

3.5 Politische Transformationen

Viele europäische Stadtpolitiker und Verwaltungen haben bereits erkannt, dass öffentliche Räume sich dafür anbieten, Strategien in unterschiedlichen Politikfeldern zu entwickeln: Antwerpen setzt ganz auf den Umweltgedanken, während Barcelona die Gestaltung öffentlicher Räume zur Steigerung des Standortwettbewerbs fördert. Lyon positioniert sich über die Neugestaltung der innerstädtischen

Unterschiedliche Strategien: Antwerpen wirbt mit Ökologie, Barcelona mit ökonomischen Standortvorteilen.

[42] European Environment Agency (Hg.): »Ensuring quality of life in Europe's cities and towns. Tackling the environmental challenges driven by European and global change«. Kopenhagen 2009. In: Website der European Environment Agency. URL: http://www.eea.europa.eu/publications/quality-of-life-in-Europes-cities-and-towns/at_download/file (12.04.2015).

öffentlichen Räume im Raumkontext der Region.[43] In Berlin wurden öffentliche Räume als zentrale Orte einer neuen nationalstaatlichen Repräsentationskultur entwickelt.[44]

In Glasgow und Weimar werden eher die Regionalkultur und lokale Werte gepflegt. In Kopenhagen haben stadtverkehrlich bedingte Konzepte des öffentlichen Raums das Radfahren sogar bis in die Eliten der Stadt und des Landes hinauf kultiviert – in Dänemark erfolgte etwa der Amtsantritt der neuen Regierung 2011 per Fahrrad. Oslo hingegen positioniert sich mittels seiner öffentlichen Räume als Hauptstadt des Friedens, in Köln geht es um die Rolle öffentlicher Räume für neue Bildungslandschaften und ihr Verhältnis zur Stadtentwicklung. Im Zuge des sich wandelnden Selbstverständnisses vieler Verwaltungen ist es im Hinblick auf unterschiedliche Gestaltungsmöglichkeiten einer Politik des öffentlichen Raumes von zentraler Bedeutung, die möglichen Rollen der Stadtpolitik und Stadtverwaltungen differenzierter zu diskutieren.

Empirische Erhebungen in Warschau etwa zeigen, dass kollektive Erinnerungskultur und Mahnmale zu den menschenverachtenden Gräueltaten des Holocausts sich ganz unterschiedlich und teils konträr zueinander in der Gestaltung des öffentlichen Raumes manifestieren können. Wo sich repräsentative Kämpfe einer neuen polnischen Nationalkultur auf die Gestaltung öffentlicher Räume niederschlagen, haben lokale Vereinigungen längst eine Reihe von generationenübergreifenden Gestaltungsaktivitäten gegen das Vergessen im öffentlichen Raum lanciert, die allerdings nicht in die Strategien des Bezirks und der staatlichen Museen integriert werden.[45]

In Wien hat die Stadtpolitik in den letzten zehn Jahren den öffentlichen Raum auch als verwaltungsinternes Lernfeld begriffen, um tradierte Ressortegoismen innerhalb der Verwaltung zu überwinden, und eine sozial sensible Programmatik zur Entwicklung der (gelebten) öffentlichen Räume im Bestand hervorgebracht. Trotz ikonischer Projekte im Stadterneuerungsbereich jedoch hinkt offensichtlich die strategische Stadtplanung den ambitionierten Programmen zum öffentlichen Raum hinterher. Die empirischen Befunde aus drei Stadtentwicklungsprojekten (Hauptbahnhof, Seestadt Aspern und Schwedenplatz) zeigen, dass eine stärkere Differen-

[43] Machule, Dittmar: Stadtplätze in Lyon. Strategien für den Umgang mit innerstädtischen Außenräumen. Frankfurt a.M. 2003.

[44] Welch Guerra, Max: »Öffentliche Räume im neuen bundesrepublikanischen Regierungsviertel«. In: Fessler Vaz, Lilian/Knierbein, Sabine/Welch Guerra, Max (Hg.): Der öffentliche Raum in der Planungspolitik. Studien aus Rio de Janeiro und Berlin. Weimar 2006. S. 113-130.

[45] Elzanowski, Jerzy »Memorials and material dislocation. The politics of public space in Warsaw.« In: Madanipour/Knierbein/Degros: Public Space and the Challenges of Urban Transformation in Europe. S. 88-102.

zierung der Politik des öffentlichen Raumes zwischen »Stadterneuerungspolitik« im Bestand und »Stadterweiterungspolitik« im Neubau von Quartieren notwendig ist, gerade in Zeiten des rasanten Stadtwachstums und der baulichen Nachverdichtung der städtischen Randlagen durch neue Wohnanlagen großen Maßstabs.[46]

Der urbane Wandel bringt hohe Anforderungen an die Governence öffentlicher Räume.

Es wird deutlich, dass sich durch die skizzierten Herausforderungen, die der urbane Wandel in Europa mit sich bringt, ziemlich hohe Anforderungen an die Governance des öffentlichen Raumes ergeben. Sicherlich ist die Rolle der Stadtverwaltungen längst durch neue Akteure, die sich in Governance-Prozesse einbringen, aufgeweitet und aufgeweicht worden. In den öffentlichen Räumen zeigen sich – und das bestätigt die Analyse der politischen Transformationen – neue Konstellationen zwischen Staat, Markt und Zivilgesellschaft. Die jüngere Repolitisierung der öffentlichen Räume lässt sich allerdings nicht allein im kulturellen Feld dahingehend deuten, dass die neue kulturelle Vielfalt die alten Bewohnerschaften überstrapaziert und sich allein deswegen neue politische Öffentlichkeiten am rechten Rand der Gesellschaft (wie auch ihre Gegenöffentlichkeiten) formieren. Andere, langfristig erkennbare

Die Gentrifizierung in Kreuzberg löst regelmäßig Bürgerproteste aus.

[46] Knierbein, Sabine/Madanipour, Ali/Degros, Aglaée: Vienna. »(Re)Framing Public Policies, (Re)Shaping Public Spaces?« In: Madanipour/Knierbein/Degros: Public Space and the Challenges of Urban Transformation in Europe. S. 23-37.

Gründe für diese Repolitisierung, die man in Form von Protesten, sozialen Bewegungen und urbanem Widerstand im öffentlichen Raum sieht, sind vor allem im wirtschaftlichen und sozialen Feld zu verorten: Denn die Repolitisierung der Gesellschaft in öffentlichen Räumen muss auch als eine Begleiterscheinung, Folge und Entgegnung zu den gegenwärtigen wirtschaflichen Krisen und den damit einhergehenden wachsenden sozioökonomischen Disparitäten in Europa verstanden werden.[47]

4. Öffentliche Räume im Spannungsfeld vielfältiger urbaner Transformationen

Die Zusammenschau zeigt, dass Stadtverwaltungen und Stadtpolitiker auf der einen Seite richtig erkennen, dass die zuvor in fünf Feldern dargestellten urbanen Transformationen im realen städtischen Leben ganz eng miteinander verknüpft sind. Auf der anderen Seite lässt sich festhalten, dass öffentliche Orte stadtpolitisch derzeit bis auf das Äußerste überstrapaziert werden, eben weil sie als Diskurs- und Handlungsräume zur Bewältigung der gegebenen Herausforderungen vielfach beansprucht werden. Teils konträre Politikziele sollen hier gleichermaßen bewältigt werden, wobei allzu oft übersehen wird, dass zumindest in der bestehenden und gelebten Stadt jede räumliche Intervention in die öffentlichen Räume auch einen Eingriff in das Alltagsleben der Bürger, Bewohner und Besucher darstellt.

Nun ergibt sich – speziell mit dem Blick auf das ökonomische, das soziale und das kulturelle Feld und ihre Wechselwirkungen – ein ungelöstes Spannungsverhältnis zwischen Anspruch und Wirklichkeit der unterschiedlichen (politischen) Entwicklungstrends und -tendenzen in verschiedenen Städten Europas. Viele der analysierten Politikstrategien (sowohl auf EU- und auf städtischer Ebene) arbeiten mit idealtypischen Vorstellungen der *Europäischen Stadt* und einem normativen Verständnis des öffentlichen Raumes und benutzen den öffentlichen Raum als ein (unerfülltes) politisches Versprechen. Die empirischen Befunde aus zahlreichen Fallstudien jedoch zeigen eklatante Diskrepanzen zwischen der Intention von Politikprogrammen zum öffentlichen Raum und den konkreten Effekten und Auswirkungen ihrer gestalterischen und planerischen Umsetzungen. Instrumente der Gestaltung öffentlicher Räume, die programmatisch der Inklusion und Partizipation dienen sollen, bewirken paradoxerweise oft das schiere Gegenteil, weil sie als Auslöser für Verdrängungsprozesse fungieren und eine stärkere soziale Segregation und Polarisierung in der Stadtgesellschaft begünstigen. Politikvertreterinnen und Planungsstrategen erwarten klare Leitlinien und Empfehlungen für einen sensiblen Umgang mit öffentlichen Räumen in der (nationalen) Stadtentwicklungspolitik. Aufgrund der

[47] Hou, Jeff/Knierbein, Sabine (Hg.): City Unsilenced. Public Space and Urban Resistance in the Age of Shrinking Democracy. New York/London 2016 (Drucklegung in Kürze).

vielschichtigen ökonomischen, sozialen, kulturellen, ökologischen und politischen Überlagerungen erscheint eine nuancierte und kontextsensible Bewertung der Gegensätze, Unwuchten und Ambivalenzen der öffentlichen Räume wesentlich angebracht und adäquat für die städtische Praxis (postmoderne Stadtpolitik).

Eine genaue und ernsthafte Abwägung der Gewichtung verschiedener Politikziele, -programme und ihrer möglichen Auswirkungen sowie ein gesellschaftspolitisches Bekenntnis zur Rolle öffentlicher Räume für lokal verwurzelte Arbeitsmärkte, den sozialen Frieden und für ein dynamisches Verständnis von Stadtkultur als »Alltagskultur in Veränderung« kennzeichnet eine ausgewogene und sozial innovative Stadtpolitik. Ein Bewusstsein für die mögliche Wirkkraft von Instrumenten der Ressourcenschonung, des Klimaschutzes und der demokratischen politischen Steuerung in öffentlichen Räumen erweitert das Handlungsfeld der Stadtpolitik und ermöglicht Querverbindungen zwischen Kultur-, Sozial-, Wirtschafts-, Umwelt- und Innovationspolitik der Städte in Europa.

Eine genaue Abwägung von Politikzielen ist eine Voraussetzung guter Stadtpolitik.

Es bleibt an dieser Stelle noch die Aufgabe, eine wichtige Verknüpfungsleistung zwischen theoretischen Einordnungen, empirischen Befunden und praktischen Anforderungen zu erbringen: Mittels der theoretischen Orientierungen im ersten Teil habe ich veranschaulicht, dass sich analytische und interpretative Unschärfen im Wissenschaftsbetrieb allzu oft ergeben, wenn von öffentlichen Räumen die Rede ist. Wie die Politikfeldanalyse der EU-Programmatik und die unterschiedlichen empirischen Befunde aus den Städten verdeutlichen, existieren hier ganz ähnliche Unschärfen, die dazu beitragen, dass die »Politik des öffentlichen Raumes« in den europäischen Städten von einem doppelten Dilemma gekennzeichnet ist: Je normativer und idealtypischer die Programmatik und je weniger eine politische Agenda auf die vielen empirischen Befunde sich verändernder Stadtgesellschaften Rücksicht nimmt, desto größer klafft die Lücke zwischen gesellschaftspolitischem Anspruch und stadtgesellschaftlicher Wirklichkeit von planerischen und gestalterischen Interventionen in öffentlichen Räumen. Um andererseits diese städtischen Realitäten als sozial produzierte Wirklichkeiten zu enttarnen, zu korrigieren und zu überwinden, gilt es, den empirischen Ergebnissen eine normative politik- und planungspolitische Forderung, einen Idealtypus des öffentlichen Raumes, gegenüberzustellen. Ich würde dies als das Steuerungsparadox des öffentlichen Raumes bezeichnen.

Es gilt, öffentliche Räume, die gegenwärtig im Spannungsfeld vielfältiger urbaner Transformationen quasi in verschiedene Richtungen gezerrt werden, als Orte öffentlichen Lebens und zivilgesellschaftlicher (Selbst-)Organisation ernst zu nehmen.

Ein Politikprogramm zum öffentlichen Raum ist dann glaubwürdig, wenn man es nicht allein *für* Bürger und Bewohner diskursiv entwickelt, sondern *mit* diesen und *durch* diese. Manchmal und besonders in kulturübergreifenden Öffentlichkeiten ist hierfür weniger politische Rhetorik und mehr politisches Handeln vor Ort und im Austausch mit den Menschen im öffentlichen Leben der Stadt gefragt.

Stadtpolitik hat sich gegenwärtig mit drängenden Problemlagen auseinanderzusetzen, denn es scheint, dass der relative soziale Frieden in den europäischen Städten der letzten zwei Jahrzehnte mit dem Abschied vom Wohlfahrtsstaat ins Wanken gerät. Ein Indiz dafür sind die zunehmenden zivilgesellschaftlichen Inanspruchnahmen öffentlicher Räume für politische Proteste und zivilgesellschaftlichen Widerstand (Repolitisierungsthese).[48] Eine letzte theoretische Begriffsschärfung ist angebracht, denn im öffentlichen Raum begegnen sich nicht nur Menschen, sondern Politik trifft hier auf ihr gesellschaftspolitisches Korrektiv: das Politische im öffentlichen Raum.[49] Eine solche Betrachtungsweise ermöglicht es, einen Grundgedanken von Politik *ta politiká* wiederzufinden, der das Gemeinschaftliche, das Öffentliche meint.[50]

---

[48] Knierbein: Die Produktion zentraler öffentlicher Räume in der Aufmerksamkeitsökonomie. Wiesbaden 2010.

[49] Huning: Politisches Handeln in öffentlichen Räumen. Die Bedeutung öffentlicher Räume für das Politische. Berlin 2006.

[50] Welch Guerra, Max: »Vermieterstruktur und Depolitisierung der Wohnungspolitik. Die Politik des CDU-geführten Senats gegenüber der Anbieterseite des Wohnungsmarktes in Berlin (West) von 1982 bis 1988.« In: Arbeitshefte des Instituts für Stadt- und Regionalplanung der Technischen Universität Berlin. Berlin 1992. S. 5.

Den öffentlichen Raum aktivieren

VON OLAFUR ELIASSON

Ich setze mich in meiner Kunst schon länger mit Konzepten von Öffentlichkeit auseinander. Besonders der öffentliche Raum ist ein wichtiges Thema für mich: Wie fühlen sich Menschen im öffentlichen Raum und warum empfinden sie sich als Teil davon?

Der öffentliche Raum setzt unsere gesellschaftlichen Werte um.

Entscheidend ist für mich, dass der öffentliche Raum nicht das ist, was übrig bleibt, wenn man alle Räume, die privatisiert sind oder anderweitig genutzt werden, abzieht. Stattdessen ist der öffentliche Raum ein Volumen an sich, ein positiver Raum. Wir sollten uns den öffentlichen Raum als etwas Robustes und Präsentes denken. Denn schließlich wollen wir doch, dass der öffentliche Raum unsere gesellschaftlichen Werte auf eine solche Weise umsetzt, dass man spürt, mit welcher Gesellschaft man es zu tun hat, sobald man sich in diesem Raum bewegt oder aufhält. Die Frage ist, welche

Kunst und Publikumsreaktion: Die Ruhe auf dem Eis.

Anstoß zur Klimadebatte: Olafur Eliassons Ice-Watch-Projekt mit Polareis vor dem Rathaus in Kopenhagen, 2014.

Werte in unseren öffentlichen Räumen tatsächlich umgesetzt werden. Aus dieser Perspektive ist es entscheidend, die gegebenen Ressourcen in der Stadtplanung und Landschaftsplanung strukturell einzusetzen. Der öffentliche Raum lässt sich so planen, dass er gesellschaftliche Einflüsse widerspiegelt. Damit ist schon einiges getan, doch meiner Meinung nach nicht alles. Ich denke, wir haben eine zivilgesellschaftliche Verpflichtung, Bewusstsein dafür zu schaffen, dass der öffentliche Raum nichts Passives ist, das auf mich wartet, sondern immer auch aktiven Einsatz erfordert: Es geht darum, die demokratische Idee von Gesellschaft ständig neu zu hinterfragen und umzusetzen. Ich denke, in der Zivilgesellschaft sollten wir sagen können: »Ja, der öffentliche Raum hat tatsächlich eine proaktive, dynamische Qualität.« Deshalb sollte der öffentliche Raum auch kritisch diskutiert werden – in den Medien, aber auch in den Schulen, für junge genauso wie für ältere Menschen.

Darüber hinaus ist der öffentliche Raum auch eine Bühne, eine Plattform, auf der man verschiedenste Dinge testen, üben, untersuchen kann – damit habe ich in meiner Kunst oft gearbeitet. Vor einiger Zeit habe ich in Kopenhagen mit Minik Rosing zum ersten Mal das Projekt *Ice Watch* realisiert. Anlässlich eines Treffens des Weltklimarats IPCC in Kopenhagen ließen wir im Winter 2014 tonnenschwere Eisblöcke aus Grönland, die zuvor aus dem Nuuk-Fjord geborgen worden waren, auf dem Rathausplatz installieren, wo sie dann schmolzen. Einerseits war mir wichtig, dass *Ice Watch* ein Kunstwerk ist, das Bezug auf das Klima nimmt, andererseits wollte ich zeigen, dass der öffentliche Raum eine Idee so vermitteln kann, dass Theorie – in diesem Fall wissenschaftliche Daten zum Klima – körperlich spürbar wird. Das Ganze im öffentlichen Raum, weil hier tatsächlich Teilnahme der Bürger stattfindet. Mir gefällt, dass Aussagen und Thesen im öffentlichen Raum oft Teil eines gemeinsamen Erlebnisses werden. Bei *Ice Watch* war der Ausgangspunkt für mich, dass ich etwas Persönliches erlebe: Das Eis, das ich berühre, ist Eis *für mich* – ich erlebe es, und ich denke dabei auch über das Klima nach. Zugleich erlebt eine andere Person neben mir etwas anderes und denkt vielleicht etwas ganz anderes. Vielleicht bin ich mit dieser anderen Person nicht unbedingt einer Meinung. Das ist interessant. Auf einmal habe ich eine Situation, in der der öffentliche Raum zu einer Plattform wird, die mir erlaubt, mit anderen ein Erlebnis zu teilen, ohne der gleichen Meinung sein zu müssen. Wenn man darüber nachdenkt, ist es in unserer Gesellschaft nicht oft der Fall, dass solche Erfahrungen möglich sind. Oft führen unterschiedliche Meinungen zur strukturellen oder unbewussten Exklusion. Dann heißt es: Ihr seid anders, deshalb seid ihr nicht willkommen. Wir haben es überall – auch in Europa – mit Populismus und Nationalismus zu tun, also mit Polarisierungen, bei denen sich Identität über Abgrenzung definiert. Der öffentliche Raum hat meiner Meinung nach das Potenzial, inklusiv mit verschiedenen Meinungen umzugehen. Ich habe ein Erlebnis, ein Anderer hat ein anderes Erlebnis – trotzdem teilen wir unsere unterschiedlichen Erfahrungen. Und vielleicht ist die Tatsache, dass wir nicht das gleiche Erlebnis haben, der eigentliche Erfolg.

Der öffentliche Raum ist die Plattform, die geteilte Erlebnisse erlaubt.

Diese Erkenntnis kennen wir ja aus dem Kultursektor, der Kulturwelt, der Kunstwelt. Das Museum unterstützt genau dieses Prinzip: Hier darf man sein und muss keinesfalls dieselbe Erfahrung machen. Im Museum gilt das als Erfolg. Genau das wünsche ich mir auch für den öffentlichen Raum. Das hat sehr viel mit Vertrauen in die Gesellschaft zu tun und mit dem Vertrauen in das Potenzial des öffentlichen Raums, Inklusion zu leisten. Ich denke, es bedeutet auch, schon in der Stadtplanung ein Bewusstsein dafür zu schaffen, dass der öffentliche Raum gesellschaftliche Werte umsetzt – nicht als Dogma, als Manifest, sondern tatsächlich erlebbar. So kann der öffentliche Raum zur aktiven Plattform werden, ob mit Eis oder in anderen Zusammenhängen. Projekte wie *Ice Watch* werden ja nicht im Alleingang realisiert. In Kopenhagen habe ich mit der Regierung, mit der Kommune, mit dem Umweltministerium, mit der UN und dem Weltklimarat IPCC zusammengearbeitet. Darüber hinaus gab es ein Netzwerk aus den verschiedensten gesellschaftlichen Akteuren. Gemeinsam haben wir daran geglaubt, dass der öffentliche Raum die Möglichkeit bietet, theoretische Informationen über das Klima so zu vermitteln – teilnehmend und inklusiv – dass sich jeder persönlich zum Klima äußern kann. Ich glaube, wir unterschätzen oft, welche großartigen Qualitäten der öffentliche Raum besitzt. Wir könnten den öffentlichen Raum viel stärker bespielen, nutzen, aktivieren – aber wir müssen das Vertrauen in diesen Raum, ebenso wie das Vertrauen in die Menschen, mit denen wir ihn teilen, erst einmal schaffen.

Die Qualität des öffentlichen Raumes hängt vom Vertrauen in ihn ab.

»Unser Vorbild ist und bleibt die europäische Stadt«

Thomas Gauly im Gespräch mit dem Architekten Christoph Mäckler über Städte der Zukunft, eine Architektur der Angemessenheit und seine Liebe zu Frankfurt am Main

THOMAS GAULY: Sie zählen zu den angesehensten Architekten dieses Landes und werden seit Anfang der siebziger Jahre mit vielen Preisen und Auszeichnungen geehrt. Was hat Sie in Ihrem Lebensweg besonders geprägt?

CHRISTOPH MÄCKLER: Ich komme aus einer Familie, die schon immer mit der Errichtung von Bauwerken zu tun hatte. Als Handwerker, Ingenieure und Baumeister sind die Mäcklers bis ins 18. Jahrhundert hinein im Rheinland tätig gewesen. Ein Mäckler war Stadtbaumeister in Koblenz, ein anderer war an der Festung Ehrenbreitstein tätig. Mein Urgroßvater errichtete Tunnelbauwerke und Schiffskanäle, mein Vater war Architekt und Dombaumeister in Frankfurt am Main und hat in seinem

Christoph Mäckler

Berufsleben viele Kirchenbauten errichtet, die in den 1950er und 1960er Jahren bundesweit Beachtung fanden.

THOMAS GAULY: Welche Erlebnisse oder Eindrücke haben Sie besonders geprägt?

CHRISTOPH MÄCKLER: Ich wurde katholisch erzogen, wuchs in einem Architektenhaushalt auf, in dem Architektur und klassische Musik für mich und meine beiden Geschwister von zentraler Bedeutung waren. Die Architektur und das Design der Moderne waren allgegenwärtig und bestimmten das tägliche Leben. Wir lebten in unserem modernen Haus, von meinem Vater entworfen. Er bekam Besuch von Persönlichkeiten wie Egon Eiermann, Walter Gropius, Hans Schwippert, Wilhelm Wagenfeld, Hans Leistikow, Richard Neutra und Sandy Calder, die ich als Kind erlebte. Diese Eindrücke haben mein Leben und meine Arbeit geprägt.

THOMAS GAULY: Ihr besonderes Interesse für den Städtebau kommt aus Ihrer Schulzeit sowie Ihrer Auseinandersetzung mit Geschichte und Literatur.

CHRISTOPH MÄCKLER: Meine Schulausbildung erhielt ich auf dem humanistischen Heinrich-von-Gagern-Gymnasium in Frankfurt am Main. Dort hat man uns die Grundlagen der europäischen Kultur vermittelt, was mein Interesse für Geschichte geweckt hat. Aus diesem Grund beschäftige ich mich heute mit der Literatur zum europäischen Städtebau. Dort findet man Texte, die sich mit dem städtischen Raum und seiner Entwicklung auseinandersetzen, aber auch praxisnahe Handlungsanweisungen, die heute noch immer anwendbar sind. Will man sich als Architekt einem Ort nähern, seine innere Logik verstehen, hilft es, ihn in einzelne Bausteine zu zerlegen. Denn wie eine Sprache verfügt auch eine Stadt über ein Vokabular, über wiederkehrende Grundmuster und Einheiten, die es zu berücksichtigen gilt. Diese Stadt-Bausteine bestimmen meine Arbeit. Sie müssen nicht neu erfunden werden, sondern sind in der Literatur zum europäischen Städtebau niedergeschrieben. Das Wissen um diese Stadtbausteine gibt mir die Sicherheit, städtische Architektur zu entwickeln und sie in großer Selbstverständlichkeit in den Stadtkörper einzufügen.

THOMAS GAULY: Welches sind die geistigen/geistlichen und intellektuellen Grundlagen, die Ihr Leben und Ihre Arbeit prägen?

CHRISTOPH MÄCKLER: Die humanistische Erziehung, viele Besuche Griechenlands und Italiens, der christliche Glaube verbunden mit großem sozialen Engagement in meinem Elternhaus, die Literatur des Städtebaus und der Architektur bis in die italienische Renaissance hinein bestimmen meine Arbeit bis heute. Die Intensität der Auseinandersetzung mit meinem Beruf wird getragen durch den Rückhalt in meiner Familie und unserem Zuhause.

THOMAS GAULY: Angesichts der breiten Ausbildung, die Sie genossen haben, und dem Bildungshintergrund Ihres Elternhauses sei die Frage gestattet: Wären Sie nicht Architekt geworden, welchen Beruf hätten Sie gewählt?

CHRISTOPH MÄCKLER: Ich habe schon früh als Kind Giebelhäuser, Kirchen und ganze Stadtansichten gemalt. Wie verschiedene Epochen miteinander harmonieren können und flüchtigen Moden trotzen, erlebte ich schon früh in meinem Elternhaus, in dessen Räumen wir nicht nur von zeitgenössischem Design, sondern auch von alten Möbeln umgeben waren. Das war für einen Architektenhaushalt zu dieser Zeit etwas Besonderes. Wenn ich nicht Architekt geworden wäre, dann vielleicht Musiker. Ich bin mit klassischer Musik aufgewachsen. In meinem Elternhaus stand eine Klais-Orgel und es gab regelmäßig Hauskonzerte. Ich liebe die Musik und glaube, dass man im Musizieren eine große Erfüllung finden kann, ähnlich wie in der Architektur.

THOMAS GAULY: Sie haben sich nicht allein als großer Baumeister einen Namen gemacht, Sie gelten auch als kritischer Geist und scharfzüngiger Beobachter, der auf die Fehlentwicklungen seiner Zunft immer wieder öffentlich hinweist. Wenn Sie auf die vergangenen vier Jahrzehnte Ihres Schaffens zurückblicken, welches ist für Sie die markanteste Weichenstellung in Ihrer Branche?

CHRISTOPH MÄCKLER: Die größte Veränderung haben wir mit der architektonischen Ideologie der »aufgelockerten und durchgrünten Stadt« erlebt. Sie geht einher mit der Aufgabe der Funktionsmischung, wie sie für die europäische Stadt typisch ist. Das führte dazu, dass wir in den letzten 60 Jahren keine nennenswerten Stadträume geschaffen haben, die der Qualität alter Stadtviertel auch nur annähernd gleichkommen.

THOMAS GAULY: Warum gelingt es so selten, öffentliche Orte, z. B. Plätze, zu Orten zu machen, an denen man sich wohl fühlt und etwas »Menschliches« spüren kann, wie dies z. B. bei alten Marktplätzen der Fall ist? Das Thema Städteplanung beschäftigt Sie schon lange. Was läuft da Ihrer Meinung nach falsch in Deutschland?

CHRISTOPH MÄCKLER: Wie in der Architektur wird auch im Städtebau nicht mehr in Räumen gedacht. Stadt existiert aber nur dort, wo Räume, Platzräume und Straßenräume entwickelt werden. Heute fehlen uns allgemein verbindliche Regeln des Städtebaus. Ursache dafür ist vor allem die Trennung der Planungsdisziplinen und deren isolierte Vermittlung an den Universitäten. Architekten planen solitäre Einzelbauten, Stadtplaner setzen vor allem Planungsprozesse auf und Verkehrsplaner errechnen Verkehrsströme. Dieser Aufsplitterung der Planungsprozesse entspricht auch die Trennung der Fachgebiete in der Ausbildung: Im Zuge der Ausdifferenzierung der Disziplinen hat sich das städtebauliche Wissen auf die unterschiedlichsten Fächer verteilt und wird heute nicht mehr in der integrierenden Weise an den Universitäten gelehrt. Man muss sich vorstellen, dass es in der Ausbildung von Stadtplanern an einigen Universitäten beispielsweise keine Architektur, keinen Wohnungsbau gibt!

THOMAS GAULY: Was wäre Ihr Ansatz, mit dem man dieser Entwicklung Einhalt gebieten könnte?

CHRISTOPH MÄCKLER: Deutsche Städte haben einen dringenden Bedarf an städtebaulich befähigtem, in Stadtplanung und Architektur ausgebildetem Personal. Will man unsere Plätze in Zukunft wieder mit Positivbeispielen belegen können, muss die Ausbildung von Planern und Architekten an den Universitäten grundlegend reformiert und wieder zusammengelegt werden. Um die Diskussion einer Reform anzustoßen, hat das von mir vor 15 Jahren gegründete Institut für Stadtbaukunst an der TU Dortmund gemeinsam mit dem Oberbaudirektor der Stadt Hamburg, Jörn Walter, dem Baudezernenten der Stadt Köln, Franz Josef Höing, und einigen namhaften Professoren des Städtebaus im Mai 2014 die sogenannte »Kölner Erklärung« veröffentlicht, in der gefordert wird, dass Städtebau wieder in einer angemessenen, umfassenden Weise mit den Fächern Architektur und Baugeschichte an den Universitäten in Deutschland gelehrt werden muss, damit die Akteure der Stadtentwicklung auch über das erforderliche städtebauliche Wissen verfügen und die städtebauliche Qualität der Städte in Deutschland wieder wahrnehmbar wird.

THOMAS GAULY: Wie verhält es sich mit der Städteplanung in anderen Ländern? Gibt es im Ausland ein Vorbild für uns?

CHRISTOPH MÄCKLER: Nein, wir müssen jedenfalls nicht ins außereuropäische Ausland schauen. Unser Vorbild ist und bleibt die europäische Stadt. Sie ist ein seit Jahrhunderten bewährtes Gehäuse gesellschaftlichen Zusammenlebens und als solches ein kulturelles, ökonomisches und ökologisches Bollwerk in einer sich globalisierenden Welt. Um ihre Räume, Plätze, Straßen und Alleen beneidet uns die ganze Welt. Wir müssen nur versuchen, die Prinzipien der europäischen Stadt wieder zu begreifen und anzuwenden, um unsere Städte wieder lebenswert zu machen.

Die europäische Stadt ist ein seit Jahrhunderten bewährtes Gehäuse gesellschaftlichen Zusammenlebens. Darum beneidet uns die Welt.

THOMAS GAULY: Sie sagen: »Ohne das Wissen um die Geschichte eines Ortes bleibt Architektur nur an der Oberfläche und kann sich nicht verwurzeln.« Was bedeutet dies für die Herangehensweise an ein Projekt?

CHRISTOPH MÄCKLER: Eine Stadt braucht Beständigkeit. Gerade weil sich die Welt so schnell ändert, wird der städtische Ort für seine Bewohner als Ort der Identifikation noch wichtiger. In der Kontinuität des Gebauten fühlen wir uns wohl. Leider vernachlässigt die heutige Architektur meist das Gesamtbild der Stadt und beschäftigt sich selbstverliebt mit dem Bauen von Unikanten – Bauwerke werden zu Kunstwerken. Betrachten wir unsere Städte, so sehen wir allerorts modische Skulpturen aus dem Boden schießen, Solitäre, deren selbstgefällige Formen den Gedanken eines städtischen Ensembles ausschließen. Sie spiegeln den Narzissmus und den gnadenlosen Konkurrenzkampf unserer Zeit. Am Ende der Moderne ist diese Architektur ein der neusten Architekturmode geschuldetes *Look-at-me*-Produkt, das mit den einfachsten Ordnungssystemen der Stadt nichts mehr gemein hat, ein Zufallsprodukt, das als Unfall in die Geschichte eingehen wird.

THOMAS GAULY: Gilt es also, in einer auseinanderdriftenden Gesellschaft Orte zu schaffen, die einen inneren Zusammenhang darstellen?

CHRISTOPH MÄCKLER: Ich meine, dass es gerade heute in unserer globalisierten Welt darum gehen muss, an einem Ort, an dem wir neue Architektur errichten, auf der Geschichte des Ortes aufzubauen und damit neue Traditionen zu bilden. Gute Architektur sollte mit und für den Ort arbeiten, an dem sie steht, und nicht gegen ihn. Dazu gehört auch die Alterungsfähigkeit der Gebäude. Denn erst die Alterungsfähigkeit der Bauwerke gibt der Stadt die Möglichkeit, neue Traditionen zu bilden. Das Alter wird durch die werkgerechte Ausführung und die richtige Auswahl der Fassadenmaterialien garantiert, und erst diese Ausführungsart erlaubt es dem Betrachter, nicht nur die Fernwirkung eines Bauwerks zu genießen, sondern auch die Betrachtung aus der Nähe als wohltuend zu empfinden.

Erst die Alterungsfähigkeit der Bauwerke gibt der Stadt die Möglichkeit, neue Traditionen zu bilden.

THOMAS GAULY: Was ist die besondere »Handschrift« des Architekten und Städteplaners Mäckler?

CHRISTOPH MÄCKLER: Ich vertrete eine Architektur der Angemessenheit. Ich lege großen Wert auf die Einbindung meiner Bauwerke in den städtebaulichen Kontext. Architektur sollte mit und für den Ort arbeiten, an dem sie steht. Aus diesem Grund muss sie – angefangen bei der Materialwahl – städtebaulich gedacht, hervorragend detailliert, perfekt und ernsthaft durchgearbeitet sein. Ein respektvoller Umgang mit der Substanz, die intensive Auseinandersetzung mit den Eigenheiten des Ortes und ein zeitgenössischer Zugriff auf die Tradition ermöglichen eine Selbstverständlichkeit in der Architektur und damit eine zeitliche Ungebundenheit, die für die Qualität von Architektur grundlegend ist, wenn sich die Gesellschaft mit dem Bauwerk zurechtfinden soll. Das schönste Kompliment ist, zu hören, das Bauwerk sähe aus, als ob es schon immer dort gestanden hätte.

THOMAS GAULY: Mit dem OpernTurm haben Sie als Architekt Ihrer Heimatstadt Frankfurt ein besonders schönes »Denkmal« gesetzt. Bereits Ihr Vater war als Architekt in Frankfurt tätig, weshalb Sie sicherlich eine besondere Liebe mit dieser Stadt verbindet. Was unterscheidet sie von anderen Städten?

CHRISTOPH MÄCKLER: Sie spüren in Frankfurt noch heute den individuellen Charakter der freien Reichsstadt. Ich habe mich gleich nach meinem Studium mit der Stadt und ihrer Geschichte auseinandergesetzt und hatte in den vergangenen Jahren das Glück, mit meiner Architektur wichtige Orte in Frankfurt instandsetzen zu können. So konnte ich einige städtebauliche Ideen, die die Fehler der vergangenen 50 Jahre zu korrigieren suchten, die ich in meinem »Frankfurt Projekt« entwickelt und 1987 im Deutschen Architekturmuseum gezeigt habe, 20 Jahre später auch umsetzen. So zum Beispiel die Alte Brücke, das »Tor zu Frankfurt« oder der Wiederaufbau der Alten Stadtbibliothek. Das empfinde ich als etwas ganz Besonderes. Ich weiß nicht, ob mir das in anderen Städten auch so gelungen wäre. Das hängt damit zusammen, dass die Stadt Frankfurt eine politisch sehr offene Stadt ist. Sie finden Ähnliches auch in der Theaterwelt, in der Musikwelt und in der Oper.

Thomas Gauly

THOMAS GAULY: Richten wir unseren Blick nach vorne: Wie wird die Stadt der Zukunft aussehen?

CHRISTOPH MÄCKLER: Die Stadt der Zukunft ist die unseren gesellschaftlichen Bedürfnissen angepasste Stadt der Vergangenheit! Dafür braucht es langfristige Konzepte, aber keine Utopien. In den letzten Jahrzehnten wurde in deutschen Städten auf Planungsebene vor allem reagiert und wenig agiert. Wir müssen weg von der Stadtplanung, hin zu einem Städtebau, in dem Architektur und Planung wieder miteinander verknüpft sind. Es geht nicht darum, immer etwas vermeintlich Neues zu erfinden, wenn wir von der Zukunft unserer Städte sprechen. Vielmehr sollten wir unsere Städte architektonisch-stadträumlich wieder zu lebenswerter Qualität führen.

Wasser als öffentlicher Raum

Wie der Verein »Flussbad Berlin« die Mitte der Hauptstadt verändern will

VON CHARLOTTE HOPF

1. Ein Stadtentwicklungsprojekt in der Mitte Berlins

Vor mehr als 100 Jahren verlor der Spreekanal im historischen Zentrum Berlins seine ursprüngliche Funktion. Das Projekt »Flussbad Berlin« möchte diesen Flussabschnitt, der die Museumsinsel im Westen umfließt und heute eine der größten innerstädtischen Funktionsbrachen ist, jetzt auf neue Weise nutzbar machen. Der Fluss soll sich in der Mitte des historischen Zentrums Berlins auf 750 Metern Länge in eines der größten und schönsten Schwimmbecken der Welt verwandeln. Im oberen Teil des insgesamt etwa anderthalb Kilometer langen Wasserlaufs sind außerdem eine einzigartige Biotoplandschaft und ein Schilfbecken zur natürlichen Reinigung des Flusswassers vorgesehen. So entstehen neue Räume und ein grünes Band durch den historischen Kern der Stadt. Und es geht um noch mehr: Das Projekt bedeutet eine grundlegende Neubewertung der Rolle des Flusses in der Stadt. Es erneuert die Beziehung zwischen der Stadt und dem Fluss, an dem und aus dem sie einst entstand, und erzeugt damit ein richtungsweisendes Symbol. »Flussbad Berlin« steht für eine nachhaltige, integrative und schonende Stadtentwicklung, für einen achtsamen und intelligenten Umgang mit natürlichen Ressourcen und für eine Verbindung zwischen historischer Stadt und lebendiger Gegenwart.

Zur Umsetzung des »Flussbads Berlin« wird der Spreekanal in drei Bereiche eingeteilt, die sich funktional und gestalterisch unterscheiden: Der Schwimmbereich ist der prägnanteste dieser drei Bereiche. In den warmen Monaten des Jahres werden hier, direkt unter den historischen Museen auf der Museumsinsel, Schwimmer in gereinigtem Spreewasser ihre lange Bahnen ziehen. Im Winter wird der gefrorene Flussarm zur Eisfläche, auf der man Schlittschuhlaufen kann. Der Schwimmbereich beginnt an der alten Schleuse in Höhe des Auswärtigen Amtes und erstreckt sich von dort – vorbei am Berliner Schloss – über das Humboldtforum, das Freiheits- und Einheitsdenkmal auf dem Sockel des ehemaligen Nationaldenkmals, den Lustgarten und die großen Museen – bis zum Bode-Museum an der nördlichen Spitze der Museumsinsel. Ein Abschlusswehr unter der Bodebrücke grenzt den Schwimmbereich gegen die Hauptspree ab. Das so entstehende längliche Becken ist mit einer Fläche von ca. 15.000 Quadratmetern etwa so groß wie zwölf olympische Schwimmbecken und prinzipiell vom Stadtraum aus frei zugänglich. Entlang des Lustgartens und des Schlossplatzes bilden neu angelegte Freitreppen einen breiten Zugang zum Wasser. Auf der gegenüberliegenden Seite, entlang der westlichen Kanalmauer, führen vereinzelt kleinere Treppen hinunter auf das Wasserniveau.

Schwimmer werden vor allem den Zugang über die Umkleideanlage nutzen, die in den Sockel des Freiheits- und Einheitsdenkmals eingebaut wird. Diese, ehemals von Wilhelm II. als Bootsanlegeplatz genutzte, künstliche Grotte im Innern des Denkmalsockels ermöglicht es den Schwimmern, im Sichtschutz des Bauwerks mit »wilhelminischer« Zurückhaltung ins Wasser zu gelangen. Aber auch für jene, die keine sportliche Betätigung suchen, entsteht durch das »Flussbad Berlin« an der Museumsinsel ein ganz neuer innerstädtischer Ort. Auf den großzügigen Ufertreppen werden im Sommer Berlinerinnen und Berliner ebenso wie die Gäste aus aller Welt sich ausruhen und die Abendsonne genießen. Einen Nebenaspekt bildet der auf dem Wasserniveau verlaufende Holzsteg entlang der westlichen Ufermauer. Er macht den Kanalraum für Spaziergänger zugänglich und erlaubt nebenbei eine sichere fußläufige Unterquerung der Straße »Unter den Linden«.

Pflanzen sollen das Spree-Wasser filtern, um neue ökologische Chancen für die Stadt zu schaffen.

Flussaufwärts, südlich des Schwimmbereichs, schließt der »Filterbereich« an. Dieser ist notwendig, da das Schwimmen in der Stadtspree ohne weitere Behandlung des Wassers heute gesundheitsgefährdend ist. Der Grund für die Wasserverschmutzung ist insbesondere das häufige Überlaufen der Kanalisation in der Berliner Innenstadt. Diese verfügt über ein veraltetes Mischwasserkanalsystem, welches die Haushaltsabwässer und die Abwässer von Straßen und Plätzen gleichermaßen aufnimmt. Bei heftigen Regenfällen reicht das Fassungsvermögen der Mischwasserkanalisation nicht aus, und ungeklärte Abwässer werden in die Spree »abgeschlagen«. Dies geschieht regelmäßig, ungefähr 30 Mal im Jahr. Auch im Projektbereich des »Flussbads Berlin« münden Auslässe des Kanalsystems in die Spree. Um das Überlaufen ungeklärter Abwässer aus diesen Auslässen zu verhindern, werden sie in einen Bypass-Kanal, beziehungsweise in ein Rückhaltesystem, geführt. Dabei handelt es sich um eine Betonröhre, die unter Wasser, entlang des westlichen Ufers des Spreekanals, geführt wird. Das ungeklärte Abwasser wird in dieser Röhre gesammelt und, sowie die Kanalisation wieder weniger Wasser führt, in diese zurück eingeleitet. Oberhalb der Bypass- beziehungsweise Rückhalteröhre liegt ein öffentlich begehbarer Steg, der es ermöglicht, unmittelbar auf Wasserniveau, flussbegleitend, den Spreekanal fußläufig zu erschließen.

Neben der Verhinderung der Einleitung von ungeklärtem Abwasser in allen Bereichen des Flussbads wird das Flusswasser zur Verbesserung der Wasserqualität im Filterbereich durch ein erprobtes natürliches Prinzip gefiltert. Auf etwa 300 Metern Länge sickert es von oben langsam durch eine 80 Zentimeter starke Kiesschicht, die auf dem Kanalgrund zwischen Gertraudenbrücke (Leipziger Straße) und dem Wehr an der Schleusenbrücke eingebaut ist. Dabei wird das Wasser natürlich gereinigt. Unter der Kiespackung liegende Drainagerohre sammeln das gefilterte Wasser und leiten es in das Schwimmbecken. Die Kraft, um das Wasser durch den Filter zu pressen, entsteht durch den Niveauunterschied der Wasserläufe, denn der Filterbereich liegt etwa eineinhalb Meter höher als der angrenzende Schwimmbereich. Kontinuierlich wird durch dieses allein mit Schwerkraft betriebene Filterwerk ein Zustrom von ungefähr 500 Litern Wasser pro Sekunde erzeugt. Diese Wassermenge reicht aus, um das gesamte Wasser im Schwimmbereich innerhalb eines Tages auszutauschen. Der Kanalgrund im Filterbereich wird mit verschiedenen Sumpfzonen-, Flachwasser-, und Tiefwasser-Pflanzen bepflanzt, um zu verhindern, dass der Kies durch Ablagerungen zugesetzt wird. Die Wurzeln der Pflanzen halten die Filteroberfläche frei und garantieren so eine lange Lebensdauer der wartungsarmen Wasserfilteranlage. Der Spreekanal hat in diesem Bereich die charakteristische Erscheinung eines grünen Schilfbeckens.

Den dritten Teilbereich des Flussbad Berlin bildet der sogenannte »renaturierte Altarm«, der sich flussaufwärts an den Filterbereich anschließt. Da die natürliche Filteranlage die Durchflussmenge des Wassers im Spreekanal auf etwa 0,5 Kubikmeter pro Sekunde reduziert, sinkt die Strömungsgeschwindigkeit des Wassers auf wenige Zentimeter pro Sekunde. Im Vergleich zu der als Schifffahrtsroute kanalisierten Hauptspree mit einer Fließgeschwindigkeit von bis zu eineinhalb Metern pro Sekunde entsteht hier ein sehr ruhiger Bereich. Dieser Abschnitt des Spreekanals ist daher eher mit einem Altarm, als mit einem Fließgewässer vergleichbar. Entsprechend werden entlang der Fischerinsel Teile der Kanalmauern entfernt, damit wieder eine natürlichere Flusslandschaft mit flach geneigten Böschungen entsteht. Damit wird dieser besondere Bereich innerhalb der über Kilometer kanalisierten Stadtspree zu einer Art Rastplatz für Tiere und Pflanzen. Solche Gebiete, die auch als *Stepping Stone* bezeichnet werden, unterstützen die Migration beziehungsweise Ausbreitung von Tieren und Pflanzen. Sie sind deshalb für die Wiederherstellung einer gesunden Flora und Fauna der Flüsse von besonderem ökologischem Wert. Der künstliche Altarm bietet auch eine besondere Möglichkeit für die Menschen in der Stadt, den Fluss mit den Sinnen zu erfassen. Diese Landschaftssituation, in der Wasser und Land unscharf überblendet sind, nähert sich dem Charakter der ursprünglichen Berliner Sumpflandschaft an. Der entstehende Park ist ein großer Gewinn für die direkte Wohnumgebung der Fischerinsel und die angrenzende Umgebung südlich und westlich des Spreekanals.

2. Symbol einer nachhaltigen und optimistischen Zukunft

Die Ziele des »Flussbads Berlin« sind vielfältig und liegen auf unterschiedlichen Ebenen. Diese unterschiedlichen Zielebenen, die häufig als gegensätzlich oder gar unvereinbar wahrgenommen werden, vermag das »Flussbad Berlin« miteinander zu verbinden. Zunächst ist die Nutzbarmachung des Flusses in der Stadt für die Menschen zu nennen. Diese Nutzbarmachung meint sowohl die Möglichkeit der Nutzung als Schwimmbecken als auch die Nutzung der Ufer- und Steganlagen als öffentliche Räume, die zum Erkunden und Verweilen einladen. Dieses Angebot richtet sich zunächst an die Berliner Wohnbevölkerung. Für ungefähr eine halbe Million Menschen, die in der Innenstadt Berlins leben, ist das »Flussbad Berlin« das nächstgelegene natürliche Badegewässer. Aufgrund der starken Entwicklung und der damit einhergehenden Verdichtung der innerstädtischen Bezirke in den Jahren seit der Wiedervereinigung mussten gerade die Bewohner der Innenstadt auf zahlreiche Grün- und Freiflächen verzichten. Die Nutzbarmachung des Spreekanals und seiner Ufer gleicht dies teilweise aus. Neben der Wohnbevölkerung richtet sich das »Flussbad Berlin« jedoch gleichermaßen an die mehr als zehn Millionen Gäste, die jährlich Berlin besuchen. Für sie ist das »Flussbad Berlin« eine willkommene Abwechslung zwischen Museumsbesuchen, Einkaufsbummeln und Stadtspaziergängen. Damit richtet sich das »Flussbad Berlin« bewusst an unterschiedliche Zielgruppen, und wirkt damit der Segregation der Innenstadt entgegen. Wie in vielen vergleichbaren Städten der Welt hat sich in Berlin die historische Innenstadt zu einem Ort entwickelt, der überwiegend von Touristen und kaum noch von der Wohnbevölkerung wahrgenommen und genutzt wird. Dem weiteren Fortschreiten dieses Segregationsprozesses wirkt das »Flussbad Berlin« maßvoll entgegen. Es ist ein Ansatz, um auch im denkmalgeschützten Zentrum eine größere Diversität von Nutzungen zu ermöglichen, welche sich synergetisch mischen und überlagern. Hierbei ist ein wesentlicher Aspekt, dass das »Flussbad Berlin« ein öffentlicher Raum ist, der ohne jegliche Beschränkung zugänglich ist. Dies führt zu einer funktionalen Verdichtung der Innenstadt, unabhängig von finanziellen Interessen oder Konsumangeboten.

Mit der Nutzbarmachung des Spreekanals und seiner Ufer erschließt das »Flussbad Berlin« neue Räume und Wege und greift damit einen historischen Blick auf die Stadt und ihre Bauten auf, der heute fast in Vergessenheit geraten ist. Über Jahrhunderte hat der Fluss die entscheidende Verbindung zu anderen Städten und einen wichtigen Transportweg dargestellt. Das Projekt steht damit in einer langen Tradition der Nutzung des Flusses, die über Jahrhunderte wesentlicher Bestandteil der Stadtentwicklung war. Seit der Mitte des 17. Jahrhunderts haben vor allem die Nutzungen des Flusses als Verteidigungsanlage, als Ener-

Das Projekt steht damit in einer langen Tradition der Nutzung des Flusses, die über Jahrhunderte wesentlicher Bestandteil der Stadtentwicklung war.

Das Flussbad entlang historischer Bauten.

giequelle für den Betrieb von Mühlen und als Schifffahrtsweg das Stadtbild Berlins geprägt. Erst mit der Verlegung des Schifffahrtsverkehrs auf die Hauptspree im Jahr 1894 wurde die Nutzung des Spreekanals weitestgehend auf die Hochwasserregulierung reduziert.

Nur fünf Jahre später, im Jahr 1899, wurde am Mühlengraben, in unmittelbarer Nähe der geplanten Umkleideanlage, die letzte und prächtigste öffentliche Badeanstalt Berlins, deren Betrieb wenige Jahre später wegen der starken Verschmutzung des Wassers eingestellt werden musste, errichtet. Das »Flussbad Berlin« ist also eine programmatische und ästhetische Fortführung der über die Jahrhunderte immer wieder neu interpretierten Mischung aus Nutzen und Schönheit, Zweck und Sinn des Wassers in der Stadt. Neben den nutzungsorientierten Projektzielen verfolgt das »Flussbad Berlin« auch ganz konkrete ökologische Ziele zur Verbesserung der Wasserqualität. Die europäische Wasserrahmenrichtlinie sieht die unverzügliche Verbesserung der Wasserqualität der Oberflächengewässer vor. In diesem Zusammenhang besteht für die Spree dringender Handlungsbedarf. Im kanalisierten Flusslauf im Stadtgebiet Berlins haben Flussfauna und -flora kaum Chancen für eine natürliche Entwicklung und Ausbreitung. Mit der Einrichtung des »Altarms« im Oberlauf des Spreekanals entsteht durch das Projekt »Flussbad Berlin« an strategischer Stelle eine Relaisstation für die Wanderung von Fischen und für die Ausbreitung von Arten. Die reduzierte Fließgeschwindigkeit und die differenzierte Topografie der Flusslandschaft schaffen für Tiere und Pflanzen einen Ruheort am Rande der innerstädtischen Spree. Darüber hinaus ermöglicht das Aufbrechen der Ufermauern auf der Inselseite in diesem Bereich einen qualitativ vollen Zugang zum Fluss. Auch für das drängende Problem der Bekämpfung der Wasserverschmutzung leistet das Projekt einen konkreten Beitrag. Einerseits wird hier permanent ein Teil des Flusswassers gereinigt und andererseits werden im Projektgebiet die Schmutzwasserüberläufe aus der Kanalisation, welche das zentrale Problem der Wasserverschmutzung in Berlin darstellen, zurückgehalten.

Auch indirekt hat das »Flussbad Berlin« Auswirkungen auf die Verbesserung der Wasserqualität: Es führt den Wert eines intakten Flusses und den damit verbundenen Gewinn an Lebensqualität den Menschen direkt vor Augen. Es fördert damit die Bewusstseinsbildung, welche als Basis für politische Entscheidungen zugunsten eines engagierteren Gewässerschutzes nötig ist. Denn gerade Maßnahmen des Gewässerschutzes, wie beispielsweise Anstrengungen zum Umbau des Mischwasserkanalsystems in Berlin, sind äußerst kostenintensiv und gleichzeitig abstrakt. Auf Grund ihrer Komplexität und da sie häufig nicht sichtbar sind, sind solche Maßnahmen der Bevölkerung schwer zu vermitteln und entsprechend anspruchsvoll ist es, die politische und finanzielle Grundlage für diese notwendigen Schritte zu organisieren.

Das »Flussbad Berlin« schafft jedoch nicht nur Aufmerksamkeit für die lokalen Fragen des Gewässerschutzes, sondern es stellt die Frage nach der Wasserqualität in einen globalen Kontext. Mit seiner zentralen Lage an der Museumsinsel erreicht das Projekt Menschen aus aller Welt. In unmittelbarer Nachbarschaft zu den kulturellen Errungenschaften aus mehreren Jahrtausenden, die in den Museen auf der Museumsinsel gezeigt werden, erinnert das »Flussbad Berlin« daran, dass sauberes Wasser seit jeher die Grundlage einer jeden menschlichen Zivilisation ist.

Als Symbol eines neuen und transformatorischen Wegs der Aneignung von öffentlichem Raum als lebendige *res publica* soll das Projekt die Bewohner der Stadt zu einer engagierten Form demokratischer Teilhabe einladen. Dazu verbindet es die touristischen und repräsentativen Aspekte der Stadt mit einer schlichten und elementaren Alltäglichkeit. Die historisierende Bildlandschaft der Museumsinsel mit dem bald wiedererrichteten Berliner Schloss erhält so eine neue Bedeutungstiefe. Tatsächlich dürfte es vor allem die fein austarierte Provokation der ungewohnten Gleichzeitigkeit von Natur und Kultur, Körper und Geist sowie Gegenwärtigkeit und Vergangenheit sein, die das »Flussbad Berlin« zu einer Synthese der tief verwurzelten und gleichzeitig sehr zukünftigen Identität der Stadt werden lässt.

3. Projektgeschichte und nächste Schritte

Das »Flussbad Berlin« wurde von Jan und Tim Edler, Gründer von »realities : united«, einer Berliner Künstler- und Architektengruppe, mit Unterstützung der Architektin Denise Dih im Jahr 1997 entwickelt. Erst im Jahr 2011, nach fast fünfzehn Jahren »Dornröschenschlaf«, in denen eine ernsthafte Auseinandersetzung mit dem Projekt in weiter Ferne lag, wurde der Entwurf mit dem mit 100.000 US-Dollar dotierten Goldpreis des *Holcim Award* für die Region Europa ausgezeichnet. Im Jahr 2012 folgte dann der mit 50.000 US-Dollar dotierte Bronzepreis in der zweiten weltweiten Wettbewerbsstufe des *Holcim Award*. Der Preis, der für nachhaltige Bau- und Infrastrukturvorhaben vergeben wird, zählt zu den am höchsten dotierten Architekurauszeichnungen der Welt und wird auf Grund seiner thematischen Fokussierung auch als *Grüner Pritzker Preis* bezeichnet.

In der Folge dieser beiden Auszeichnungen wurde im November 2012 der gemeinnützige Verein »Flussbad Berlin e.V.« gegründet. Die Vereinsarbeit ist der Reaktivierung des Spreekanals als Flussbad, als Eislaufplatz und einer damit zusammenhängenden Neuinterpretation des Flusses im Zentrum der Stadt gewidmet. Der

Verein bringt Menschen zusammen, die an der Idee und an der Realisierung des Projekts »Flussbad Berlin« mitwirken wollen. Sie alle machen sich auf vielfältige Art und Weise die Idee des Flussbads zu eigen und fügen ihr neue Aspekte hinzu. Die Vereinsmitglieder helfen, fördern und beraten, sie aktivieren, politisieren und publizieren. Dabei stehen sie nicht nur für die Idee des Flussbads, sondern sie verstehen sich als Teil einer gesellschaftlichen Bewegung, die den öffentlichen Raum öffnen und bereichern will. Für sie ist die Stadt ein Ort der Teilhabe. Deshalb pflegen die Vereinsmitglieder einen intensiven Austausch mit anderen Initiativen in der Stadt, die ähnliche Anliegen verfolgen. Der Verein wirbt für das Flussbad als zeitgemäße Form eines in diesem Sinne zurückgewonnenen öffentlichen Raumes.

Es ist das Ziel des gemeinnützigen Vereins, den Entstehungsprozess des Flussbads bis zur Realisierung zu begleiten. Hierfür wird er in mehreren Etappen aktiv. Zum einen treibt er die notwendige, vertiefende Ausarbeitung der Projektidee und die Fortsetzung der bisherigen Konzeptarbeit voran und beauftragt Untersuchungen und Gutachten zu allen relevanten Fragen der Planung. All das soll langfristig, in einer zweiten Phase, zur Realisierung des Projektes führen. Der Verein übernimmt außerdem die Vermittlungs- und Öffentlichkeitsarbeit für das Projekt und unterstützt die Sichtbarkeit des Vorhabens. Er sucht den Dialog zu allen Beteiligten, der breiten Öffentlichkeit, den jetzigen Anwohnern und den zukünftigen Nutzern. Auch die aktive Zusammenarbeit mit der Berliner Senatsverwaltung und anderen beteiligten Behörden ist Gegenstand der Vereinsarbeit, um in Form von Diskussionen, Anregungen und Austausch transparent zum Ziel zu kommen.

Im Jahr 2014 hat die Stiftung Deutsche Klassenlotterie dem Verein »Flussbad Berlin e.V.« eine Förderung in Höhe von 110.000 Euro gewährt, welche zur Vertiefung des Konzepts und zum Nachweis der technischen Machbarkeit des Flussbads verwendet wurde. Im Rahmen der so entstandenen Studie wurden die Rahmenbedingungen der zur Umsetzung des Projekts notwendigen Planungen untersucht und die wasserwirtschaftlichen sowie wasserökologischen Aspekte dargestellt. Hierbei wurden die jeweils notwendigen Schritte abgeglichen mit den zu erreichenden Zielen. Die Ergebnisse der Studie wurden bereits in die Planung übernommen und das so entstandene Planwerk nebst textlichen Teilen steht unmittelbar vor seiner Fertigstellung und der damit verbundenen Veröffentlichung.

Im November 2014 wurde das »Flussbad Berlin« darüber hinaus als eines von bundesweit 21 Projekten zur Förderung im Rahmen des Bundesprogramms »Nationale Projekte des Städtebaus« ausgewählt. Die Fördersumme des Bundes beträgt 2,6 Millionen Euro und wird vom Land Berlin um 1,4 Millionen Euro ergänzt. Diese

Mittel zur Weiterbearbeitung des Konzeptes und zur Umsetzung vorbereitender Maßnahmen vor Ort stehen für einen Förderzeitraum von vier Jahren zur Verfügung. Ziel ist es, zum Abschluss dieses Förderzeitraums ein beschlussfähiges Projekt vorlegen zu können. Dies beinhaltet eine vertiefte Konzeption unter Einbeziehung aller Rahmenbedingungen, eine belastbare Kostenschätzung, die Darstellung der zur Umsetzung notwendigen Verfahrensschritte und vor allem eine breit aufgestellte öffentliche Unterstützung. Auf diese Weise soll das Stadtentwicklungsprojekt »Flussbad Berlin« als zivilgesellschaftliche Initiative in ein Realisierungsprojekt überführt werden.

Der Libero vom Moritzplatz

Wie Andreas Krüger partizipative und kreativwirtschaftliche Stadtentwicklung vorantreibt

VON ROLAND LÖFFLER

Eigentlich wollte er Fußball-Profi werden – und man kann sich gut vorstellen, wie dieser kraftvolle, rothaarige Jungspund das Feld vor sich hat, Druck auf den Gegner ausübt, auf das gegnerische Tor zustürmt und seine Mannschaft lautstark zum Sieg führt. Einige Vereine wollten ihn, vor allem der FC St. Pauli, die Verträge waren schon unterschriftsreif, dann streikten die Fußgelenke – und aus war es mit dem Traum von der Bundeskarriere.

Also wandte sich Andreas Krüger seinen anderen Interessensgebieten zu, absolvierte eine Tischler- und Bootsbauerlehre, setzte dann ein Studium in Stadt- und Regionalplanung sowie Gesellschafts- und Wirtschaftskommunikation in Göttingen, Berlin und Berkeley obendrauf. Vielleicht hatten die Sportverletzungen einen tieferen Sinn, denn Krüger wäre – bei allem Kampfgeist – gar nicht der Typ für die hohen Amateurklassen oder die zweite Liga gewesen. Denn bei allem Charme, feinem Humor und Verbindlichkeit spürt jeder Gesprächspartner schnell, dass den gebürtigen Niedersachsen mit der runden Hornbrille ein gehöriger Ehrgeiz antreibt, Teil einer urbanen Avangarde zu sein.

Andreas Krüger

Dass ihn die frühe Suche nach passenden Studienangeboten ausgerechnet nach Berkeley zog, ist deshalb kaum verwunderlich – zählt die *alma mater* vor den Toren San Franciscos doch seit mindestens fünf Jahrzehnten für kreative, intel-

lektuelle, progressive Studenten zur Champions League der Universitäten. Die kalifornische Hochschule war in den wilden 1960er Jahren auch ein Hort des studentischen Protests.
In der Welt der *Glocalisation* liegen scheinbar weit entfernte Welten manchmal dichter beieinander als man denkt: So verbindet etwa kritisches Denken und Widerstandsgeist – nicht nur in der Person eines ehemaligen Fußballers und angehenden Stadtentwicklers – die »People's Republic of Berkeley« mit der »Freien Republik Wendland«. Mit ihr sympathisierte Krüger früh. Er fand nach seiner Rückkehr aus Amerika den Anschluss an den bundesweit bekannten, durchaus provokativen Anti-Atom-Protest im Landkreis Lüchow-Dannenberg der 1990er Jahre, beteiligte sich an Sitzblockaden, sorgte sich um die Versorgung der Demonstranten und zählte zu den Ansprechpartnern der Medien. 1999 organisierte er eine bundesweite Protestaktion gegen die Castor-Transporte ins Atommüllendlager Gorleben mit: Den *Treck der Trecker* durch das Brandenburger Tor. Das Wendland wurde in dieser Zeit samt Familie auch seine Heimat. Ihr ist er bis heute verbunden, etwa als Vorstandsvorsitzender des *Bioenergiedorfs Volkfien* und in der *Grünen Werkstatt Wendland* – einer Art Innovationslaboratorium für den ländlichen Raum.

In der Welt der Glocalisation liegen scheinbar völlig entfernte Welten manchmal dichter beieinander als man denkt.

In diesem zivilgesellschaftlichen Engagement zeigten sich bereits Krügers Talente, die er heute für partizipative Stadtentwicklung und neue Raumkonzepte nutzt: Organisationstalent, Medienkompetenz und der Wille, sich einzumischen.
Das schnelle Ende seiner Fussballer-Laufbahn, in der er bestimmt nach Ewald Lienen der zweitpolitischste Spieler der Bundesligageschichte geworden wäre, zwang ihn dazu, über sein gesellschaftliches Engagement nachzudenken und sich beruflich neu zu orientieren. 2005 stieg er bei Modulor ein, dem in Berlin führenden Großhändler für Architektur- und Künstlerbedarf. Die Firma passte zur Lebenseinstellung des Vaters zweier Söhne: Geldverdienen und in der Kreativszene mitmischen, nachhaltiges Wirtschaften vorantreiben, neue Lebens- und Arbeitsformen mitentwickeln. Er fand dort einiges von dem, was er suchte, vertiefte sich in die Unternehmensentwicklung, die Öffentlichkeitsarbeit und das Marketing. Schnell stieg er auf, und führte rasch – zusammen mit Unternehmensgründer Christof Struhk und Luisa Rodrigues – die Geschäfte der Firma, die nach dem Proportionsschema des französischen Architekten Le Corbusier benannt ist.
Wer als Designer oder Architekt ein Modell bauen wollte, ging über Jahre in das immer stärker wachsende, über Etagen und Hinterhöfe sich erstreckende, durchaus pittoreske, aber auch etwas unpraktisch angeordnete Geschäft in der Kreuzberger Gneisenaustraße. Irgendwann waren für die Modulor-Macher die von 600 auf knapp 3000 Quadratmeter angewachsenen Räumlichkeiten ausgereizt – eine neue

Immobilie musste her. Doch die Suche nach einem geeigneten Standort erwies sich im Berlin der Nullerjahre als schwierig.
Eines Tages radelte Krüger am Moritzplatz vorbei, einem zentralen, aber unwirtlichen Ort nur wenige Steinwürfe vom Herzen der pulsierenden Hauptstadt entfernt. Der Platz samt Umfeld, dessen Unterwelt 1913 von Stararchitekt Peter Behrens als zentraler Knotenpunkt der U- und S-Bahnen Berlins geplant wurde, galt vor dem Ersten Weltkrieg als »goldene Meile« der Produktion und des Handels. Doch durch Kriegswirren und Teilung war der Vorzeigeplatz im Laufe der letzten Jahrzehnte zu einem Potpourri aus Sozialbauten, Brachen und Kreisverkehr degeneriert. »Es war ein verwaister Stadtraum wie die vergessene Ecke im Flur, wo sich die Wollmäuse sammeln«, erzählte Krüger vor einigen Jahren einmal der *Neuen Zürcher Zeitung*. Am Rande des Platzes lag die ehemalige Bechstein-Klavier-Fabrik, ebenfalls kein Ausbund von Schönheit, sondern ein Ungetüm der 1970er Jahre mit Waschbetonfassade und bronzeversiegelten Fenstern, das Krüger wie die »Antwort des Westens auf den Palast der Republik« vorkam. Und so unbelebt wie Unter den Linden zu DDR-Zeiten war auch dieser Teil Kreuzbergs nach 18 Uhr. Kein Mensch ließ sich mehr auf der Straße blicken, U-Bahnen oder Busse wurden abends wenig frequentiert – warum auch, die Gegend hatte nicht viel zu bieten.

Der Moritzplatz, die Golden Meile des frühen 20. Jahrhundert, verkam zu einem Stiefkind der Stadtentwicklung – und lockte deshalb Kreative an.

Krüger und seine Kollegen reizte wohl weniger das Gebäude an sich als die Aussicht, aus ihm etwas zu machen, »verbunden mit dem Anspruch, den städtischen Raum sinnhaft, nachhaltig, auch gemeinwohlorientiert zu gestalten.«
Nach ersten Überlegungen begannen die »Modulores«, in die Verhandlungen mit dem Berliner Liegenschaftsfonds einzusteigen, der das Terrain in einem Bieterverfahren zum Höchstpreis verkaufen wollte. Wäre es wirklich dazu gekommen, hätte das wirtschaftlich gesunde, aber sicher nicht reiche Kreativkaufhaus keine Chance gehabt. Doch es gab eine politische Hintertür: In Berlin können Gebäude und Grundstücke auch zum Schätzwert erstanden werden, wenn der Käufer der Verwaltung ein überzeugendes Nutzungskonzept vorlegt und die Nutzung den politischen Zielen des Landes förderlich ist. Diese politische Option bedeutete, für den Moritzplatz eine innerstädtische Belebung, Handel und Wandel, den Einbezug der Nachbargebäude sowie kulturelle, soziale, bildungsnahe und kulinarische Angebote zu entwickeln. Krüger erinnerte sich an den Druck der politischen Seite: »Die Chance für eine derartige Direktvergabe stünden bei einem Prozent, sagte uns die Stadtverwaltung. Zu deren Erstaunen reagierten wir mit: Wunderbar, das reicht uns.«
Aus nahezu aussichtsloser Lage ein Tor zu schießen, das war der Fast-Profi gewohnt. Doch anders als in der hierarchischen Welt des Fußballs bedurfte es hoher kommunikativer Kompetenzen, um eines der innovativsten Berliner Stadtentwicklungs-

projekte der letzten Jahre umzusetzen. So machte sich Krüger mit seinen Kollegen an die Arbeit: Sie entwickelten neue Konzepte, gewannen Partner, riefen ein »Kreatives Netzwerk Moritzplatz« ins Leben. Nukleus sollte das Kaufhaus für Kreative sein, um das sich Werkstätten, Läden, Ateliers, Cafés, Studios, ein Theater, ein Club, Kursräume für Bildungsangebote und ein Kindergarten auf dem Dach sammeln. So würde auch abends Leben am Ort gehalten werden, ein Nabel Kreuzbergs entstehen, wie die *Frankfurter Allgemeine Zeitung* schrieb. Schmuddelbuden am Platz sollten verschwinden, Anwohner ihre Ideen einbringen, das Beta-Haus, in dem Freiberufler und Start-Ups für einen begrenzten Zeitraum Büros anmieten können, einbezogen werden. Krüger, Rodrigues und Struhk begannen einen über Jahre andauernden Kommunikations- und Moderationsprozess, bezogen die Bürger der Gegend, Geschäftsleute und die Verwaltung ein. »Das Projekt leistete Pionierarbeit«, lobte der damalige grüne Bezirksbürgermeister von Friedrichshain-Kreuzberg, Dr. Franz Schulz, diesen Beteiligungsprozess, den die Verwaltung in die städtebauliche Quartiersentwicklung einbettete.

Auf diese Weise wurden aus einem plötzlich 100 Prozent und die Modulor GmbH erhielt den Zuschlag für das leerstehende Objekt. Kreative Stadtentwicklung, Belebung der Bürgerschaft und Wirtschaftsförderung – das war für die Berliner Politiker ein attraktives Paket. Die Verwaltung stellte nur eine Bedingung: Das Gebäude müsse mindestens zehn Jahre kreativwirtschaftlich genutzt werden, um nicht als billiges Spekulationsobjekt verschleudert zu werden.

Parallel zu diesen Planungen entwickelten sich dank der Initiative »Nomadisch Grün« auf der anderen Seite des Platzes die ebenfalls höchst ungewöhnlichen »Prinzessinnengärten«: Ein urbanes Stück Landwirtschaft, als temporärer Garten mit Bienenzucht und Nutzpflanzen geplant – und verrosteten Containern als Gartencafé oder Spielorte für Jugendliche und Kinder. Ein Magnet der »Urban Gardening«. Bewegung war entstanden, der 2014 sogar Amerikas First Lady Michelle Obama anlockte. Der Moritzplatz begann aus seinem Dornröschen-Schlaf zu erwachen. In den benachbarten Aqua-Butzke-Werken wurden der Musik-Club und die angesagte Party-Location »Ritter Butzke« immer bekannter und nur wenige Schritte entfernt belebt ein Conceptstore für nachhaltiges Design das Geschäftsleben.

Modulors Pläne kamen also zum richtigen Zeitpunkt und standen für das, was Berlins Gegenwart in seiner gesamten Widersprüchlichkeit ausmacht: Rau, dirty, prozesshaft, selbstgemacht und kreativ. Partizipativ, gemeinnützig, ein bisschen nischig, kommerziell, aber bitte nicht zu sehr. Nachhaltig, politisch korrekt, bunt und etwas hedonistisch.

Modulors Pläne kamen also zum richtigen Zeitpunkt und standen für das, was Berlins Gegenwart ausmacht.

Doch alle Pläne sind nur so gut wie ihre Finanzierung. Auf diesem Gebiet hatte das Modulor-Team das viel beschworene Glück der Tüchtigen. Durch einen

Der Moritzplatz in neuer Erscheinung: Das Aufbau-Haus prägt den urbanen Raum und somit die kreative Szene von Berlin.

Zeitungsartikel wurde der ehemalige Lehrer, Millionenerbe und Unternehmer Matthias Koch auf das Trio aufmerksam. Koch, der nach der Einigung mit Modulor anschließend im Herbst 2008 auch noch den renommierten Aufbau-Verlag aus der Insolvenz erwarb, schwebte ebenfalls der Aufbau eines Kreativhauses vor. Koch schrieb eine E-Mail an die Modulor-Geschäftsführer. Schnell bemerkten die Beteiligten, dass die Schnittmenge passte. Koch erwarb das Areal, gemeinsam gründeten die beiden Unternehmen die »Moritzplatz 1 Entwicklungsgesellschaft«. Das Berliner Architektenduo Clarke und Kuhn baute das kastige Fabrikgebäude um – im Stile einer »Regalarchitektur« mit seecontainerartigen Vitrinen. Vom ursprünglichen Gebäude blieben nur noch Betonkerne und Stützsysteme. Ob der komplett in grau gehaltene Entwurf als ästhetisch gelungen beschrieben werden kann, darüber ließe sich lange streiten. Eine Landmarke ist das Gebäude, das wie ein großer Schiffstanker wirkt, in jedem Falle – und es verschaffte dem Moritzplatz neue Aufmerksamkeit, ja, es rückte ihn wieder ins Bewusstsein der Berliner Öffentlichkeit.

Mit Kochs Unternehmen und dem Kreativbedarfs-Händler standen zugleich die beiden Ankernutzer der Immobile fest, die fortan offiziell »Aufbau-Haus« hieß, auch wenn auf der Fassade das Signet »planet modulor« nicht weniger groß und prägend prangt. Aber Ehre, wem Ehre gebührt – also bestimmte der Käufer den Namen des Ensembles, das 2011 seine Pforten öffnete und 2013-2015 nochmals erweitert wurde.

Der Verlag bezog die oberen Geschosse. Etwas weniger als die Hälfte der 18.000 Quadratmeter Nutzfläche nimmt der planet modulor ein. Das intendierte Konzept ging auf: Bis zu 2.000 Besucher bevölkern täglich das Haus. Fotografen, ein Buchladen, ein Club, das Theater Aufbau Kreuzberg, eine Designakademie, das Kulturzentrum der Sinti und Roma haben sich eingemietet – also kreativwirtschaftliche oder kulturelle Anbieter, die das Anliegen des Hauses teilen. Aus Modulor wurde von einem Hinterhofanbieter ein wirtschaftlich noch erfolgreicherer »Supermarkt« für Kreative. Mittlerweile gibt es für den *Moritzplatz 1* Mieterwünsche aus der ganzen Welt, doch die verfügbaren Flächen sind mittelfristig vergeben. Ob jedes Geschäft im Aufbau-Haus rentabel ist, wird die Zukunft zeigen, aber den Machern schwebt eine neue Form des Wirtschaftens vor, bei der kommerzielle und gemeinnützige Unternehmen unter einem Dach zusammenarbeiten.

Der Erfolg des »Pilotprojekts für eine neue Art, öffentliche Räume zu entwickeln«, wie Krüger es nannte, sprach sich herum und öffentliche Anerkennung folgte: 2013/14 wurde das Haus als ausgezeichneter Ort vom *Land der Ideen* prämiert, 2015 von 99designs zum kreativsten Hotspot der Stadt gewählt. Seit 2010 ist der eloquente Krüger ein gefragter Mann, ständig auf Achse und stellt das Berliner Konzept in Hamburg, Köln, London, Mailand, Amsterdam, Brüssel und anderswo vor. Von Non-Profit-Organisationen, öffentlichen Auftraggebern und Unternehmen wird er zu Fragen der Stadtentwicklung, Kultur- und Kreativwirtschaft, zu Innovationsmanagement und Entrepreneurship gebucht. In Kiel ist er als Berater dabei, als vier Wohnungsbaugenossenschaften und eine Atelierhausgesellschaft ein historisches Klinikgelände zu einem »Creative Campus« konvertieren wollen. Er berät Audi und die OECD. Das trendige Londoner Kulturzentrum »Village Underground« will von ihm wissen, wo und wie es eine Zweigstelle in Berlin eröffnen könnte. Zudem koordiniert und entwickelt er eine kreativwirtschaftliche und stadtentwicklerische Partnerschaft zwischen den Städten Rio de Janeiro und Berlin, sitzt neben vielen anderen Gremien auch in der Jury des Programms »Actors of Urban Change« der Robert Bosch Stiftung und des MitOst-Vereins.

Da die nationalen wie internationalen Anfragen nicht abrissen, gründete Modulor eine neue Firma nur zu Beratungszwecken. Um Verwechselungen zu vermeiden, wurde schnell aus der ursprünglichen »Modulor Projekt GmbH« die »Belius GmbH für Raumstrategien und für kreativwirtschaftliche Stadt- und Projektentwicklung« mit Büro im coolen St. Oberholz am Rosenthaler Platz in Berlin-Mitte. Ein bisschen Abstand zum Mutterschiff soll neue Gedanken fördern. Zudem entstand eine mit der GmbH verbundene Belius Stiftung, die Krüger als Vorstandsvorsitzender leitet. Aus dem operativen Geschäft von Modulor hat sich der Gesellschafter zurückgezogen. Krüger ist heute Consultant, Moderator, Vortragender, Diskutant, Impulsgeber – oder wie es *die tageszeitung* ausdrückte: »Sustainable Space Saver«.

Krüger ist heute Consultant, Moderator, Vortragender, Diskutant, Impulsgeber – oder wie es *die tageszeitung* ausdrückte: »Sustainable Space Saver«.

Wer zu seinem 50. Geburtstag zur Biennale nach Venedig eingeladen wird, um seine Ideen zu präsentieren, darf sich quasi wie der Teilnehmer einer kreativen Europameisterschaft fühlen. Egal, wo er berät oder vorträgt, seine Botschaft ist so einfach wie kompliziert: »Der Mensch steht im Mittelpunkt«, sagt Krüger. »Nutzerzentriertheit ist das A und O aller Stadtentwicklung. Wer die Menschen anhört und aktiv einbezieht, ihre Wünsche, Vorschläge, Sorgen und berechtigten Forderungen ernst nimmt, kann räumliche Zusammenhänge und Nutzungen herstellen – und einen bedeutenden Beitrag für den Interessenausgleich aller Beteiligten leisten.« Autokratisch auftretende Architekten mag Krüger deshalb überhaupt nicht: »Architekten beziehe ich lieber erst am Ende in solche Projekte ein, denn die wissen häufig zu schnell, wie es gehen muss«, sagt der Bruder eines Architekten mit einem Augenzwinkern.

Ihm sind Raumstrategien lieber, die nach dem Motto verfahren: »Trust the people. Trust the process.« Dafür seien die Kerntugenden Kompetenz, Ehrlichkeit und Verbindlichkeit entscheidend. Krüger setzt sich selbst das Ziel, da hört man den ehemaligen Leistungssportler sprechen, »Meisterschaft in der Dialogermöglichung« zu erlangen, um in den »Zwischenräumen« von Politik, Verwaltung, Nutzern, Initiativen, Zivilgesellschaft, Eigentümern, Finanziers und anderen Stakeholdern Vertrauenswürdigkeit und damit neue Entscheidungsspielräume zu schaffen. Zu ihnen gehören zum Beispiel temporäre Nutzungen brachliegender Gebäude und Gelände. Berlin etwa brauche deshalb eine Art »Zwischennutzungskataster« und einen »Raumbeauftragten«, der sich um die sinnvolle Auseinandersetzung mit Brachen kümmere, findet Krüger, der im »Cross Innovation Board« des Landes Berlin sitzt und als Co-Moderator des Runden Tischs für Liegenschaftspolitik im Abgeordnetenhaus Berlin seine Erfahrungen einbringt. Dank seiner festen Verankerung in Berlin lockt Krüger die besten Köpfe der europäischen und globalen Szene immer wieder in die deutsche Hauptstadt, die sich mit ihrem rauen Charme und ihrer Offenheit für neue Lösungsansätze zu einem Knotenpunkt der Kreativwirtschaft entwickelt hat. Und Krüger, der verhinderte Kiez-Kicker vom Millerntor, ist auf diesem Spielfeld so etwas wie der Libero vom Moritzplatz: Der freie Mann, der wie einst Günter Netzer die Bälle, nun neue städteplanerische Ideen, »in die Tiefen des Raumes« verteilt.

Krügers Motto zur Entwicklung neuer Raumstrategien: »Trust the people. Trust the process.«

II. Unternehmerische Verantwortung im öffentlichen Raum

Mehr als nur ein Beförderungsmittel

Der öffentliche Personalnahverkehr als Mobilitätsversorger und Ort von Nutzungskonflikten in urbanen Räumen

VON SIGRID EVELYN NIKUTTA

Berlin Alexanderplatz: Schon 1929 ein Synonym für die moderne Großstadt. Belebt, bunt und beliebt. Damals wie heute ein Treffpunkt. Ein Ort der Mobilität: Arbeiten und Einkaufen, Essengehen und Kinobesuch, Straßenkünstler und Bratwurstverkäufer, Tourist und Ur-Berliner, Jung und Alt. Täglich steigen heute am »Alex« 230.000 Menschen in öffentliche Verkehrsmittel ein, aus und um. Ob aus dem Umland oder aus angrenzenden Stadtteilen, fahren die Menschen mit Regionalbahnen, S-Bahnen, U-Bahnen, Straßenbahnen und Bussen zum Alexanderplatz. Der Öffentliche Personennahverkehr (ÖPNV) ist nur an wenigen Plätzen in Berlin so präsent wie hier. Am Alexanderplatz zeigt sich – der ÖPNV ist die Lebensader unserer Großstadt.

Seit über 100 Jahren ist der Alexanderplatz einer der großen Verkehrsknotenpunkte Berlins.

1. Der öffentlichen Personennahverkehr als Wegbereiter der modernen Großstadt

Zeitgleich zum Wachstum der Städte in der zweiten Hälfte des 19. Jahrhunderts entwickelte sich der Nahverkehr. Die Großstadt, ein Ort, an dem sich technische Erfindungen und Innovationen besonders schnell ausbreiteten, zog Menschen von überall her an. Sie kamen auf der Suche nach Arbeit, nach Bildung und nach Freiheit. Berlin erlebte in dieser Zeit einen enormen Bevölkerungszuwachs. Die Stadt breitete sich entlang der Verkehrslinien, der Straßenbahn- und Omnibusverbindungen immer weiter aus. Wohn- und Arbeitsort, früher noch eng beieinander, lagen nun immer weiter voneinander entfernt. Der Nahverkehr ermöglichte eine funktionale Trennung und trug maßgeblich zum Wachstum der Städte bei. Elektropioniere wie Werner von Siemens machten die elektrische Straßenbahn und die U-Bahn zu einem Massenverkehrsmittel. Der Nahverkehr wurde zum Motor für die räumliche und wirtschaftliche Entwicklung Berlins.
Drei Millionen Menschen in Berlin fahren heute täglich mit Bussen, Straßenbahnen und U-Bahnen – fast so viele Fahrgäste, wie Berlin Einwohner hat. Im Jahr 2014 waren insgesamt 978 Millionen Fahrgäste mit den Berliner Verkehrsbetrieben (BVG) unterwegs. Deutschlands größtes kommunales Nahverkehrsunternehmen betreibt insgesamt zehn U-Bahn-, 22 Straßenbahn- und 151 Buslinien, hinzukommen fünf Fährverbindungen. 173 U-Bahnhöfe, 808 Straßenbahnhaltestellen und rund 6.500 Bushaltestellen bilden das Rückgrat der Mobilität in den Kiezen und Bezirken.[1] Die BVG und die Berliner S-Bahn sorgen dafür, dass die Berlinerinnen und Berliner an allen Tagen der Woche und rund um die Uhr mobil sein können.

Fast 30 Millionen Fahrgäste – rechnerisch also mehr als ein Drittel aller Deutschen – nutzen bundesweit jeden Tag Busse und Bahnen. Der ÖPNV erfreut sich einer wachsenden Nachfrage. Im Jahr 2014 stiegen die Fahrgastzahlen im ÖPNV in Deutschland um 0,6 Prozent auf über 9,95 Milliarden an.[2] Insbesondere in deutschen Großstädten und Ballungsräumen gewinnt der ÖPNV an Kunden. In ländlichen Gebieten sind die Verkehrsunternehmen dafür verantwortlich, ein flächendeckendes Angebot für alle Menschen aufrechtzuerhalten.

Der ÖPNV ist ein öffentlicher Raum par excellence, vergleichbar mit Straßen und Plätzen.

---

[1] Berliner Verkehrsbetriebe AöR (2015): Zahlenspiegel 2015. 1. Auflage. Stand 31.12.2014. URL: http://unternehmen.bvg.de/de/Unternehmen/Medien/Publikationen (06.05.2015).

[2] Verband Deutscher Verkehrsunternehmen (2015): »ÖPNV-Fahrgastzahlen steigen erneut: Verkehrsunternehmen fordern klares Bekenntnis des Bundes zur zukünftigen Finanzierung«. Pressemitteilung vom 24.02.2015. URL: https://www.vdv.de/pressemitteilungen.aspx?id=6a1dfbcf-988a-49dd-ba57-afa570547c4f&mode=detail (06.05.2015).

Der ÖPNV ist Bestandteil der Daseinsvorsorge, Ort der Begegnung und Aushängeschild einer Stadt. Er ist ein öffentlicher Raum par excellence, vergleichbar mit Straßen und Plätzen. Das sagt schon der Name – öffentlich. Oder nicht?

2. Der ÖPNV als öffentlicher Raum: Ort der Mobilität und Ort der Begegnung

Ein öffentlicher Raum ist für jedermann zu jeder Zeit frei zugänglich. Der öffentliche Raum ist vielfältig nutzbar, ein Ort individueller Entfaltung. Trifft das auch auf den ÖPNV zu? Die Benutzung des ÖPNV dient einem klaren Zweck, eine Hausordnung definiert bestimmte Verhaltensregeln, der Fahrgast zahlt ein Beförderungsentgelt und in vielen Städten bilden Schranken eine Art Zugangsbarriere zu den Bahnhöfen – allerdings nicht in Deutschland. Andererseits ist der ÖPNV ein Ort, an dem Menschen unabhängig von ihrer Herkunft, ihrer Lebensweise, ihrer Religion und ihrer Kultur aufeinandertreffen. Der ÖPNV steht prinzipiell jedem offen und ermöglicht Mobilität für alle. Einander fremde Personen begegnen sich. Die gemeinsamen Fahrten sind geprägt durch eine prinzipielle Offenheit der sozialen Beziehungen, unausgesprochenen Verhaltensweisen und eine gepflegte Distanz. Obgleich der ÖPNV nicht für jedermann und zu jeder Zeit frei zugänglich ist, nehmen wir ihn als einen öffentlichen Raum wahr. Zu dieser Wahrnehmung trägt auch die stadtplanerische Gestaltung unserer Städte bei. Bahnhöfe sind Identifikationspunkte. U-Bahn- und Straßenbahnpläne prägen unser Bild vom Aufbau einer Stadt. Zumindest in den meisten europäischen Metropolen.

3. Stadt- und Verkehrsplanung als Determinanten des öffentlichen Raumes

Zeichnet man ein holzschnittartiges Bild von der »europäischen« und der »amerikanischen« Stadt, wird die Bedeutung des ÖPNV für das soziale Miteinander und die Lebensqualität in einer Stadt sichtbar.
Die »europäische« Stadt ist historisch gewachsen. Nach wie vor befinden sich alle wichtigen Lebensbereiche in der Innenstadt – Wohnen, Arbeiten, Einkaufen, sogar Erholung. Der ÖPNV verbindet Stadtviertel miteinander, erschließt öffentliche Räume und trägt dadurch zu einer Durchmischung verschiedener sozialer Milieus bei. Der ÖPNV ist ressourcenschonend und klimafreundlich. Die Bündelung des Verkehrs führt dazu, dass mehr Platz für Gehwege, Fahrradwege und Grünflächen zur Verfügung steht.

Die »amerikanische« Stadt hingegen ist noch relativ jung. Sie ist durch gleichförmige und schachbrettartig angelegte Straßen gekennzeichnet. »Downtown« hat sich zum Ort der Arbeit entwickelt – das Leben findet überwiegend in den Suburbs statt. Das

Auto ist für die meisten das wichtigste Verkehrsmittel, um zur Arbeit oder zu den großen Einkaufszentren zu fahren, die sich entlang der wichtigen Verkehrsknotenpunkte und Ausfallstraßen gebildet haben. Die Innenstadt ist nach Feierabend wie ausgestorben und auf Straßen und Plätzen findet kaum öffentliches Leben mehr statt. Die Menschen bevorzugen den privaten Raum und die individuelle und flexible Nutzungs des Autos. Das ist natürlich eine überspitzte Darstellung. Auch in den Vereinigten Staaten gibt es großartige und lebendige Innenstädte – und es findet ein Umdenken zugunsten des ÖPNV statt. In Los Angeles, das Extrembeispiel einer autogerechten Stadt, wird seit 1990 das Straßenbahnnetz wieder aufgebaut.
Der Vergleich zeigt, dass das Nahverkehrsangebot und die Nutzung öffentlicher Räume in einer Stadt sich bedingen. Der ÖPNV erfüllt sowohl eine soziale als auch eine umweltpolitische Funktion und macht das Leben in einer Stadt lebenswert.

4. Krisen und Herausforderungen des ÖPNV

Die Attraktivität und die Popularität der öffentlichen Verkehrsmittel sind jedoch nicht zu jeder Zeit selbstverständlich gewesen. Ab den 1950er Jahren orientierten sich die deutschen Städte am Konzept einer »autogerechten Stadt«. Eine Verkehrsinfrastruktur, die optimal auf den Individualstraßenverkehr ausgerichtet ist, war oberstes Ziel der Stadtplanung.[3] In West-Berlin wurde das umfangreiche Straßenbahnnetz bis 1967 vollständig zurückgebaut, um dem Autoverkehr Platz zu machen. Das Auto war der Ausdruck von Freiheit und Individualität. Es war der Ausdruck eines zunehmenden gesellschaftlichen Wohlstands, an dem alle teilhaben wollten. Der ÖPNV verlor an Attraktivität – und an Fahrgästen.

Erst mit der Zunahme der Staus, steigenden Benzinpreisen und zunehmender Luftverschmutzung in den Städten, setzte ein Umdenken ein. Das gestiegene Umweltbewusstsein und die vermehrten Diskussionen über die Gestaltung unserer Städte haben zu einer Renaissance des ÖPNV geführt. Heute diskutiert Berlin wieder darüber, die Straßenbahn, die überwiegend in den östlichen Bezirken der Stadt fährt, in den Westteil der Stadt zu verlängern und dort auszubauen.

Seit der Wiedervereinigung entwickeln sich die Fahrgastzahlen im Berliner ÖPNV positiv. Einerseits, weil das Verkehrsnetz endlich wieder vereint ist und Verbindungen wieder hergestellt wurden. Andererseits, weil Berlin wächst. Voraussichtlich werden im Jahr 2030 3,76 Millionen Menschen in der Stadt leben. Das sind 250.000

---

[3] Art. »Autogerechte Stadt«. In: Lexikon der Geographie. Heidelberg 2001. Online-Version, URL: http://www.spektrum.de/lexikon/geographie/autogerechte-stadt/667 (06.05.2015).

mehr als heute.[4] Menschen aus dem In- und Ausland ziehen nach Berlin, um hier zu studieren, zu arbeiten und das großartige Angebot an Kunst und Kultur zu genießen. Berlin ist eine aufregende und dynamische Metropole, in der innovative Ideen entwickelt und Trends gesetzt werden. Dazu gehört gewiss auch ein moderner und hochwertiger ÖPNV.

Kein Wachstum in Großstädten ohne einen leistungsfähigen Nahverkehr.

Die Stadt verändert sich durch das Wachstum. Und eines ist sicher: So wie sich die Stadt verändert, so verändern sich auch die Menschen – und damit ihre Erwartungen an den ÖPNV. Wir müssen uns deshalb kontinuierlich an neue Rahmenbedingungen anpassen und uns weiterentwickeln. Darin liegt unsere unternehmerische Verantwortung für den öffentlichen Raum.

5. Renaissance des ÖPNV und unternehmerische Verantwortung im öffentlichen Raum

Um der steigenden Nachfrage gerecht zu werden, schaffen wir neue Verbindungen, wir erhöhen die Taktfrequenz, wir weiten die Betriebszeiten aus. Dort, wo in den nächsten Jahren besonders viele Menschen hinziehen werden, planen wir langfristig neue Straßen- und U-Bahnlinien. Die wichtigste Neubaumaßnahme im BVG-Netz ist momentan der Lückenschluss der U-Bahnlinie U5 und damit die Anbindung des östlichen Stadtgebiets über den Alexanderplatz zum Hauptbahnhof. Die neue Strecke wird ab voraussichtlich dem Jahr 2020 als Linie U5 zwischen Hönow über Brandenburger Tor zum Hauptbahnhof fahren. Die Verbindung bietet ein zusätzliches Angebot für ca. 155.000 Fahrgäste täglich. Der öffentliche Raum rund um die Straße »Unter den Linden« wird dadurch an Qualität gewinnen. Berlinerinnen und Berliner sowie Besucher werden schnell und umweltfreundlich zu den wichtigsten Touristenattraktionen oder zur Arbeit gelangen.

Auch das Straßenbahnnetz wird ausgebaut. Im Rahmen des Gesamtprojekts »Straßenbahnanbindung Hauptbahnhof« werden bis Sommer 2015 drei Straßenbahnlinien, die aus den östlichen Bezirken Berlins kommen, an den Hauptbahnhof angeschlossen. Berlins wichtigster Fernbahnhof ist in Zukunft noch besser mit öffentlichen Verkehrsmitteln erreichbar. Beide Neubaumaßnahmen entlasten den Verkehr im Zentrum der Stadt und geben den Bürgern und Bürgerinnen öffentlichen Raum zurück.

---

[4] Senatsverwaltung für Stadtentwicklung und Umwelt Berlin (2012): »Berlin wird weiter wachsen. Bevölkerungsprognose für Berlin und die Bezirke 2011-2030«. Pressemitteilung vom 04.12.2012. URL: http://www.berlin.de/rbmskzl/aktuelles/pressemitteilungen/2012/pressemitteilung.54183.php (06.05.2015).

Als kommunales Unternehmen tragen wir eine besondere Verantwortung für den öffentlichen Raum. Öffentliche Unternehmen, wie die Wasserbetriebe, Wohnungsbaugesellschaften und eben auch Verkehrsunternehmen tragen in großem Maße zu einer zukunftssicheren Stadtentwicklung bei. In der Initiative »mehrwert Berlin« haben wir uns deshalb mit anderen großen öffentlichen Unternehmen zusammengetan und setzen gemeinsam Impulse für eine positive Entwicklung des sozialen Raums »Stadt«, zum Beispiel durch Projekte in der Aus- und Fortbildung oder im Naturschutz. Denn: Wir sind ein Teil des Alltags aller Bürgerinnen und Bürger. Wir sind im öffentlichen Raum sichtbar und wir sind Teil eines öffentlichen Diskurses. Wir wollen mit gutem Beispiel vorangehen und mit den Bürgerinnen und Bürgern den öffentlichen Raum nachhaltig gestalten. Diskussionen über den öffentlichen Raum finden in unserer heutigen Zeit häufig online statt, und Menschen versorgen sich im Internet oder über ihr Smartphone mit Informationen. Als Verkehrsunternehmen reagieren wir darauf, in dem wir unser Angebot und unseren Service auch im digitalen Raum anbieten.

Der Fahrgast, der sich im ÖPNV oder im öffentlichen Raum bewegt, möchte schnell und immer aktuell über Abfahrtzeiten, Verbindungen oder Störungen informiert werden. Via Web, via App und in den sozialen Medien kommen wir den veränderten Nutzergewohnheiten unserer Fahrgäste entgegen und treten mit ihnen in einen Dialog. Der öffentliche Raum war schon immer ein wichtiger Diskussionsraum für die Bürger. Der digitale Raum ist es genauso. Seit Anfang des Jahres 2015 sind wir bewusst auch in den sozialen Medien, also bei Facebook und Twitter aktiv, um mit den Fahrgästen in Kontakt zu treten und uns auszutauschen. Sie können uns dort ihre Meinung sagen, sich beschweren, Wünsche äußern – wir nehmen ihre Anregungen auf. Als ein Unternehmen, das kein Produkt, sondern eine Dienstleistung anbietet, die die Bürger im wahrsten Sinne des Wortes »erfahren«, ist uns dieser Austausch besonders wichtig. Öffentlicher Raum und digitaler Raum gehen hier fließend ineinander über. Auch WLAN wird von vielen mittlerweile als fester Bestandteil des öffentlichen Raums wahrgenommen. WLAN bieten wir derzeit nicht an, verfolgen aber aufmerksam die Diskussion über Chancen und Risiken einer öffentlichen Bereitstellung.

Verkehrsunternehmen werden sich in Zukunft zu intermodalen Mobilitätsanbietern entwickeln, um einen Service von Tür zu Tür anzubieten.

Wir profitieren außerdem von den veränderten Wertevorstellungen jüngerer Generationen. Viele Großstädter schaffen sich kein eigenes Auto mehr an, sondern kombinieren den ÖPNV, das Fahrrad und Carsharing-Angebote. Wir als Verkehrsunternehmen sind mittendrin, uns zu einem intermodalen Mobilitätsanbieter zu entwickeln. Durch die Vernetzung verschiedener Verkehrsträger schaffen wir eine

Reisekette von Tür zu Tür und machen den öffentlichen Raum noch bequemer erfahrbar. Wir kooperieren deshalb mit Carsharing- und Bikesharing-Anbietern sowie Taxi-Unternehmen und bieten unseren Abonnenten Vergünstigungen an. Nicht jede Mobilitätsdienstleistung müssen wir dabei selbst erbringen. Stattdessen geht es darum, weitere Kooperationen einzugehen und unterschiedliche Nutzergruppen und ihre Interessen zu vereinen. Anstelle eines Nutzungskonflikts zwischen den einzelnen Verkehrsträgern, wird der ÖPNV in den Mittelpunkt der eigenen Mobilität gestellt und um weitere Angebote ergänzt. Der Umweltverbund wird gestärkt und damit der öffentliche Raum insgesamt. Selbstverständlich gibt es nach wie vor Nutzungskonflikte auf der Straße. Als ÖPNV wünschen wir uns möglichst viele Busspuren und eine Vorrangschaltung an der Ampel. Fahrradfahrer fahren lieber auf eigenen Fahrradwegen und Autofahrer bevorzugen breite Straßen. Nicht immer lassen sich diese unterschiedlichen Interessen zu einem Ausgleich bringen. Doch die Stärkung des ÖPNV ist mit einer Stärkung des öffentlichen Raums verbunden. ÖPNV ist eine wirksame Methode, den motorisierten Individualverkehr zu reduzieren und öffentlichen Raum für Plätze und Parks zurückzuerobern, Lärm- und Luftverschmutzung zu mindern und Begegnungen von Menschen überhaupt erst zu ermöglichen.

Menschen haben in der Regel eine enge Beziehung zu ihrer Umgebung und wissen oftmals am besten, was diese braucht, um lebenswert zu sein. Unternehmerische Verantwortung im öffentlichen Raum bedeutet auch, die Anregungen der Menschen aufzunehmen und mit ihnen gemeinsam umzusetzen.

6. Die Schaffung neuer öffentlicher Räume am Beispiel des U-Bahnhofs Bayerischer Platz

Der U-Bahnhof Bayerischer Platz ist ein gutes Beispiel dafür, wie unternehmerische Verantwortung und die Kooperation mit Partnern vor Ort zur Stärkung des öffentlichen Raumes beitragen kann. Er wurde 1910 erbaut und war damals das Zentrum des intellektuellen und künstlerischen Lebens im Viertel. Einhergehend mit der Machtergreifung der Nationalsozialisten erstarb das gesellschaftliche Leben im Kiez. Jüdische Bewohner und politisch Verfolgte verließen Deutschland. Das Bahnhofsgebäude wurde zerstört und nach dem Krieg wieder aufgebaut.

Die marode Bausubstanz zwang die BVG dazu, das Bahnhofsgebäude im Jahr 2013 fast vollständig abzureißen und zu sanieren. Im Vorfeld haben wir uns gemeinsam mit einer Anwohnerinitiative und dem Bezirk überlegt, wie der Bahnhofsneubau den Kiez aufwerten könnte. Entstanden ist ein komplett neues Gebäude mit einem gläsernen Cafépavillion im Obergeschoss. Zwei große Eingänge bilden eine Achse

Der U-Bahnhof Bayerischer Platz ist für die BVG ein Vorzeigeprojekt eines urbanen Ortes mitten in Berlin.

zu beiden Seiten des Platzes. Der Zugangsbereich zu den Bahnsteigen ist durch die neue Wandgestaltung und neue Lichtelemente heller und freundlicher. Ein Wandfries in der Vorhalle des U-Bahnhofs zeigt die bewegte Geschichte des Bayerischen Viertels vor und nach 1945 mit Fotos und Texten. Im Café Haberland, benannt nach dem Architekten des Bayerischen Viertels, befindet sich eine Dauerausstellung zum jüdischen Leben im Viertel und es finden regelmäßig kostenfreie Veranstaltungen statt. Von der begrünten Terrasse aus kann man den gesamten Platz überblicken. Die Bepflanzung sieht nicht nur schön aus – sie sorgt auch für eine Verbesserung des Mikroklimas in der Umgebung des Gebäudes, indem sie Staub und Schadstoffe bindet. Außerdem dient die Begrünung als natürliche Wärmedämmung. Auf der neuen Freifläche vor dem Bahnhof gibt es Fahrradständer und es entsteht *Urban Gardening*, das von den Anwohnern betreut wird.

Alle Projektpartner haben den Umbau des Bahnhofs als Chance begriffen, einen Ort des Gedenkens und der Begegnung zu schaffen. Am Bayerischen Platz ist deshalb mehr als nur ein Bahnhof entstanden. Es gibt einen alten und neuen Kiezmittelpunkt – einen zentralen Ort, von dem Impulse für den gesamten Bezirk ausgehen.

7. Solide Finanzierung des ÖPNV stärkt den öffentlichen Raum insgesamt

Projekte wie der Bayerische Platz sind allerdings nicht die Regel. In vielen Kommunen, so auch in Berlin, ist die Verkehrsinfrastruktur in die Jahre gekommen. Dabei wächst die Nutzung der vorhandenen Infrastruktur. Viele Bahnhöfe, die in den 1960er und 1970er Jahren gebaut wurden, sind heute sanierungsbedürftig und als öffentlicher Raum nicht mehr besonders attraktiv.

Es kommt mir derzeit so vor, als wird der Wert des ÖPNV, der Schlüssel zur Lösung zentraler Zukunftsfragen, von der Politik nicht ausreichend gewürdigt. Es besteht eine Diskrepanz zwischen seiner gesellschaftlichen und ökologischen Bedeutung einerseits und seiner politischen und finanziellen Anerkennung andererseits.

Der ÖPNV braucht eine solide Finanzierung, um auch in Zukunft leistungsfähig zu bleiben.

Die staatlichen Ausgaben in die Verkehrsinfrastruktur gehen seit Jahren zurück. Die Kommunen, in deren Hand sich die Verkehrsinfrastruktur überwiegend befindet, können die Aufgabenlast alleine nicht stemmen. Und der Bund zieht sich schrittweise aus der Finanzierung des Nahverkehrs zurück. Die Mittelzuweisungen aus dem Gemeindeverkehrsfinanzierungsgesetz (GVFG) und dem Entflechtungsgesetz laufen 2019 aus. Auch über die Fortführung der Regionalisierungsmittel nach 2015 besteht zwischen Bund und Ländern noch keine Einigkeit.

Die folgenden Zahlen stehen stellvertretend für viele andere Verkehrsunternehmen in Deutschland: Der jährliche Investitionsbedarf der BVG steigt bis zum Jahr 2030 von heute 250 Millionen Euro auf 400 Millionen Euro jährlich an. Allein der Bedarf für die Ersatzbeschaffung von Schienenfahrzeugen wird sich in den nächsten Jahren immens, von derzeit jährlich 30 auf rund 150 Millionen Euro, erhöhen. Insgesamt werden wir 2,5 Milliarden Euro für neue Schienenfahrzeuge bis 2033 benötigen! Summiert man aber bis 2030 die Eigenmittel der BVG, das Geld aus dem Berliner Haushalt und die prognostizierten Fördermittel des Bundes, so tut sich bereits jetzt eine investive Lücke von über 100 Millionen Euro im Jahr auf. Die notwendige Haushaltskonsolidierung von Bund, Ländern und Kommunen darf nicht dazu führen, dass wichtige Investitionen verschleppt werden. Es droht ein Verfall der Infrastruktur, ein Verfall des öffentlichen Raumes.

Die Politik plädiert übereinstimmend für mehr Nachhaltigkeit und Ressourceneffizienz. Grüne Mobilität ist im Trend. Wenn mehr Menschen auf den ÖPNV umsteigen sollen, brauchen wir dafür eine entsprechende Finanzierung. Wir müssen uns die Frage stellen: Was ist uns der ÖPNV wert?

8. Fazit: Der ÖPNV ist das Instrument zur Stärkung unserer öffentlichen Räume und Erhaltung unserer Städte

Schon einmal hat der ÖPNV das Wachstum und die Attraktivität der Großstadt befördert. Heute, wo der Verkehr in vielen Metropolen am Rande der Kapazitätsgrenzen angekommen ist und ein Verkehrsinfarkt droht, ist der ÖPNV wieder das Instrument, um die Attraktivität der Großstadt zu erhalten und gleichzeitig Wohlstand und wirtschaftlichen Wettbewerb zu ermöglichen. Das Bevölkerungswachstum bedeutet Herausforderung und Chance zugleich. Mehr Menschen brauchen mehr Raum. Bestehende Infrastrukturen müssen an den steigenden Bedarf angepasst werden. Das gilt ganz besonders für die Verkehrsinfrastruktur.

Der ÖPNV ist ein Problemlöser im öffentlichen Raum. Er bündelt und entlastet den Verkehr. Er ist ressourcenschonend, sicher und leise. Bestehender Raum wird durch den ÖPNV attraktiver und neuer Raum wird erschlossen. Der ÖPNV bietet Raum für alle Menschen, so verschieden sie sein mögen, und sorgt dafür, dass Mobilität keine Frage des Geldbeutels ist. Andere Länder haben längst erkannt, dass der ÖPNV Mobilitäts- und Raumfragen in wachsenden Städten am effektivsten lösen kann. Der Einsatz digitaler Technologien wird den Fahrbetrieb noch effizienter und nachhaltiger machen. Intelligente Mobilitätskonzepte sind der Schlüssel, damit die Menschen auch in Zukunft sicher, zuverlässig und umweltfreundlich im öffentlichen Raum unterwegs sein können.

Aber: Der ÖPNV ist mehr als lediglich ein Beförderungsmittel und ein frei zugänglicher Ort. Er ist ein sozialer Aktionsraum und Ausdruck eines Selbstbewusstseins unserer Städte. Dieses Selbstbewusstsein entsteht durch die Bürgerinnen und Bürger. Sie wollen ihren öffentlichen Raum aktiv mitgestalten. Im Dialog entstehen viele gute Ideen und Konzepte, die dazu beitragen, den öffentlichen Raum für alle attraktiver zu machen. Das hat das Beispiel U-Bahnhof Bayerischer Platz gezeigt.

Der ÖPNV steht allen Menschen offen. Er macht die Menschen mobil. Er macht unsere Städte lebenswert! Investitionen in den ÖPNV sind Investitionen in eine nachhaltige Zukunftsgestaltung. Dieser Bedeutung müssen wir uns stärker bewusst werden. Verbales Lob für den ÖPNV und seine Leistung reicht nicht aus. Ich finde: Auf Worte müssen auch Taten folgen. Politik, Wirtschaft und Gesellschaft müssen sich auf eine angemessene Finanzierung des ÖPNV verständigen – auf eine Finanzierung, die den Wert des ÖPNV und den des öffentlichen Raumes widerspiegelt.

Vom Wahrzeichen zum Warenzeichen?

Mehr Lebensqualität durch werbefinanzierte Stadtmöblierung oder Ausverkauf des öffentlichen Raumes?

VON DANIEL WALL

1. Einleitung

Werbung im öffentlichen Raum ist nicht bloß Teil von Urbanität. Eher könnte man sagen: Sie schafft Urbanität. Denn Werbung im öffentlichen Raum, Außenwerbung, ist heute und in erster Linie untrennbar mit einem anderen Themenfeld verbunden: der Stadtmöblierung.

Doch was versteht man eigentlich unter dem Begriff Stadtmöblierung? Stadtmöblierung ist der Oberbegriff für Gegenstände im Außenbereich, des öffentlichen und privaten Stadtraumes, auf Plätzen und in Stadtanlagen, die vergleichbar zum klassischen Mobiliar Stadtraum möblieren und zweckgebunden sind. Stadtmöbel bieten Funktionen und Informationen, die im öffentlichen Raum benötigt werden. Zu ihnen zählen beispielsweise: Fahrgastunterstände bzw. Wartehallen an Haltestellen des öffentlichen Personennahverkehrs, Toiletten- und Stadtinformationsanlagen, Kioske, Wegeleitsysteme, Recyclingbehälter oder auch Sitzbänke.

Stadtmöbel sind also Produkte, die das alltägliche Leben aller Bürger im städtischen Raum erleichtern. Durch Wartehallen kann man trockenen Fußes auf den nächsten Bus oder die nächste Straßenbahn warten. Stadtinformationsanlagen liefern einen Stadtplan zur Orientierung für Bürger und Touristen. Öffentliche Toilettenanlagen schaffen Abhilfe für das menschlichste aller menschlichen Bedürfnisse.

Die Ausstattung des öffentlichen Raumes betrifft die Bürger unmittelbar. Stadtmöblierung hat daher schon in ihren Anfängen die Menschen gedanklich tief berührt, wie ein Blick in die Geschichte zeigt.

2. Die historischen Wurzeln der deutschen Außenwerbung

Die Außenwerbung hat historisch weit zurückreichende Wurzeln, deshalb ist der Diskurs darüber keine neue Erscheinung.

In dem Taschenbuch-Reiseführer »Berlin und die Berliner«, der 1856 von Ludwig Löffler in Leipzig herausgegeben wurde, sahen sich die Leser gleich auf der ersten Seite mit folgender Textpassage konfrontiert: »Diese Anschlagsäulen, einer der neuesten, genialen Gedanken des nach Monumenten jagenden Berlins, sind es, die sagen, wie es jetzt um Berlin steht: Schwindel – nichts als Schwindel. Alles, was irgendeinen Unrath loswerden will, preist sich und seine Sachen hier in der lächerlichsten, marktschreierischsten Weise an [...] Was das Äußere betrifft, so sind sie geschmacklos und vielleicht auch so unpraktisch wie möglich [...]. Nichts gewinnt durch diese neue Einrichtung [...]«. Diese temperamentvolle Kritik des Herausgebers beweist, welches Aufsehen jene neueste Berliner Errungenschaft erregt haben muss. Während weitere Zeitschriften – so *Deutsches Museum* und *Deutsches Kunstblatt* – sich noch über die ästhetische Formgebung jener »Mißschöpfung« entrüsteten, zeigte die Berliner Bevölkerung dagegen ein lebhaftes Interesse an diesem neuartigen Straßenmöbel, das durch den Berliner Buchdrucker und Verleger Ernst Litfaß präsentiert wurde.
Außenwerbung ist folglich keine Erfindung der Postmoderne. Außenwerbung war schon im 19. Jahrhundert Teil des öffentlichen Raumes. Bereits 1824 meldete ein gewisser George Samuel Harris in London ein Patent für eine achteckige Plakatsäule, gebaut aus Metall und Holz, an. 1842 wurden in Paris erste gemauerte Plakatsäulen im öffentlichen Raum errichtet. Ernst Litfaß stellte seine erste Plakatsäule 1855 in Berlin auf.
Nach den großen Metropolen London und Paris drohte auch das Berlin der 1850er Jahre von einer Plakatflut überschwemmt zu werden. In den Jahren zwischen 1816 und 1871 nahm die Bevölkerung in der Stadt um mehr als das Vierfache zu: Sie stieg von 198.000 auf 826.000 an. In dieser ständig wachsenden, höchst lebendigen und interessierten Stadt war die Zeit des Massenvergnügens angebrochen. Die Einführung der Plakatsäule hatte daher zum Ziel, die Stadt zu verschönern und das wilde Plakatieren für Konzerte, Vergnügens- und Preisangebote in geordnete Bahnen zu lenken und so das Straßenbild aufzuräumen.

Die Litfaßsäule hatte das Ziel, wildes Plakatieren zu verhindern und Städte zu verschönern.

3. Stadtmöblierung und Außenwerbung heute

Die Verbindung von Städten, Stadtmöblierung und Außenwerbung ist 160 Jahre nach der Einführung der Litfaßsäule allgemein akzeptiert, heute im Rahmen eines Public-Privat-Partnership gestaltet. Führender Stadtmöblierer in Deutschland ist die Wall AG.
Das Geschäftsmodell des Unternehmens ist so einfach wie effizient: Im Rahmen sogenannter Werbekonzessionsverträge versorgt Wall Städte mit hochwertiger, maßgeschneiderter Stadtmöblierung (dazu gehören z. B. Wartehallen, behinderten-

gerechte City-Toiletten oder Stadtinformationsanlagen). Die dauerhafte Wartung und Reinigung dieser Produkte wird durch eigene, festangestellte und geschulte Mitarbeiter geleistet. Dies ist innerhalb der Branche ein Alleinstellungsmerkmal, ebenso wie der Umstand, dass alle Mitarbeiter übertariflich bezahlt werden. Die Debatte um den Mindestlohn war und ist für die Wall AG daher nicht relevant. Refinanziert wird die Stadtmöblierung durch die Vermarktung der in die Stadtmöbel integrierten Außenwerbeflächen. Den Städten entstehen hierdurch keine Kosten: Sie werden vielmehr zusätzlich an den Erlösen aus der Vermarktung der Werbeflächen beteiligt.

Am Ende gibt es für alle Beteiligten eine Win-Win-Situation: Eine dauerhaft gepflegte Stadtmöblierung, die das städtische Erscheinungsbild maßgeblich aufwertet und für die Bürger einen Mehrwert bietet. Der städtische Haushalt wird jedoch nicht durch Kosten belastet, sondern vielmehr werden den Städten noch zusätzliche Einnahmen verschafft.

Jede Stadt hat einen ganz eigenen Charakter, aufgrund ihrer Geschichte, ihrer Architektur oder auch aufgrund kultureller Einflüsse. Die Partner der Wall AG, die Städte, bekommen keine Stadtmöblierung »von der Stange«. Wall verfolgt das Ziel, dass sich seine Produkte elegant und dezent in die umliegende Architektur und Stadtgestaltung einfügen. Sie sollen Teil der vorhandenen Urbanität, des Stadtbildes

Multimedial: Wartehäuschen bieten mehr als nur Sitzgelegenheiten.

und mehr als rein funktional sein. Namhafte Architekten und Designer, darunter Sir Norman Foster oder Jan Kleihues, fertigen maßgeschneiderte Kreationen an, die sich harmonisch ins jeweilige Stadtbild einfügen. Kurzum: Wall handelt und versteht sich als ein Couturier der Städte.

Überhapt leistete die Wall AG bei der Stadtmöblierung Pionierarbeit in Deutschland. 1976 gründete Hans Wall das Unternehmen als klassischen, mittelständischen Familienbetrieb im badischen Ettlingen. 1984 verlegte er den Unternehmenssitz nach (West-)Berlin und stattete die damals noch geteilte Stadt mit 1.000 Wartehallen aus. Dies war der erste Großauftrag der Wall AG.
Heute wartet, reinigt und vermarktet Wall allein in der deutschen Hauptstadt täglich rund 4.500 Wartehallen. Alle Millionenstädte in Deutschland sowie fast alle Städte über 500.000 Einwohner arbeiten mit dem Unternehmen zusammen. Wall versteht sich als Partner der Städte, und das Engagement der Firma basiert auf langfristigen Verträgen, im Schnitt mit einer Dauer von 15 Jahren. Das Unternehmen ist in rund 60 deutschen Städten vertreten, hinzu kommen mehr als 45 Städte in der Türkei, wo Wall seit 1996, in Folge einer gewonnen Ausschreibung über die Außenwerberechte in Istanbul, tätig ist. Rund 1.100 Mitarbeiter sind in Deutschland und der Türkei für die Unternehmensgruppe tätig. 2016 sind es 40 Jahre, dass die Wall AG national, aber auch international führend im Bereich der werbefinanzierten Stadtmöblierung ist.

Private-Public-Partnership: Stadtmöbel vorfinanziert durch Außenwerbung.

4. Moderne Stadtgestaltung in Partnerschaft mit den Städten

Der Begriff Partnerschaft mag in einem unternehmerischen Zusammenhang mitunter leicht pathetisch klingen. Die Wall AG versteht hierunter jedoch keine reine Geschäftsbeziehung mit den Städten. Das Unternehmen geht vielmehr mit ihnen eine lange, persönliche Bindung ein, denn die Verträge laufen in der Regel zwischen zehn und fünfzehn Jahren. Daher ist es für Wall selbstverständlich, echte Verantwortung vor Ort zu übernehmen und den Blick auf die individuellen Bedürfnisse einer Stadt zu richten, unabhängig von Fragen der Werbung. Die Wall AG engagiert sich in den Städten für soziale Initiativen ebenso nachhaltig wie für Kulturförderung und Stadtbildpflege.
Die alljährliche, über vier Kilometer lange Weihnachtsbeleuchtung auf dem berühmten Kurfürstendamm in Berlin beispielsweise wird durch die Wall AG finanziert und logistisch getragen, und dies seit nunmehr zwölf Jahren. Jedes Jahr sorgt das Unternehmen als Sponsor für den Betrieb und die Wartung von über 75 Brunnenanlagen. Die Wasserspiele und Fontänen sorgen von Frühjahr bis Herbst für wahrhaftige Frische im Straßenbild. Sie sind dabei nicht nur optischer Hingucker, sondern auch beliebter Treff- und Verweilpunkt für die Bewohner des jewei-

ligen Stadtbezirks und tragen so zu einer lebendigen Stadtteilkultur erheblich bei. Berlin gilt an vielen Stellen als sozialer Brennpunkt. Gerade Kinder und Jugendliche sind die Leidtragenden. Wall finanziert unter anderem Bildungsprojekte an Schulen, um Kindern und Jugendlichen den Zugang zur Bildung zu erleichtern und ihnen den Weg zu einem erfolgreichen Start in das Berufsleben zu ermöglichen. Dies geschieht aus der Überzeugung des Unternehmens, dass es in erheblichem Maß davon profitiert, wenn junge Menschen gut ausgebildet und wissbegierig als Auszubildende oder neue Mitarbeiter später wieder zu ihm stoßen.

5. »Weniger ist mehr«: Intelligente Werbekonzepte sind stadtbildverträglich

Ist Außenwerbung heute gleichzusetzen mit einem Ausverkauf des öffentlichen Raumes? Hierzu ein klares: Nein! Braucht die Stadt Werbung? Hierzu ein klares: Ja! In der Debatte, wieviel Werbung der öffentliche Raum verträgt, muss klar unterschieden werden zwischen zwei Erscheinungsformen der Außenwerbung:
Zum einen besteht eine Außenwerbung, die auf öffentlichem Grund im Rahmen von Stadtverträgen vermarktet und damit bereits behördlich reglementiert wird, zum anderen gibt es Außenwerbung, die auf privatem Grund stattfindet und teils unkontrolliert ausufernd wächst. Sie leistet keinen finanziellen Beitrag für den städtischen Haushalt. An ihr verdient die Stadt keinen Cent. Von Wildwerbung, wie sie in allen Städten leider zu finden ist, ganz zu schweigen. Die unkontrollierte Form der Außenwerbung leistet definitiv keinen positiven Beitrag für die Städte. Dennoch hat sie einen massiven, optisch negativen Einfluss auf das Erscheinungsbild der Städte. Ein Berliner Phänomen sind beispielsweise Lichtmasten in Szenebezirken, die zentimeterdick in Augenhöhe von Plakaten ummantelt sind und kaum davon befreit werden können, ohne schweres technisches Gerät einzusetzen.

Unkontrollierte Außenwerbung leistet keinen positiven Beitrag fürs Stadtbild.

Im Gegensatz dazu sind die Außenwerbekonzepte, die im Rahmen von Werbekonzessionsverträgen verwirklicht werden, nicht nur stadtbildverträglich, sondern das Stadtbild wird durch die hochwertige Stadtmöblierung sogar noch zusätzlich aufgewertet.
Ein Beispiel hierfür ist die hessische Landeshauptstadt Wiesbaden. In Wiesbaden gab es rund 60 Jahre keinen Wettbewerb im Bereich Stadtmöblierung und Außenwerbung. Wiesbaden war über Jahrzehnte Teil der damaligen Deutsche-Städte-Medien, seine Stadtmöblierung und Außenwerbung waren in Folge des fehlenden Wettbewerbs hoffnungslos veraltet und unrentabel. Dies trifft bzw. traf im Übrigen auf viele deutsche Städte zu, da sie über Jahrzehnte von diesem Monopolbetrieb kontrolliert wurden. Doch ohne Wettbewerb gibt es auch keinen Fortschritt und damit keine positiven Veränderungen. Das haben inzwischen viele Stadtverantwortliche erkannt.

2010 erfolgte in Wiesbaden eine Ausschreibung der Werberechte. Dieses Wettbewerbsverfahren entschied die Wall AG erfolgreich für sich. Seit 2011 ist Wall Vertragspartner der hessischen Landeshauptstadt für eine Dauer von insgesamt 15 Jahren. Innerhalb von nur zwei Jahren nach Vertragsbeginn ist Wiesbaden zu einem wahren »Showcase der modernen Stadtmöblierung und Außenwerbung« geworden, dank der Wall-Strategie »Weniger ist mehr«.
»Weniger ist mehr« bedeutet »Qualität vor Quantität«, ein Prinzip, dem sich unser Unternehmen bundesweit in ihren Partnerstädten verschrieben hat. In Wiesbaden wurden die bestehenden Werbestandorte modernisiert. Insbesondere veraltete und unrentable Klebemedien wurden in moderne, optisch ansprechende, attraktive City-Light-Medien – das sind hinterleuchtete Plakatmedien – verwandelt. Die Anzahl der Werbestandorte konnte deutlich reduziert werden, der öffentliche Raum »atmete auf« und wurde »entfrachtet«. Doch nicht nur den Bürgerinnen und Bürgern gefiel und gefällt ihr neues Stadtbild, das Vermarktungspotential der Werbeflächen wurde durch diese Maßnahmen deutlich gesteigert und somit auch die Vermarktungserlöse. Das kommt natürlich dem verantwortlichen Außenwerbeunternehmen, aber auch dem Haushalt der hessischen Landeshauptstadt zugute.
Gleichzeitig erhielt Wiesbaden eine komplett neue Stadtmöblierung – darunter Fahrgastunterstände, barrierefreie, vollautomatische City-Toiletten und moderne Stadtinformationsanlagen in einem von den Stadtverantwortlichen selbst gewählten Design – welche sich dezent, aber elegant und passgenau in das Stadtbild einfügt. Zudem sorgt Wall mit eigenen Angestellten für die dauerhafte Wartung und Reinigung der Produkte. Es wurden also in der Region Wiesbaden in Folge auch neue, feste Arbeitsplätze geschaffen.
Um die Frage zu beantworten, ob Städte Werbung brauchen, lohnt sich einen kurzen Blick über den Atlantik, in Richtung Brasilien, genauer gesagt in die Metropole São Paulo.
2007 wurde dort auf Initiative des Bürgermeisters der Stadt, Gilberto Kassab, das sogenannte »Cidade Limpa«-(Saubere Stadt)-Gesetz erlassen, das der über Jahre gewachsenen, unkontrollierten Flut der vor allem wilden Außenwerbung ein jähes Ende bereitete. Die Bewohner hatten nach der praktischen Umsetzung des Gesetzes das Gefühl, in einer neuen Stadt zu leben. Das Straßenbild war, so drastisch bereinigt, kaum wiederzuerkennen.
In Deutschland wird das Gesetz gern als Erlass eines »Total-Werbeverbots« missverstanden, um die generelle Eindämmung von Außenwerbung zu rechtfertigen. Doch in der Stadt São Paulo ist Außenwerbung heute längst wieder existent. Das Unternehmen JCDecaux, Mehrheitseigentümer der Wall AG seit 2009, schloss im Oktober 2012 einen 25-Jahres-Vertrag mit der Stadt über Außenwerbung an Uhren-

anlagen ab. Ein anderes Unternehmen übernahm die Vermarktung der Buswartehallen und damit verbundenen Plakatflächen. Diese Entscheidungen der Stadt beruhten auf der Erkenntnis, dass Außenwerbung, auf die die Stadt und ihre Behörden reglementierend einwirken können, durchaus zum Wohle der Stadt sein kann, u.a., weil etwa Bürgerservices finanziert werden, die aus den öffentlichen Haushalten nicht zu bezahlen sind.

São Paulo ist international ein Vorbild: Vom Wildwuchs zu strukturierter Werbung.

6. Privatisierung schafft Mehrwert

Wie stark die Gestaltung des öffentlichen Raumes von der Zusammenarbeit zwischen öffentlicher Hand und privaten Unternehmen profitiert, lässt sich am Beispiel der öffentlichen Toilettenanlagen Berlins bestens darlegen.

Noch bis in die 1990er Jahre hat das Land Berlin jedes Jahr rund 30 Mio. DM für die Bewirtschaftung öffentlicher Toilettenanlagen in der Stadt ausgegeben. Trotz dieser hohen Kostenbelastung für den öffentlichen Haushalt waren der bauliche und der hygienische Zustand der öffentlichen Toilettenstandorte vielerorts katastrophal und wenig einladend für Bürger und Touristen. Zudem gab es unter diesen Anlagen kaum behindertengerechte Standorte. Die öffentlichen Toilettenanlagen waren also wahrlich keine Visitenkarte für die Stadt Berlin.

Da dieser Zustand für die deutsche Hauptstadt nicht haltbar war, wurde in den 1990er Jahren vom Land Berlin eine europaweite Ausschreibung zur Privatisierung der öffentlichen Toiletten durchgeführt. Diesen freien Wettbewerb hat die Wall AG gewonnen. Das Ergebnis ist, dass heute alle öffentlichen Toilettenanlagen, die das Unternehmen Berlin betreibt, nicht nur barrierefrei ausgestattet sind, sondern sich vor allem sauber und hygienisch dem Benutzer präsentieren.

Aus ehemals schmuddeligen, von Vandalismus stark beeinträchtigten Großraumanlagen, wie z.B. unter dem Alexanderplatz oder unter dem Breitscheidplatz an der bekannten Gedächtniskirche, sind Vorzeige-Anlagen geworden, die eine Visitenkarte für die Stadt Berlin sind und von Bürgern wie auch Touristen gern und oft genutzt werden. Das Land Berlin muss hierfür keinen Cent mehr ausgeben und hat die vormals jährlich in die Bewirtschaftung investierten 30 Mio. DM erfolgreich einsparen können. Die Wall AG wartet und reinigt die Anlagen durch festangestellte Service-Mitarbeiter. Refinanziert wird dies durch die Vermarktung hochwertiger Außenwerbeflächen, die das Land Berlin der Wall AG genehmigt.

7. Digital & modern: Stadtmöblierung und Außenwerbung am Puls der Zeit

Weltweit schreitet die Urbanisierung voran. Die Hälfte der Weltbevölkerung lebt heute in Städten und Metropolen. Diese Zahl wird, nach aktuellem Ermessen, auf rund 60 % in 2030 steigen. Eine Entwicklung, von der auch Deutschland nicht ausgenommen ist.

An die öffentliche Infrastruktur werden in Folge immer höhere Ansprüche gestellt. Der Zuzug von Menschen in städtische Ballungsräume steigt kontinuierlich an und die Bürger werden in ihrem Alltag immer mobiler. Einhergehend mit der steigenden Mobilität der Bevölkerung verändert sich auch ihr Mediennutzungsverhalten durch eine ebenfalls zunehmende Digitalisierung.

Diesen globalen Veränderungen gilt es auch in der Stadtmöblierung und Außenwerbung in Deutschland Rechnung zu tragen. Dies gelingt nur durch eine konsequente Investition in Forschung und Entwicklung, die durch neue multifunktionale und intelligente Stadtmöblierungsprodukte geschaffen werden können, die diesen Anforderungen gerecht werden. Die Wall AG unterhält hierfür bereits seit 1992 in Velten/Brandenburg ein eigenes Produktionswerk, inklusive einer unternehmenseigenen F&E-Abteilung.

Immer öfter formulieren Stadtverantwortliche beispielsweise den Wunsch nach einem öffentlichen, kostenfreien WLAN-Angebot als Teil einer modernen, städtischen Infrastruktur. In der Düsseldorfer Innenstadt ist dies dank der Wall AG bereits seit 2013 Realität. Im Oktober 2015 wird auch die Innenstadt von Freiburg im Breisgau durch das Unternehmen mit WiFi-Hotspots versorgt. Hierfür bedarf es keiner unansehnlichen Sendemasten oder Funkantennen, die die Architektur der jeweiligen Stadt negativ beeinflussen würden. Vielmehr sind die hierfür notwendigen Hotspots dezent in die bereits bestehende Stadtmöblierung integriert.

Die Nutzung von Smartphones und Tablets ist heute eine Selbstverständlichkeit und mit ihr der Anspruch auf überall verfügbares, kostenfreies Internet. Das Angebot von freiem WLAN ist für die Städte insbesondere im Wettbewerb um Touristen, aber natürlich auch zur Erhöhung der Attraktivität des öffentlichen Raumes für die eigenen Bürger von hoher Relevanz. Das Beispiel Düsseldorf zeigt, wie einfach es ist, über werbefinanzierte Stadtmöblierung eine öffentliche, digitale Infrastruktur zu schaffen und so einen Beitrag zum Aufbau einer »Smart City« zu leisten, ohne dass der städtische Haushalt durch Kosten belastet wird.

Die Digitalisierung verändert die Gewohnheiten der Menschen und auch die Außenwerbung.

Die fortschreitende Digitalisierung verändert aber nicht nur das Verhalten und die Gewohnheiten der Menschen, auch das Erscheinungsbild der Außenwerbung verändert sich fortschreitend.

Die Digitalisierung eröffnet der Außenwerbung als Mediengattung vollkommen neue Chancen am Markt. Mit digitalen Werbeträgern kann der Wunsch der Werbungtreibenden nach mehr Flexibilität und Kreativität bei der Umsetzung ihrer Kampagnen entsprochen werden. Außenwerbung ist das letzte echte Massenmedium in einem Umfeld immer stärker fragmentierender Medienkanäle und verzeichnet steigende Zuwachsraten. 2014 erreichte *Out of Home* einen Marktanteil von 6 %, Tendenz in 2015 weiter steigend. Kein anderes Medium macht eine Werbebotschaft so schnell zum Stadtgespräch wie ein Plakat, egal ob analog oder digital.
Eine fortschreitende Digitalisierung der Außenwerbeträger, auch im öffentlichen Straßenland, ist daher von erheblicher Bedeutung, um neue Kundenstämme für die Außenwerbung erschließen und so auch noch höhere Vermarktungserlöse für die Städte und Kommunen erzielen zu können. Gleichzeitig trägt digitale Außenwerbung zu einer Modernisierung und zur weiteren optischen Aufwertung eines Stadtbildes bei.

Außenwerbung ist das letzte Massenmedium in Zeiten der Digitalisierung.

Digitale Anlagen bieten die Möglichkeit, wesentliche Bürgerinformationen in den öffentlichen Raum zu transportieren. Das können Verkehrshinweise sein, Hinweise zu Gedenkveranstaltungen und Feiertagen oder Warnungen bei drohenden Unwetterlagen – mit wenigen Klicks lässt sich eine solch wichtige Nachricht an Millionen von Bürgern auf den Straßen einer Stadt kommunizieren, egal ob Fußgänger, Rad- oder Autofahrer.
In Berlin ist dies seit Kurzem Realität: Wall kooperiert mit dem Fraunhofer FOKUS-Institut, das das Katastrophenschutz-Warnsystem KATWARN entwickelt hat. In Zusammenarbeit mit dem Deutschen Wetter Dienst und der Berliner Feuerwehr werden auf den digitalen Werbeflächen von Wall weithin sichtbare Warnhinweise für die Bevölkerung bereitgestellt, z.B. im Falle einer drohenden Unwetterlage, eines Großbrands oder eines Trinkwasserunfalls.
Im Zuge immer stärker wachsender, städtischer Ballungsräume wird auch die Frage nach umweltschonenden Nahverkehrssystemen immer wichtiger. Der Ausbau von Fahrradwegen ist hier ein vieldiskutiertes Thema, ermöglichen sie doch eine klimafreundliche Fortbewegung innerhalb der Stadt, die nicht nur die Umwelt schont, sondern auch zur Gesundheit der Bevölkerung beiträgt.

Die JCDecaux-Gruppe ist der global größte Anbieter von Selbstbedienungs-Fahrradverleihsystemen. Auch dies ist Stadtmöblierung, refinanziert durch Außenwerbung, ohne Kostenbelastung für die einzelnen Städte. Vor zwölf Jahren ging das erste Verleihsystem in der österreichischen Bundeshauptstadt Wien in Betrieb. Bis heute hat die Gruppe international 52.000 Leihfahrräder an 4.700 Ausleihstationen bereitgestellt und bietet seinen Service in 70 Städten in 13 Ländern weltweit an. In Paris wurden dieses Jahr sogar bereits die ersten e-Leihfahrräder vorgestellt. Durch

Außenwerbung finanzierte Stadtmöblierung leistet hier einen wichtigen Beitrag zur Senkung der CO_2-Emmission in den Städten und zu einer modernen, umweltbewussten Form des öffentlichen Personennahverkehrs und des städtischen Tourismus.

8. Smart Cities gestalten

Wie sehen die Stadtmöblierung und die Außenwerbung der Zukunft aus? Wie bereits dargelegt, ist die Zukunft dieses Geschäftsfeldes zunehmend digital geprägt. Doch digital bedeutet dabei keineswegs eine Überfrachtung des öffentlichen Raumes, sondern vielmehr seine Weiterentwicklung zur Smart City, in der Werbung und wichtige Bürgerservices intelligent miteinander vernetzt sind.

Durch »smarte« Stadtmöblierungskonzepte entsteht eine digitale, öffentliche Infrastruktur, die das Leben im öffentlichen Raum für Bürger wie auch Touristen immer einfacher und bequemer macht. Integrierte Außenwerbung ist dabei nicht nur Quelle der Refinanzierung, sondern gleichzeitig attraktives Gestaltungsmittel, das, selektiv auf öffentlichem Grund eingesetzt, eine starke optische Aufwertung eines Stadtbildes erzielt.

Weniger sorgt für Mehr – ein Mehr an Lebensqualität, ein Mehr an Service, ein Mehr an Modernität im öffentlichen Raum.

III. Politik und Religion im öffentlichen Raum – deutsche und schwedische Konzepte

Nach Stuttgart 21

Geht eine partizipative Großstadtpolitik nur »grün«?

VON JOCHEN PARTSCH

»Geht partizipative Großstadtpolitik nur »grün«?« Diese Frage kann ich nur bejahen – denn wir Grünen sind nun einmal seit Jahrzehnten die politischen Fachleute, wenn es um Bürgerproteste geht.

Bekanntlich ist die grüne Partei 1980 aus verschiedenen Bürgerprotestbewegungen entstanden, die sich beispielsweise gegen die Atomkraft, die Startbahn West und die etablierte Politik wandten. Deshalb war es vor zwei Jahrzehnten auch undenkbar, dass Grüne und CDU eine Koalition bilden. Zu unterschiedlich waren die Politikansätze.

Nun, ich gebe zu, dass sich meine Partei in diesen 35 Jahren durchaus ein wenig verändert und mittlerweile auch etabliert hat. Sonst könnte ich ja wohl kaum der Oberbürgermeister von Darmstadt sein, der von einer sehr erfolgreichen grün-schwarzen Koalition getragen wird. Gleichzeitig lässt sich auch beobachten, dass die CDU von heute nicht mehr die CDU der achtziger Jahre ist. Deshalb muss ich zugeben, dass partizipative Großstadtpolitik eben nicht »nur grün« geht. Darmstadt unterstützt die CDU-Bürgerbeteiligung auch in vollem Umfang.

Wir Grünen sind die politischen Fachleute für Bürgerbeteiligung.

Eines hat sich in diesen 35 Jahren nicht verändert: Fast alle Grünen glauben noch immer daran, dass es nicht ausreicht, wenn Politik und Verwaltung Entscheidungen in exklusiven Hinterzimmer-Sitzungen diskutieren und treffen.

Die weitaus meisten von uns sind noch immer überzeugt, dass die Bürgerinnen und Bürger mehr informiert und beteiligt werden müssen – und dass sie auch stärker mitentscheiden sollten. Nur dann kann es uns gelingen, so große und umstrittene Projekte wie »Stuttgart 21« derart voranzubringen, dass Fehlplanungen und Proteste weitgehend vermieden werden.

Wir Grünen sind noch immer der Meinung, dass unsere Demokratie weiterentwickelt werden muss, um stark und lebendig bleiben zu können. Wir glauben, dass die Frage nach dem Grad der Bürgerbeteiligung nichts anderes als die Frage nach der

Aus der Bürgerprotestbewegung wird eine Partei: Die Grünen auf ihrer Bundesversammlung 1983.

politischen Kultur ist. Bürgerbeteiligung ist für Grüne ein selbstverständlicher Teil von Kommunalpolitik.

Ein wenig beunruhigend ist in der Tat, dass die Beteiligung an Kommunalwahlen in der Gründungszeit der Grünen deutlich höher gewesen ist als heute. Wir Grünen haben damals schon bemerkt, dass eine Entfremdung zwischen den Wählern und der Politik einsetzte – und eben deshalb wollten wir ja eine Veränderung der politischen Kultur erreichen: Raus aus den Hinterzimmern, hin zu den Bürgerinnen und Bürgern. Die Menschen informieren, mitberaten und manchmal auch direkt mitentscheiden lassen: Das war schon damals unser Vorschlag zur Modernisierung der deutschen Demokratie.

Ja, wir haben diese »Geister« des Bürgerprotestes und der Bürgerbeteiligung durchaus gerufen – und zwar bewusst gerufen, wie es Stefan Dietrich am 29. April 2014 in der *Frankfurter Allgemeinen Zeitung* formuliert hat. Dietrich weist darauf hin, dass sich die Bürgerbeteiligung mittlerweile gegen Kerninhalte grüner Energiepolitik richtet: Landauf, landab entstehen Bürgerinitiativen, die gegen Windkraftprojekte kämpfen.
Gerade diese Projekte sind im Gegenteil sehr gute Beispiele dafür, weshalb frühzeitige und umfassende Bürgerbeteiligung so wichtig ist.

Dabei geht es eben nicht um des »Wutbürgers Zähmung«, wie es Stefan Dietrich formuliert hat, sondern darum, durch frühzeitige und ausreichende Informationen und transparente Entscheidungsabläufe die Bedenken, Vorbehalte und Sorgen der Bürgerinnen und Bürger aufzunehmen und in den Entscheidungsprozess einfließen zu lassen. Wenn wir unser Land auch in der Energieerzeugung zukunftsfähig machen wollen, dann führt gerade in der Energiewende kein Weg an einem breiten und intensiven Bürgerbeteiligungsprozess vorbei!

Bürgerbeteiligung ist nicht gleichbedeutend mit Bürgerentscheiden als Form der direkten Demokratie. Ich bin überzeugt, dass diese durchaus zu unserer Demokratie dazu gehören können. Bürgerbeteiligung ist vielmehr darauf gerichtet, den Dialog zwischen den politisch Verantwortlichen und den Bürgerinnen und Bürgern zu intensivieren, zu strukturieren und nach gemeinsam festgelegten Regeln erfolgen zu lassen. Bürgerbeteiligung will die Bürgerinnen und Bürger möglichst frühzeitig und umfassend informieren, ihre Bedenken, Vorschläge und Ideen in den Beratungsprozess einfließen und sie in manchen Fällen auch mitentscheiden lassen.

Daraus ergibt sich dann ein Spannungsverhältnis zur repräsentativen Demokratie, wenn der Eindruck entstünde, die gewählten Verantwortlichen müssten Entscheidungsmacht abgeben. Das ist aber gerade nicht der Fall. Niemand wird ernsthaft das finale Primat der Parlamente in Frage stellen. Schließlich ist der Wahlgang nach wie vor die ursprünglichste, niedrigschwelligste und repräsentativste Form der Beteiligung, um die Herrschaft des Volkes – die Demokratie also – zu gewährleisten. Es ist völlig klar, dass die letzte Entscheidung von den gewählten Parlamenten und Gremien getroffen und verantwortet werden muss. Alles andere wäre nicht *mehr*, sondern *weniger* Demokratie.

Die letzte Entscheidung liegt bei den Parlamenten, nicht bei den Bürgern.

Doch die Beteiligung an den Wahlen ist rückläufig und exklusiver geworden. Wir dürfen nicht vergessen, dass sich der demokratische Entscheidungsprozess im Laufe der Jahrzehnte verändert hat. Es ist heute in der demokratietheoretischen Diskussion unstrittig, dass die Parlamente als zentrale Orte der repräsentativen Demokratie stark an Durchsetzungsmacht verloren haben. Wichtige Entscheidungsprozesse finden immer stärker in unkontrollierbaren Netzwerken statt, die sich den parlamentarischen Prozessen entziehen. Dies gilt insbesondere für die transnationale und nationale Ebene, macht aber auch vor der regionalen und kommunalen Entscheidungsfindung nicht halt.

Weitere Diagnosen zum Zustand unserer Demokratie aus der Politikwissenschaft sehen das Misstrauen gegenüber den Parteien wachsen und stellen sinkende Wahlbeteiligung fest. Bei einer Landratswahl im Kreis Darmstadt-Dieburg erhielt der Gewinner zwar 65 % der abgegebenen Stimmen. Aber insgesamt hatten sich nur gute 29 % der Wählerinnen und Wähler überhaupt beteiligt. Ich wage nicht zu schätzen, wie weit die Wahlbeteiligung noch gesunken wäre, wenn nicht zeitgleich zwei wichtige Bürgermeisterwahlen mit relativ hoher Beteiligung stattgefunden hätten.

Viele – und auch ich – glauben, dass eine stärkere Bürgerbeteiligung dabei helfen kann, die repräsentative Demokratie wieder zu stärken. Natürlich kommt es darauf an, wie diese Bürgerbeteiligung aussieht. Ich nehme hier einen hohen Lern- und Erfahrungsbedarf wahr. Wenn wir vermeiden wollen, dass Bürgerbeteiligung beispielsweise über Missverständnisse zur Wirkungstiefe Frustrationen bei allen Beteiligten erzeugt und damit von der Beteiligung abschreckt, müssen wir das Verhältnis von der Beteiligung der Bürgerschaft zur Entscheidung durch die Parlamente sehr genau und verbindlich festlegen. Denn gerade dieser Konfliktpunkt wird in der politischen Debatte gerne missbraucht. Den jeweiligen politischen Entscheidern wird dann oft unterstellt, alles sei nur vorgeschoben und in Wirklichkeit bereits »im stillen Kämmerlein« »ausgekaspert«, wenn sie die Bürgerschaft bewusst beteiligen wollen. Diese Misstrauensspirale ist sehr gefährlich.[1]

Bürgerbeteiligung kann ein Mittel gegen Misstrauen in der Politik sein.

In Darmstadt arbeiten wir seit 2011 intensiv daran, dem Ruf nach mehr Bürgerbeteiligung zu folgen. Seit meinem Amtsantritt als Oberbürgermeister haben wir zahlreiche Projekte und Veranstaltungen durchgeführt und etliche Instrumente ausprobiert, um mehr demokratische Teilhabe zu ermöglichen und Bürgerinnen und Bürger weit vor der politischen Entscheidungsfindung einzubinden. Ausgangspunkt und Antriebskraft für mehr Bürgerdialog und -beteiligung war das Bürgerbegehren und der Bürgerentscheid zur Nordostumgehung, der nur knapp am Quorum gescheitert ist.
Der Bürgerentscheid hat mir als Grünenpolitiker deutlich gemacht, dass wir über ein solch knappes Abstimmungsergebnis nicht einfach hinweggehen können, denn er ist – obwohl ohne rechtliche Bindewirkung – doch ein starkes Signal der Bürgerschaft für oder gegen ein Projekt. Es enthielt nicht zuletzt auch wichtige Hinweise

[1] Vgl. Roth, Roland: »Fonds und Budgets – wirksame Formen zur Einbeziehung beteiligungsferner und benachteiligter Milieus«. In: eNewsletter Wegweiser Bürgergesellschaft 18 (2013). 27.09.2013. S. 2.

darauf, weshalb das Projekt Nordostumgehung gescheitert ist. Denn erstaunlicherweise haben insbesondere diejenigen, die vermeintlich am meisten von der potentiellen Verkehrs- und Lärmentlastung profitiert hätten, gegen den Bau der Umgehung gestimmt. Allein diese Beobachtung zeigt eindringlich, wie wichtig es ist, mit den Anwohnerinnen und Anwohnern im Vorfeld zu sprechen und deren legitime Anliegen in den Entscheidungsprozess einzubinden.

In Hessen sollten die Quoren für Bürgerentscheide gesenkt werden.

Deshalb stehe ich auch auf dem Standpunkt, dass die Quoren für Bürgerentscheide in Hessen gesenkt werden müssen. Sie sind mit 25% der Wahlberechtigten viel zu hoch angesetzt, wenn wir sie mit der Wahlbeteiligung bei Kommunalwahlen vergleichen. Wenn wir mehr direkte Demokratie wollen, dann geht an der Absenkung der Quoren kein Weg vorbei.

Ein solcher Bürgerentscheid ist natürlich eher die Ausnahme. Viel stärker haben wir in Darmstadt andere altbekannte Formen der Bürgerbeteiligung genutzt, beispielsweise Planungsworkshops für die Neuausrichtung von Konversionsflächen, Bürgerversammlungen beispielsweise zum städtischen Haushalt oder zu Fragen einzelner Stadtteile. Zudem haben wir neue Beiräte des Magistrates und der Stadtverordnetenversammlung (Gestaltungs-, Park-, Seniorenbeirat) eingerichtet. Immer besser angenommen wird auch das neue Instrument des »Darmstädter Bürgerhaushalts«, in dem Bürgerinnen und Bürger zu ausgewählten Inhalten des Haushaltsentwurfes Vorschläge und Kommentare abgeben können. Sehr wichtig waren repräsentative Bürgerumfragen, beispielsweise zur Nahversorgung oder zur Einzelhandelsentwicklung. Dabei haben wir ein Phänomen kennengelernt, das eines der zentralen Probleme der Bürgerbeteiligung beschreibt. Eine dieser Bürgerbefragungen hat ergeben, dass in Villengegenden die Ablehnung eines bestimmten Projekts überwiegt, während es in Wohngebieten mit benachteiligten Bevölkerungsgruppen eher Zustimmung erfährt. Öffentlich wahrgenommen wurde aber lange nur die ablehnende Gruppe der Villenbesitzer.

Die Erfahrung lehrt, dass benachteiligte Bürgerinnen und Bürger sich öffentlich eher nicht zu Wort melden und oft keine Zugänge zu Presse und Politik haben. Im Gegensatz zu den Projektbefürwortern verfügen die Bildungsbürger über weite Netzwerke und bessere Artikulationsmöglichkeiten. Das bedeutet aber auch, dass der Zuwachs an Beteiligungsmöglichkeiten nicht automatisch zu einem Mehr an Demokratie führt. Ganz im Gegenteil: Auswertungen von Teilnehmerlisten, die wir einmal als kleines Studienprojekt gemeinsam mit der Schader-Stiftung betrieben haben, zeigen, dass Angebote und Veranstaltungen für Bürgerbeteiligung, zivilgesellschaftliches Engagement und Mitsprache in der Regel nur etwa ein Promille der Stadtgesellschaft erreichen.

Mithin können wir von einem »harten Kern« von Menschen sprechen, die regelmäßig Partizipationsangebote wahrnehmen. In Darmstadt mit seinen mehr als 154.000 Einwohnern dürfte es sich um eine Gruppe von ungefähr 150 bis 200 Personen handeln. Diese Beobachtung deckt sich mit Erfahrungen aus anderen Städten in Deutschland und Europa sowie mit Ergebnissen der wissenschaftlichen Analyse. Zuletzt hat Franz Walter mit seinem Göttinger Mitarbeiterstab die Fachwelt mit seinen Thesen zur »Neuen Macht der Bürger« aufgewühlt.[2]
Pointiert – eigentlich überpointiert – hat er ausgedrückt, dass der typische Bürgerbeteiligte männlich, in der Regel über 65 Jahre alt, also im Rentenalter ist, über ein hohes Bildungsniveau und im Normalfall Abitur sowie einen akademischen Grad verfügt. Aus diesen Grundmerkmalen heraus ist dieser Typ Bürger in der Lage, große Zeit- und Wissensbudgets in die Beteiligung zu investieren. Mehr und mehr wird er zum Beteiligungsexperten, sowohl in Bezug auf die jeweiligen inhaltlichen Aspekte als auch auf Verfahrensabläufe und begleitende Öffentlichkeitsarbeit. Zumindest einige aus dieser Gruppe bespielen inzwischen themen- und quartiersunabhängig verschiedene Beteiligungsangebote. Franz Walter schreibt deshalb recht zutreffend: »In einer Partizipationsdemokratie haben diejenigen ohne Bildung, ohne eine tragfähige materielle Basis, ohne Berufsstolz nichts zu lachen. Hier geben die Magister und Doktoren den Takt vor.«[3] Dann führt er weiter aus, dass es eben nicht mehr Studenten, Studienräte und Professoren der Sozialwissenschaften wie in den 1970er Jahren seien, die außerparlamentarische Oppositionsbewegungen prägten – ich höre sie spöttisch denken: Ja, genau die Grünenwähler eben –, sondern »wo man sich heute gegen Stromleitungen einsetzt, Windräder verhindern will, die Flughafenerweiterung zu obstruieren versucht, da zumindest bedienen Ingenieure, Techniker, Informatiker, Geographen, Biologen, auch Juristen inzwischen die Schalter der empört vorgetragenen Gegenmeinung«.

Bürgerbeteiligung erreicht nur einen harten Kern der Bürgerschaft – nicht alle Menschen.

Franz Walter treibt es dann ironisierend und fast schon zynisch auf die Spitze: »Vor allem der pensionierte Ingenieur wirft sich mit ganzem Einsatz und höchstem Eifer in die Arbeit des Protests.«

Natürlich ist es nicht verwerflich, sondern im Gegenteil sogar wünschenswert, dass Menschen unabhängig von Alter und Geschlecht bereit sind, einen Gutteil ihrer

2 Walter, Franz (Hg.): Die neue Macht der Bürger Was motiviert die Protestbewegungen? Göttingen 2013.
3 Ebd. S. 312

Moderne Bürgerbeteiligung: Vision für das Jahr 2030.

zeitlichen und intellektuellen Ressourcen in gesellschaftliches Engagement einzubringen. Das ist objektiv ein positives Zeichen für den Gemeinsinn in unserer Gesellschaft. Trotzdem stellt uns dieses Phänomen vor eine ganz spezielle Herausforderung in Bezug auf die Weiterentwicklung von Partizipationsinstrumenten. Denn die Gruppe der engagierten, akademischen, zumeist männlichen Älteren ist zwar ohne Zweifel ein wichtiger Teil der Gesellschaft. Er ist aber weit davon entfernt, die Bevölkerung in irgendeiner Weise repräsentativ abzubilden – weder hinsichtlich ihrer statistischen Merkmale noch hinsichtlich ihrer materiellen Voraussetzungen, Bedürfnisse oder Einstellungen. Die wissenschaftlichen Thesen gehen auch in den öffentlichen Medien deshalb derzeit vielfach dahin, Partizipation als »Katalysator der Ungleichheit« zu benennen. Wer ohnedies schon Schwierigkeiten hat, sich gesellschaftlich-politisch Gehör zu verschaffen, der bleibt in Beteiligungsprozessen aus Scham, sich nicht gewählt ausdrücken zu können, aus Unwissenheit oder schlichtem Zeitmangel in der Bewältigung des Alltags noch mehr zurück. Wenn wir aber die Gestaltung der Gesellschaft nicht nur den Akademikern überlassen wollen, dann müssen wir Wege finden, wie Tante Erna und Onkel Akbulut ebenfalls in die Bürgerbeteiligung eingebunden werden können. Bürgerbeteiligung darf nicht nur ein Hobby der Mittelschicht sein!

Der typische Beteiligte ist männlich, akademisch gebildet, älter.

Wir müssen Wege finden, Tante Erna und Onkel Akbulut zu beteiligen!

Prof. Dr. Jürgen Arning, Vorstand des Bundesverbandes für Wohnen und Stadtentwicklung, hat es im Januar 2015 in der vhw-Zeitschrift wie folgt formuliert:

»Was nützt uns die (lokale) Demokratie, wenn sie zu einer Demokratie der Engagierten, Etablierten und Zeitreichen verkümmert und zwei Drittel der Bevölkerung außen vor lässt? Man kann es sich einfach machen und sagen ›Nicht-Beteiligung ist auch ein demokratisches Recht.‹ Man kann in der Schieflage der Demokratie aber auch eine grundlegende Gefährdung von gesellschaftlichen und institutionellen Strukturen sehen.«[4]

Aber: Ist es nicht auch gerade in der repräsentativen Demokratie so, dass es genau diese Gruppe der relativ gut ausgebildeten und finanziell ausgestatteten Rentner und Pensionäre ist, die wir vorrangig in unseren Parlamenten finden? Zusätzlich zu den Lehrern und anderen öffentlich Bediensteten?

---

[4] Interview mit dem neuen Vorstand des vhw, Prof. Dr. Jürgen Aring. In: Forum Wohnen und Stadtentwicklung. Zeitschrift des vhw – Bundesverband für Wohnen und Stadtentwicklung e.V. Januar 2015.

Diejenigen, die solche Analysen aufstellen, sind in der Regel weder offene noch versteckte Gegner von Partizipation und Bürgerengagement. Das Gegenteil ist meist der Fall. Gerade ich als Oberbürgermeister der streitbaren Wissenschaftsstadt Darmstadt bin der tiefen Überzeugung, dass wir nur durch eine umfassende Einbeziehung der Zivilgesellschaft der lokalen Demokratie einen neuen Schub geben können.

Die Zukunft der europäischen Stadt als Paradigma von Urbanität überhaupt hängt entscheidend davon ab, dass es nicht nur als aktuelle, vermeintliche Mode, sondern auch mittel- und langfristig gelingt, die Bürgerinnen und Bürger in Entscheidungsprozesse frühzeitig einzubeziehen und zu erreichen, dass sich ein neues Verständnis von unserem Gemeinwesen entwickelt.

Dennoch sehe ich auch die Tücken der Bürgerbeteiligung, auf die wir Antworten finden müssen. Deshalb haben wir vor wenigen Wochen die »Leitlinien zur Beteiligung der Bürgerinnen und Bürger in Darmstadt« beschlossen. Diese Leitlinien erfüllen die Forderung von Claus Leggewie: »Konsultative Politik muss sich allen zuwenden. Nicht nur gut ausgebildete, ältere Leute mit viel Zeit und Geld werden eingeladen. Durch Zufallsauswahl und gezielte Nachrekrutierung kann man Junge, formal Geringqualifizierte und Migranten inkludieren.«[5]

Geübt haben wir das schon mal bei der Erarbeitung der Leitlinien selbst. Sie wurden bereits in Bürgerwerkstätten, Stadtteilrunden, Fraktionen, auf Kommentierungsplattformen im Internet, in Verwaltungsworkshops und Amtsleitungsrunden debattiert und erarbeitet. Dabei wurden elf Qualitätskriterien für gute Bürgerbeteiligung entwickelt, die auch als Raster für die Evaluation der Bürgerbeteiligung dienen. Um »politikferne« Bürgerinnen und Bürger zu erreichen, haben wir uns beispielsweise vorgenommen, die Beteiligungsprozesse einladender zu gestalten, mehr aufsuchende Beteiligung vorzusehen und auch barrierearme Beteiligungsmethoden zu nutzen. Die Leitlinien legen die Spielregeln fest für das Mitmachen und Mitgestalten. Daraus können die Bürgerinnen und Bürger erfahren, wo sie sich informieren können, wie sie Bürgerbeteiligung selbst anregen können, wie sie bei Planungen mitmachen können und wie die Stadt in Sachen Bürgerbeteiligung ständig dazulernen will. Wir haben in den Leitlinien auch vereinbart, dass Bürgerbeteiligung nicht in allen Fragen und bei allen Themen in gleicher Weise erfolgen kann. Vielmehr werden wir zweimal jährlich

Darmstadt will eine aufsuchende und barrierefreie Beteiligung anbieten.

[5] »Was wir 2015 getan haben werden«. Interview mit Claus Leggewie. In: Frankfurter Rundschau vom 03.12.2014.

eine Vorhabenliste vorlegen, die mögliche Projekte nennt und auch eine Beteiligungsform vorschlägt. Dann beginnt die zweimonatige Anregungsmöglichkeit, in der die Bürgerschaft und alle städtischen Gremien, Kommissionen und Beiräte bestimmte Formen und Stufen der Bürgerbeteiligung anregen können. Schließlich wird die Bürgerbeteiligung durchgeführt, die dreistufig ist und 1. die umfassende Information der Bürgerschaft über das Projekt, 2. die Einbeziehung von Vorschlägen oder Vorbehalten der Bürgerschaft in die Projektplanung und 3. die Mitentscheidung durch die Bürgerschaft über das Projekt umfasst. Sehr wichtig ist auch, dass alle Informationen, Termine und Ergebnisse schließlich und schon während des Prozesses in einen Bürgerbeteiligungsbericht eingehen, der im Internet frei zugänglich ist und auch verhindern soll, dass bereits gelöste Probleme erneut strittig werden.

Bürgerbeteiligung ist ein sehr intensiver Prozess. Er erfordert nicht zuletzt die Bereitschaft der städtisch Verantwortlichen, Personal und Geld in den Prozess zu investieren. Noch viel wichtiger ist, dass es ein Interesse der Bürgerschaft an der Bürgerbeteiligung gibt. Es macht keinen Sinn, sie überstülpen zu wollen. Das Wichtigste aber ist, dass die politisch Verantwortlichen den Willen zur Bürgerbeteiligung glaubhaft verkörpern. Letztlich müssen sie den Willen zu neuen, modernen Wegen mit einem entsprechenden Wertkonservatismus verbinden.

Politisch Verantwortliche müssen den Willen zur Bürgerbeteiligung glaubhaft verkörpern.

Zwingend notwendig ist, dass klare und verbindliche Regeln für die Bürgerbeteiligung vereinbart werden, sodass weder Frustrationen noch die einseitige Beteiligung bestimmter Milieus erfolgt. Schließlich brauchen wir den Mut, das Risiko zu tragen, dass von den Bürgern auch mal der falsche Weg eingeschlagen wird.

Letztlich aber bin ich fest davon überzeugt, dass eine stärkere Partizipation gerade die Akzeptanz der Kommunalpolitik entscheidend zu erhöhen vermag.

Politik in großen Städten

Herausforderungen für die CDU

VON PETER TAUBER

Politik beginnt mit dem Betrachten der Realität. Geht es nach dem Großteil des Berliner Presse-»Kommentariats«, sieht die Realität der CDU – und der Union insgesamt – in großen Städten düster aus. Andere wiederum wie der Publizist Hugo Müller-Vogg meinen, die CDU lasse sich ein Großstadtproblem »aufschwatzen«. Er verweist dabei unter anderem auf das Ende der 1960er Jahre, als die SPD in 25 der insgesamt 26 Großstädte mit mehr als 200.000 Einwohnern eine absolute Mehrheit in den Parlamenten hatte. Damals hätte die Union tatsächlich ein »Großstadtproblem« gehabt.

1. Herausforderungen für die Union in großen Städten

Wie ist die Situation heute? Die CDU muss in den großen Städten ihr Licht nicht unter den Scheffel stellen: Wir sind die Kommunalpartei Nummer eins in Deutschland. Wir stellen zum Beispiel 118 von 334 Oberbürgermeistern und sind damit Spitzenreiter unter den Parteien. Bei der Bundestagswahl 2013 haben wir in Frankfurt, Stuttgart, Düsseldorf, Dresden und Leipzig alle Direktmandate geholt. Unsere Schwesterpartei CSU war auf gleiche Weise in München und Nürnberg erfolgreich. Selbst im »hippen« Berlin haben wir fünf Wahlkreise direkt gewonnen und lagen damit vor der Linkspartei (vier Wahlkreise), der SPD (zwei Wahlkreise) und den Grünen (ein Wahlkreis).

Die CDU stellt nur noch in einer der 20 größten Städte den Oberbürgermeister.

Aber zur Realität gehört, dass die CDU unzweifelhaft in den großen Städten vor erheblichen Herausforderungen steht: Wir stellen nur noch in einer der 20 größten Städte den Oberbürgermeister und sind nur in sieben dieser Städte stärkste Kraft in den Stadträten. Zur Wahrheit gehört hier übrigens auch, dass wir an manchen Orten den einzigen bürgerlichen Kandidaten stellen: Im zweiten Wahlgang versammelte der SPD-Kandidat – oder wie in Stuttgart der Grünen-Kandidat – die Stimmen aller anderen Parteien hinter sich und gewann.

Die Tendenz schwacher Wahlergebnisse in den Städten bestätigt sich auch bei anderen Wahlen, wie eine Auswertung von *infratest dimap* zeigt: Bei der Bundestagswahl 2013 hat die Union 48,2 Prozent in Orten mit weniger als 5.000 Einwohnern erzielt, aber nur 33 Prozent in Städten mit über 100.000 Einwohnern. Wenn wir uns soziale Gruppen anschauen, dann erreichen wir unterdurchschnittliche Ergebnisse vor allem bei jungen Leuten, insbesondere jungen Frauen und Höhergebildeten; hier wiederum insbesondere bei höhergebildeten Frauen. Ein Beispiel: Bei der Bundestagswahl waren 55,3 Prozent unserer Wähler Frauen. Bei jungen Frauen in Städten haben wir aber nur 27 Prozent erreicht, die Grünen fast 19 Prozent.

Es ist dabei kein Trost, dass die SPD ebenfalls ein Großstadtproblem hat. Dieser Befund mag angesichts der Zahl der Regierenden bzw. Ober-Bürgermeister der SPD in den 20 größten Städten zunächst mal weithergeholt klingen. Auf der anderen Seite liegt die SPD in drei dieser Städte bei den Stadtratswahlen unter 20 Prozent – in Leipzig, Dresden und Stuttgart. Der Chef des *Forsa-Institutes*, Manfred Güllner, diagnostiziert bei der SPD ein tiefgreifenderes Problem. Er geht sogar so weit zu sagen, dass die Sozialdemokraten ein noch größeres Großstadtproblem hätten als CDU und CSU.

Er verweist darauf, dass die SPD in den zwölf größten Städten in Westdeutschland seit Mitte der 1960er Jahre über 1,7 Millionen – oder 58,7 Prozent – ihrer einstigen Wähler verlor; bei der Union waren es 46,1 Prozent. So büßten die Sozialdemokraten in Frankfurt am Main und in Stuttgart mehr als 70 Prozent und in West-Berlin, München, Dortmund, Essen und Köln mehr als 60 Prozent ihrer früheren Wähler ein. Güllner kommt zu dem Schluss: »Der Verlust des Vertrauens vor Ort ist einer der wesentlichen Gründe für den drastischen Vertrauensschwund der deutschen Sozialdemokraten insgesamt.«

Auch die SPD hat ein Großstadtproblem, verlor dort viele Wähler.

Die Realität sieht also insgesamt so aus, dass beide großen Parteien mit einem geringeren Stimmenanteil zu kämpfen haben. Vor 20 Jahren waren viele Großstädte noch Hochburgen für bestimmte Parteien mit Ergebnissen von über 40 Prozent. Heute erzielt die stärkste Partei nur noch in drei der 20 größten Städte Ergebnisse von über 40 Prozent. Nur noch in der Hälfte dieser Großstädte erreichen Union und SPD gemeinsam über 60 Prozent.

Wir nehmen diese Probleme ernst. Wir haben uns deshalb in der »Hamburger Erklärung« des CDU-Bundesvorstandes Anfang 2015 mit dem Thema Großstadtpolitik beschäftigt. Die Unions-Fraktion im Deutschen Bundestag hat seit Anfang 2014 mit dem Berliner CDU-Generalsekretär Kai Wegner einen eigenen Großstadtbeauftragten ernannt. Und auch in der Kommission »Meine CDU 2017« zur Modernisierung der Parteiarbeit haben wir uns mit dem Thema intensiv beschäftigt. Eine Arbeitsgruppe unter Leitung des ehemaligen Ersten Bürgermeisters von Hamburg, Ole von Beust, und dem Stuttgarter Kreisvorsitzenden, Stefan Kaufmann, hat hier viele gute Vorschläge erarbeitet.

2. Drei Ansatzpunkte für eine erfolgreichere Großstadtpolitik

Was ist also zu tun? Die Meinungen darüber gehen weit auseinander und viele Argumente werden der Lage meist nicht gerecht. Es geht dann oft um programmatische Fragen, ob die Partei die richtigen Kandidaten aufgestellt hat. Mancher meint, die Union müsse für Erfolge in den Städten einfach liberaler oder moderner oder konservativer oder sozial gerechter werden. Nach meiner Überzeugung funktioniert es nicht mehr für Volksparteien, unter solchen Überschriften eine erfolgreiche Großstadtpolitik zu machen. Sich ein Label zu geben, reicht nicht. Dafür sind großstädtische Gesellschaften viel zu heterogen. Punkten können Parteien damit höchstens noch bei einzelnen Gruppen.

Ich bin auch deshalb der Überzeugung, dass es kein Patentrezept gibt, um die CDU künftig in Großstädten dauerhaft zu Erfolgen zu führen. Dafür sind die Herausforderungen in den Großstädten und die jeweiligen politischen Situationen vor Ort zu unterschiedlich. Frankfurt zum Beispiel ist alles andere als eine »schwarze Stadt«. Trotzdem hat die CDU hier mit Walter Wallmann und Petra Roth über sehr viele Jahre und erfolgreich das Stadtoberhaupt gestellt. Aber wäre Petra Roth auch die passende Kandidatin für Köln gewesen? Hätte Ole von Beust auch in Bremen das Rathaus erobern können?

Die CDU braucht überzeugende Köpfe, muss ansprechender werden, großstädtische Besonderheiten verstehen.

Für mich ist klar: Wenn wir in den Städten erfolgreicher sein wollen, müssen wir an verschiedenen Punkten ansetzen, die im besten Fall ineinandergreifen und dann auch vor Ort umgesetzt werden. Denn das ist in einer föderal strukturierten Partei wie der CDU auch zu beachten: Es reicht nicht, dass die Bundes- oder die Landespartei die richtigen Lehren daraus zieht. Vor allem vor Ort müssen sie gezogen werden.

Aus meiner Sicht müssen wir in der CDU an drei Punkten arbeiten: Wir müssen die für die jeweilige Stadt spezifische Gegebenheit erfassen und verstehen und uns neue Zielgruppen erschließen. Wir brauchen überzeugende Köpfe und wir müssen insgesamt ansprechender auftreten.

2.1 Wir müssen das städtische Lebensgefühl besser verstehen

Jeder zweite Deutsche wohnt heute in einer Stadt und der Zuzug in die urbanen Zentren hält weiter an. Dieser Trend sorgt mit dafür, dass dort mehr Bürger mit Einwanderungsgeschichte, mehr Kinderlose, Akademiker, Jüngere und Ledige leben als auf dem Land. Den Bürgern in den Städten sind bestimmte Themen wichtiger bzw. unwichtiger als den Menschen in den ländlichen Regionen. Die ärztliche Versorgung zum Beispiel hat auf dem Land eine höhere Priorität als in den Städten.

Vor allem aber müssen wir als Partei verstehen, dass der Megatrend der Urbanisierung mit all seinen Folgen weiter voranschreitet. Forscher am Frankfurter »Zukunftsinstitut« sehen gar eine »Renaissance« der Städte als »Lebens- und Kulturform« voraus. Städte werden mehr als jemals zuvor die kulturellen, ökonomischen und kreativen Zentren der Welt sein.

In Städten sind auch die Trends der Individualisierung und Digitalisierung wie unter einem Brennglas zu beobachten. Christoph Kucklick, Chefredakteur der Zeitschrift »Geo«, zeigt in seinem Buch »Die granulare Gesellschaft«, dass sich beide Trends auch gegenseitig verstärken: Die Digitalisierung ermögliche es, den Menschen bis ins kleinste Detail zu vermessen und zu analysieren. Feinste Unterschiede würden erkennbar, das Allgemeine überlagert. »Die bisherige Gesellschaft war wie aus Billardkugeln zusammengesetzt. [...] Nun werden diese Kugeln nach und nach durch winzige Schrotkugeln ersetzt. Das verändert radikal den sozialen Aggregatzustand und die gesellschaftliche Statik«. [1]

Wie heterogen heute städtische Gesellschaften aussehen, hat die *Berliner Morgenpost* an einem spannenden Beispiel deutlich gemacht. Sie hat verschiedene soziodemografische Faktoren über den Verlauf der Buslinie M29 gelegt, die von Grunewald über den Kurfürstendamm bis nach Neukölln fährt. Auf dieser Strecke schwankt die Arbeitslosenquote zwischen 2,8 Prozent im Grunewald und 17,5 Prozent in Kreuzberg. Der Anteil der Bürger mit Einwanderungsgeschichte liegt zwischen 22,5 Prozent und 68,8 Prozent. Die CDU erreichte im Grunewald 50,5 Prozent, aber in Kreuzberg und Neukölln selten über 10 Prozent. Auch wenn diese wenigen Zahlen Klischees zu bestätigen scheinen – Gutsituierte wählen CDU, Alternativ-Progressive wählen links –, so stimmt das nur auf den ersten Blick. Immer öfter merken wir nicht nur in Städten, dass gerade Multiplikatoren nicht mehr den klassischen Wählerprofilen entsprechen: Der Jungunternehmer,

---

[1] Kucklick, Christoph: Die granulare Gesellschaft. Wie das Digitale unsere Wirklichkeit auflöst. Berlin 2014.

kirchlich verheiratet, zwei Kinder, wählt nicht automatisch CDU. Und der engagierte Bürger, der Blumenbeete auf seinem Gehweg bepflanzt, wählt nicht automatisch Grüne.

Als Partei müssen wir diese Trends verstehen und unsere Lehren daraus ziehen. Wir müssen erkennen, dass sich die Gesellschaft weiter ausdifferenziert. Wir müssen begreifen, dass die Abgrenzung gegenüber dem Nächsten von bestimmten Gruppen auch mitunter gewollt, ja sogar zelebriert wird. Zudem müssen wir verstehen, dass Institutionen wie Parteien, Kirchen, Gewerkschaften oder Vereine nicht mehr die Integrationskraft und die Bindungswirkung haben, die sie einst hatten. Es treten zudem neue Zielgruppen auf, zu denen die CDU bisher keinen direkten Kontakt hat – vom örtlichen Moscheeverein bis zum Netzwerk der Tagesmütter.

Meinungen werden heute eher privat oder im beruflichen Umfeld gebildet als in Organisationen. Die Meinungsvielfalt ist deutlich höher, ohne dass es einen zentralen Platz für die ganze Gesellschaft gibt, wo diese Meinungen ausgetauscht werden. Es gibt in Städten keine »Agora« mehr, an der die Menschen zusammenkommen.

Dabei gibt es – paradoxerweise – durch die Enge des Zusammenlebens in Städten ein wachsendes Konsensbedürfnis. Viele Eltern, die ihr Kind lieber in eine private als in eine städtische Kita schicken, wollen nicht, dass Bürger mit Einwanderungsgeschichte außen vor bleiben. Das ist widersprüchlich, weil sie mit ihrem Schritt in die private Kita genau dazu beitragen.

Aber auch diese Widersprüche muss eine Volkspartei verstehen und aufnehmen. Der ehemalige sächsische Ministerpräsident Kurt Biedenkopf hat dazu einmal treffend gesagt: »Eine Volkspartei repräsentiert nicht nur die Bürger, sie repräsentiert nicht nur deren Interessen, sondern sie repräsentiert vor allem auch deren Widersprüche mit dem Ziel, diese Widersprüche aufzulösen und damit zu politischen Entscheidungen zu kommen.«

Genau hier liegt einer der großen Stärken von Parteien: Die Fähigkeit zur Integration und zum Ausgleich von Interessen im politischen Gestaltungsprozess. Das gilt vor allem für Interessen von sozialen Gruppen, die nicht über die Fähigkeiten und Ressourcen verfügen, ihre Anliegen öffentlich zu artikulieren. Diese Fähigkeit besitzt keine andere Institution. Auch die vielgepriesene Bürgergesellschaft kann das nicht in dem Maße leisten wie Parteien das können, wenn sie verantwortungsvoll arbeiten. Das Problem für uns ist: Viele Bürger haben kein Vertrauen mehr in diese

Die Stärke der Volksparteien: Die Fähigkeit zur Integration und zum Ausgleich von Interessen.

Fähigkeiten der Parteien. Deshalb sind wir auch nicht immer der erste Ansprechpartner, wenn in Städten politisch etwas falsch läuft. Dieses Vertrauen zurückzugewinnen, ist Kärrnerarbeit. Die Voraussetzung dafür ist, dass wir dafür überhaupt mit den Bürgern ins Gespräch kommen und wahrgenommen werden.

2.2 Die CDU muss nach außen ansprechend auftreten

Wenn Bürger heute auf Politiker treffen, wollen sie keine Vorträge hören. Sie wollen ganz einfach, dass man ihnen zuhört und dass sie ihre Meinung oder Kritik äußern können. Leider sind viele Parteiveranstaltungen – nicht nur in der CDU – oft genau dafür nicht konzipiert. Das ist nicht immer die Schuld der Veranstalter: Mitgliederversammlungen oder Parteitage etwa unterliegen strengen Formalien des Parteiengesetzes und wirken auf Außenstehende eher abschreckend.

Oft genug ist es aber auch eine Frage der Organisation. Die regelmäßige Versammlung in der alten Eckkneipe, bei der vor allem ältere Männer anwesend sind, ist für das Zusammengehörigkeitsgefühl in einer Partei nicht zu unterschätzen. Für die junge Akademikerin mit Einwanderungsgeschichte ist das allerdings nicht sehr einladend. Auch das regelmäßige Treffen mit der örtlichen IHK ist wichtig. Aber es muss begleitet werden von Treffen mit der örtlichen Gruppe der Tagesmütter, mit Künstlergruppen oder Migrantenverbänden.

Gleiches gilt für die Themenauswahl und die Wahl der Redner. Der Infoabend zum Thema Einbruchsschutz ist ein »Renner« bei vielen CDU-Ortsverbänden. Andere haben eine gute Resonanz mit Themen wie Patientenverfügung erzielt. Generell sollten wir uns überlegen, ob wir die Zielgruppenansprache anstatt auf soziale Gruppen nicht besser auf bestimmte Bedürfnisse zuschneiden: Mietpreisentwicklung etwa betrifft alle Großstädter, die Themen Parkplätze oder *Car Sharing* ist für den Studenten genauso interessant wie für den Rentner.

2.3 Wir brauchen überzeugende Köpfe

Ein Verständnis für das urbane Milieu und ein ansprechendes Auftreten nach außen bringen aber wenig, wenn wir nicht auch überzeugende Köpfe haben. Was muss einen solchen »Kopf« ausmachen? Kompetenz, (Verwaltungs-)Erfahrung, Führungsqualitäten und Bürgernähe sind wichtig. Aus meiner Sicht brauchen wir aber vor allem Kandidaten, die »CDU plus« sind. Die also in der Lage sind, auch Menschen, die sonst andere Parteien als die Union wählen, für sich zu begeistern. Denn, wie oben beschrieben, spiegelt die Wählerstruktur der CDU insgesamt nicht immer die Wählerstruktur in den Städten wieder.

Was wir auch beachten müssen: Großstädter sind weniger pathos- und ritualaffin. Sie erwarten eher gutes Politikmanagement als Ideologisierung. Ein Indiz dafür: Die Parteizugehörigkeit wird für die Wähler immer unwichtiger. So war bei der Oberbürgermeisterwahl in Stuttgart 2012 nur für 21 Prozent der Wähler die Parteizughörigkeit der Kandidaten wichtig.

Deshalb erscheint es mir richtig, dass die CDU in Köln ohne eigenen Kandidaten antrat, sondern mit Grünen und FDP eine parteilose Kandidatin erfolgreich unterstützt. Dieser Schritt ist innerhalb der CDU mitunter kritisiert worden, aber viele Bürger in Köln fanden das gut. Nun ist Henriette Reker neue Oberbürgermeisterin von Köln und wir freuen uns darüber. Trotzdem bleibt es aber Ziel der CDU, Kandidaturen für öffentliche Mandate und Ämter aus unserer Mitgliedschaft heraus zu besetzen.

Denn auf der anderen Seite dürfen wir nicht zulassen, dass Parteilosigkeit bei solchen Ämtern als »Plus« und eine Parteizugehörigkeit als Makel gilt. Dies würde das Ansehen der Parteien noch weiter untergraben. Aus den oben genannten Gründen wäre das fatal für unsere Demokratie.

Die neue Kölner Oberbürgermeisterin Henriette Reker wurde als Parteilose erfolgreich von einem Bündnis aus CDU, Bündnis 90/Die Grünen, FDP und Freien Wählern unterstützt.

Die Aufgabe für die CDU heißt nun, Personal aufzubauen und zu entwickeln. Dazu haben wir in der Kommission »Meine CDU 2017« vorgeschlagen, ein professionelles innerparteiliches Personalnetzwerk einzurichten. Wir wollen damit die besten Köpfe fördern. Zudem wollen wir mehr junge Leute, mehr Frauen und mehr Bürger mit Einwanderungsgeschichte als Mandats- und Funktionsträger gewinnen.

Zu einer nachhaltigen Personalpolitik gehört auch, dass wir zu überzeugenden Kandidaten auch bei Niederlagen stehen. Helmut Kohl ist 1976 bei der Bundestagswahl gescheitert, ehe er 1982 Bundeskanzler wurde. Christian Wulff hat zwei Landtagswahlen verloren, bevor er Ministerpräsident wurde. Dies alles ist einfacher gesagt als getan: Die CDU ist föderal organisiert. Eine nachhaltige Personalentwicklung ist deshalb schwieriger als etwa in Unternehmen, zumal viele unserer Kandidaten ehrenamtlich Politik machen.

Die CDU muss mehr Nähe zu den wichtigen Persönlichkeiten aus dem Kultur- und Sozialbereich pflegen, um Gehör zu finden.

Eine weitere Aufgabe für die CDU bleibt schließlich, Multiplikatoren für sich zu gewinnen. Ich bin der Überzeugung: SPD und Grüne stehen in Städten auch deshalb so gut da, weil sie nahe bei den wichtigen lokalen Persönlichkeiten sind. Das betrifft vor allem den Kultur- und Sozialbereich. Hier müssen wir mehr Kontakte und mehr Dialog pflegen.

3. Fazit

Wir als CDU müssen uns weiter anstrengen, um in Großstädten erfolgreich zu sein. Das wird ein langer Prozess und setzt an manchen Orten einen innerparteilichen Kulturwandel voraus. Aber wir sollten uns auch nicht kleiner machen als wir sind. Wir sind die Kommunalpartei Nummer eins in Deutschland. Wir haben hervorragende Amts- und Mandatsträger. Im Bund machen wir eine erfolgreiche Politik für unser Land. Wir setzen auf eine starke Wirtschaft, sichere Arbeitsplätze, Milliarden-Investitionen in die Zukunft und auf solide Finanzen. Zu Letzterem gehört, dass wir in der Bundesregierung die Städte, Gemeinden und Landkreise massiv unterstützen, etwa durch die Kostenübernahme der Grundsicherung im Alter. Wir haben also als Gesamtpartei gute Gründe, selbstbewusst und optimistisch zu sein. Wenn wir mit diesem Selbstbewusstsein offen auf die Bürger zugehen, wenn wir uns bei den genannten Punkten verbessern, dann werden wir auch wieder in den großen Städten erfolgreicher sein.

Tabu Schrumpfung

Über den öffentlichen Diskurs zum demografischen Wandel in schwedischen Kommunen

VON JOSEFINA SYSSNER UND GERT-JAN HOSPERS

1. Einführung

Die schwedischen Kommunen stehen vor großen Herausforderungen: Einige weisen ein starkes Wachstum auf, die meisten sehen sich jedoch mit einem allmählichen Bevölkerungsrückgang konfrontiert. Etwa die Hälfte der insgesamt 290 Kommunen in Schweden schrumpft, die Mehrheit tut dies spätestens seit Beginn der 1970er Jahre. Die meisten Kommunen stehen vor der Herausforderung, ihrer Bevölkerung weiterhin hochwertige kommunale Dienstleistungen anzubieten, das Lebensumfeld kontinuierlich zu verbessern und nachhaltig zu gestalten, zugleich mit stetig sinkenden Steuereinnahmen zurechtzukommen.

Basierend auf einer Studie über fünf Kommunen im Bezirk Östergötland soll im vorliegenden Beitrag gezeigt werden, wie diese Kommunen die Herausforderungen wahrnehmen und bewältigen. Zweck der zugrunde liegenden Studie war es, die Wahrnehmung des demografischen Wandels durch lokale politische und administrative Entscheidungsträger zu untersuchen. Auch sollten die beschriebenen Konsequenzen und Maßnahmen, die die Kommunen vor dem Hintergrund des Bevölkerungsrückgangs durchführen wollten, analysiert werden. Eine der aufgeworfenen Schlüsselfragen betraf die Rolle der Zivilgesellschaft in diesem Prozess. Dieser Beitrag wird auch zeigen, wie stark »Schrumpfungen« in Schweden noch immer als politisches Tabu behandelt werden, was sich in fehlenden Langzeitstrategien niederschlägt.

2. Bisherige Forschung

Der Großteil der Forschung über schrumpfende Städte und Gemeinden beschäftigt sich mit den *Ursachen* dieser Prozesse. Internationale Untersuchungen betonen Veränderungen auf der Makroebene, zum Beispiel finanzielle und wirtschaftliche

Umstrukturierung, Deindustrialisierung, Globalisierung, wachsende Mobilität innerhalb der EU, Urbanisierung oder Überalterung.[1] Diese Arbeiten vermitteln das Bild, dass eine negative Bevölkerungsentwicklung von Faktoren verursacht wird, die nicht durch Gegenmaßnahmen in Form von lokalen Strategien beeinflusst werden können.

Unzweifelhaft sind die negativen Seiten dieser Entwicklung, etwa dass sich das arbeitsabhängige Steueraufkommen reduziert. Gleichzeitig gibt es nur geringe Möglichkeiten, die Kosten für Kindergärten, Schulen, Pflegeeinrichtungen und die Altenpflege breiter zu verteilen. Als Folge müssen der Steuersatz und die von der Kommune erhobenen Gebühren und Abgaben steigen. Hinzu kommt ein Überangebot an physischer Infrastruktur. Wohnblöcke stehen leer und Gewerbeflächen lassen sich nur schwer vermieten. Der Verkauf von Häusern und Grundstücken wird problematisch. Der von der lokalen Kaufkraft abhängige Teil des Geschäftslebens sieht sich mit der Schwierigkeit konfrontiert, profitabel zu arbeiten. Damit verändern sich das Stadtbild und die öffentlichen Räume in schrumpfenden Städten.

Auch deshalb verstärkt sich die Abwanderung aus schrumpfenden Gebieten, sie scheint selektiv zu sein: Besonders Alleinstehende, junge Menschen, Frauen sowie Menschen mit einem höheren Bildungsabschluss und höherem Einkommen tendieren dazu, ihre Heimatgemeinde zu verlassen. Als Folge verändert sich die Geschlechter-, Alters- und Einkommensstruktur in den betroffenen Kommunen. Eine Veränderung der Zusammensetzung der Bevölkerung bedeutet, dass schrumpfende Kommunen ihre Diversität und soziales Kapital verlieren, was zu einer Veränderung des Gesamtbildes und der kommunalen Entwicklungsaussichten führt. Relevant wird diese Entwicklung insbesondere mit Blick auf die Zivilgesellschaft und ihrer potentiellen Rolle und Stärke innerhalb der Gemeinschaft.
Dieser Überblick deutet bereits an, dass der Bevölkerungsrückgang größtenteils von externen und strukturellen Faktoren verursacht wird, auf die das lokale politische System nur schwer Einfluss nehmen kann. Des Weiteren wird deutlich, dass der Schrumpfungsprozess zu Herausforderungen und Problemen für die lokale Gesellschaft und damit auch für das lokale politische System führt.

Es gibt wenige Langzeitstudien, wie Verwaltungen in schrumpfenden Städten agieren.

Es ist daher interessant zu untersuchen, wie Kommunen in Schweden mit dem Bevölkerungsrückgang umgehen. Wie bereits erwähnt, kommt der Zivilgesellschaft hier eine besondere Rolle zu. Die Frage lautet: Wird sie in den Kommunen als Res-

[1] Haase, Annegret, u.a.: Shrinking Areas. Front-runners in Innovative Citizen Participation. The Hague 2012; Hollander, Justin B./Nemeth, Jeremy: The bounds of smart decline: A foundational theory for planning shrinking cities. In: Housing Policy Debate 21 (2001). S. 349-367.

source wahrgenommen? Welche Strategien werden entwickelt, um diese Ressource in Zeiten des demografischen Wandels zu nutzen?

3. Die theoretische Ausgangssituation

Die hier vorgestellte Studie basiert auf drei theoretischen Annahmen. Die *erste* Annahme lautet: Eine der Kernaufgaben von Politik ist die Verteilung von Werten und Ressourcen innerhalb der Gesellschaft. Das politische System ist daher besonders in Situationen gefragt, in denen sich die Ressourcen verringern oder zumindest in einem geringeren Maße steigen. Diese Annahme beruht auf David Eastons bekanntem Modell der autoritativen Verteilung von Werten an die Gesellschaft und stützt sich auf Harold Lasswells Konzept, dass es bei Politik um die Entscheidungen geht, wer was, wo, wie und warum bekommt. Das bedeutet, dass Lokalpolitiker mit der Aufgabe konfrontiert sind, die sich verringernden Ressourcen innerhalb der Kommune und ihren ansässigen Unternehmen aufzuteilen. In diesem Zusammenhang ist es von besonderem Interesse, die Politik und ihre Verteilungsprioritäten zu untersuchen.

Politik ist vor allem dann gefragt, wenn Ressourcen sich verringern.

Die *zweite* Annahme lautet: Der Politik kommt die gesellschaftliche Aufgabe zu, eine Ist-Analyse vorzunehmen und Problembeschreibungen der gegenwärtigen Situation im Sinne eines Bedeutungsmanagements zu erstellen.[2]
Jan Kooiman nutzt dieses Konzept (*management of meaning*), wenn er argumentiert, dass die Gesellschaft so vielfältig ist, dass sie unregierbar wäre, wenn sich jede Person ein individuelles Bild von ihr machen würde. Daher besteht eine zentrale Aufgabe der Regierung nach Kooiman darin, eine einheitliche Wahrnehmung und Interpretation der Gesellschaft zu erzeugen. Carol Bacchi vertieft diesen Aspekt und vertritt die Ansicht, dass politische Erklärungen, Gespräche, Texte und Dokumente Instrumente der Meinungsbildung sind. Politische Entscheidungsträger tragen durch ihre Programme und Maßnahmen dazu bei, Vorstellungen darüber zu entwickeln, was als gesellschaftliches Problem und Möglichkeit wahrgenommen wird und was nicht. Außerdem beruht jede politische Problemformulierung auf spezifischen Einsichten und Gegebenheiten, die als selbstverständlich wahrgenommen werden. Daher ist es interessant zu untersuchen, wie im politischen Kontext schrumpfende Gesellschaften und ihre Herausforderungen beschrieben werden.

---

[2] Kooiman, Jan: Governing as Governance. London 2003; Bacchi, Carol: »Policy as Discourse: What does it mean? Where does it get us?« In: Discourse: Studies in the Cultural Politics of Education 21 (2000). S. 45-57.

Die *dritte* Annahme lautet: Die Veröffentlichung von politischen Programmen erfüllt eine wichtige Funktion innerhalb einer demokratischen Gesellschaft. In einer Studie über Wahlversprechen äußern sich die Politologen Oscarsson, Naurin und Håkansson zu den zwei wesentlichen Aufgaben von Wählern in repräsentativen Demokratien: (a) Den Gewählten ein Mandat zu geben, Entscheidungen zu treffen und (b) die Gewinner der vorangegangenen Wahlperiode zu kontrollieren. Diese beiden Komponenten sind allen politikwissenschaftlichen Modellen von Repräsentation gemein. Zentral für Mandat und Kontrolle sind die politischen Programme und Strategien, welche die Parteien veröffentlichen. In der gleichen Weise wie spezifische Wahlversprechen fungieren sie, laut Oscarsson und ihrer Kollegen, als eine Art »Absichtserklärung für zukünftige Mandatsperioden und als Basis für die Bewertung dessen, was die Parteien in der letzten Wahlperiode erreicht haben«[3]. Politische Programme ermöglichen dem Wähler, sich ein Bild über Parteien und Kandidaten zu machen und zu entscheiden, ob sie diesen zugetan sind oder nicht. Außerdem können die Wähler anhand der Programme nachvollziehen, ob die Gewählten ihre Versprechen erfüllt haben. In diesem Zusammenhang ist es interessant zu untersuchen, ob Politiker in den betroffenen Kommunen detaillierte Strategien und Programme zum Umgang mit dem Bevölkerungsrückgang präsentieren können.

Lokale Anpassungsstrategie

Neben den drei bereits erwähnten Annahmen ist ein Konzept in diesem Beitrag besonders wichtig: *die lokalen Anpassungsstrategien*. Es besteht aus zwei Teilen. Im ersten Schritt geht es um das Konzept der *Anpassung*, d.h. um Maßnahmen, die schwedische Kommunen ergreifen, um sich auf die schrumpfende Bevölkerungszahl und die sich damit verändernden wirtschaftlichen und finanziellen Bedingungen einzustellen. Hierauf soll der Fokus dieser Arbeit liegen – lokale Wachstumspolitiken oder -strategien werden hier nicht untersucht. Dies liegt nicht etwa an der fehlenden Bedeutung von Wachstum oder Wachstumsstrategien, sondern daran, dass diese Frage bereits von vielen vorangegangenen Studien behandelt wurde. Stattdessen geht es darum, wie lokale Entscheidungsträger Situationen, in denen es kein Wachstum gibt – zumindest nicht unter streng demografischen Gesichtspunkten – wahrnehmen und bewältigen.

Im zweiten Teil des Konzepts, der *Strategie*, steht die öffentliche Ausübung von Macht – in diesem Fall auf kommunaler Ebene – im Mittelpunkt. Dies bedeutet nicht, dass andere Bereiche der Gesellschaft – etwa das Wirtschaftsleben oder die

[3] Oscarsson, Henrik/Naurin, Elin/Håkansson, Nicklas: Att hålla ord: partiers löftesgivande och löftesuppfyllande. In: Statsvetenskaplig Tidskrift 110 (2008). S. 114.

In Schweden setzen viele Kommunen auf Wachstumsstrategien, zum Beispiel durch die Errichtung neuer Siedlungen.

Zivilgesellschaft – als unpolitisch oder machtlos beurteilt werden, dennoch liegen sie hier außerhalb des Betrachtungsraums. Der Begriff *Strategie* (*policy*) zeigt, dass es hier um Entscheidungen und Prioritäten gehen soll. Ein Großteil der in der Studie Befragten sind Mitglieder der Verwaltung. Es wird davon ausgegangen, dass deren Aussagen sehr relevant sind. Die Befragten arbeiten an der Schnittstelle zwischen der Politik und dem Bürger, sind dem Einfluss beider ausgesetzt. Außerdem wird eine Vielzahl von politischen Entscheidungen auf Grundlage der täglichen Arbeit der Verwaltung getroffen.

4. Methode und Quellen

Fünf ländliche Kommunen wurden in der Studie untersucht: Kinda, Valdemarsvik, Ydre, Åtvidaberg und Ödeshög. Ihnen allen gemeinsam ist die Zugehörigkeit zur Provinz Östergötland und ein seit Jahrzehnten negatives Bevölkerungswachstum.

Öffentliche Dokumente, Fokusgruppeninterviews und Diskussionen mit Politikern und Verwaltungsmitgliedern bilden die empirische Grundlage der Studie. Die ausgewählten Dokumente finden sich in allen Kommunen und sind in der Regel auf deren Webseite veröffentlicht. Das Material enthält vor allem Haushaltspläne und Jahresberichte, in denen in erster Linie Beschreibungen der vergangenen Jahre, in einigen Fällen aber auch Möglichkeiten und Risiken für die kommenden Jahre skizziert wurden. In keiner der untersuchten Kommunen gibt es jedoch ein umfassendes Strategiepapier zum Umgang mit dem demografischen Wandel.

Die in der Studie verwendeten Quellen haben einen dokumentarischen Charakter, d.h. sie wurden nicht als Daten betrachtet, als sie zusammengestellt und veröffentlicht wurden. Unsere Lesart und Interpretation der Dokumente ist von dem spezifischen Interesse geleitet, herauszufinden, wie der demografische Wandel in den Kommunen aufgenommen und verstanden wird. Dementsprechend fanden Passagen, in denen es um Demografie, den demografischen Wandel und die damit einhergehenden Maßnahmen geht, besondere Beachtung. Die Studie basiert außerdem auf Material, das durch Diskussionen, individuelle Gespräche und Fokusgruppeninterviews mit Repräsentanten der fünf Kommunen im Zeitraum April 2013 bis November 2014 gesammelt wurde.
Bei der Diskursanalyse, mit deren Hilfe die genannten Materialien untersucht wurden, werden Texte und Gespräche nicht als Mittel gesehen, Ideen und Empfindungen von einem Sender zu einem Empfänger zu übertragen. Auch gibt es keine eindeutige Unterteilung zwischen Texten, Gesprächen und anderen Formen von Handlungen. Stattdessen werden, wie bei Kooiman und Bacchi bereits erwähnt, schriftliche und mündliche Kommunikation zusammen als diskursbildend angesehen, was unter bestimmten Bedingungen unser Denken über Phänomene beeinflussen kann. Die Grundannahme der Diskursanalyse lautet, dass man durch die Diskussion gewisser Phänomene in einer bestimmten Art und Weise zur Entwicklung von Mustern des Verständnisses beiträgt. Letztere wiederum bieten eine Art Leitfaden, wie wir möglicherweise in unterschiedlichen Zusammenhängen denken und handeln würden. Wenn bestimmte Wahrnehmungen, die wir durch unsere Sprache und politischen Diskussionen erhalten, dominant werden, vergrößert sich die Wahrscheinlichkeit, dass diese reelle Konsequenzen haben werden. Sprache erschafft einen Raum für Gelegenheiten (*opportunity space*), der in unterschiedlichen Kontexten unterschiedlich aussieht.[4]

Die Diskursanalyse ist ein Leitfaden, um die Muster unseres Denkens und Handelns zu verstehen.

Eine weitere Grundannahme der Diskursanalyse lautet, dass es nicht offensichtlich ist, was in einer Gesellschaft als Problem wahrgenommen wird. Stattdessen werden politische aber auch andere Probleme als sozial konstruiert verstanden. Diese Perspektive hinterfragt die Vorstellung, dass Regierungen nur auf bereits existierende Probleme reagieren, und behauptet stattdessen, dass Regierungen zur Konstruktion

4 Syssner, Josefina: Världens Bästa Plats. Lund 2012.

dessen beitragen, was als Problem verstanden wird. Davon ausgehend stellt sich die Frage, wie soziale Probleme konstruiert werden und wie Ideen für mögliche Lösungen aufkommen und sich etablieren. Außerdem ist von Interesse, ob und wie der Bevölkerungsrückgang überhaupt als Problem beschrieben wird.

In der Diskursanalyse wird nicht nur untersucht, was gesagt wird, sondern auch, was *nicht* gesagt wird. Die Diskursanalyse als Methode anzuwenden, bedeutet, auch Selbstverständliches und Offensichtliches, was häufig nicht zur Diskussion herausgegriffen wird, in die Betrachtung miteinzuschließen. Interessant sind auch vermeintliche Tabus, die aus diesem Grund nicht zum Gegenstand der Diskussion werden.

5. Das Ergebnis

Ohne in die Detailanalyse des Datenmaterials zu gehen, lässt sich das Ergebnis der Untersuchung folgendermaßen zusammenfassen: Die Frage nach der demografischen Entwicklung einer Kommune wird als wichtig, aber auch als schwierig und heikel wahrgenommen. Schrumpfende Kommunen sehen den demografischen Faktor als entscheidende Voraussetzung für ihre Planungen an. Die Studie zeigt, dass kommunale Repräsentanten nur zögerlich über die Tatsache reden, dass die Bevölkerungszahl der Gemeinde abnimmt. Gleichzeitig ergreifen sie zahlreiche Maßnahmen, um ihre Organisationstruktur und ihre Aktivitäten den neuen Umständen anzupassen. Häufig sind diese Maßnahmen jedoch ad hoc nur Reaktionen auf Ereignisse. Die Kommunen formulieren nur zu einem sehr begrenzten Grad eigene Strategien im Hinblick auf Herausforderungen, die eine negative Bevölkerungsentwicklung mit sich bringt.

Schrumpfende Städte sind in Schweden oft ein politisches Tabu.

5.1 Faktor Demografie

Die demografische Entwicklung wird zweifelsohne als eine wichtige Zukunftsfrage in den Kommunen wahrgenommen und als eine entscheidende Planungsvariable betrachtet. Die Zusammensetzung der Bevölkerung wird als wichtiger Faktor für die lokale Entwicklung und die kommunale Planung angesehen. Neben der Bevölkerungsentwicklung werden auch die rückläufige Zahl an Schülern an weiterführenden Schulen und die hohe Anzahl älterer Mitbürger als Zukunftsherausforderungen wahrgenommen. Die Kommune Åtvidaberg schreibt in ihrem Jahresbericht 2012 zum Beispiel, dass aufgrund der demografischen Entwicklung zukünftig ein wachsender Anteil der Bevölkerung aus Menschen über 80 Jahren bestehen wird und dass diese Alterskategorie einen umfassenderen und damit kostenintensiveren Einsatz durch die Kommune benötigen wird.

Die schrumpfende Bevölkerung und der steigende Anteil älterer Menschen wird nicht nur aus Sicht der Kosten als Problem gesehen, sondern auch im Bezug auf die

Qualifizierung von Fachkräften. Alles deutet darauf hin, dass der rasante Wandel der uns umgebenden Welt für jetzige und zukünftige kommunale Angestellte einen immer weiter steigenden Bedarf an Qualifizierung mit sich bringt. Zwei Gegebenheiten sollen in diesem Kontext als problematisch hervorgehoben werden: *Erstens* sind die schwedischen Kommunen aufgrund einer beachtlichen Anzahl von Angestellten im pensionsfähigen Alter demnächst mit einem hohen personellen Schwund in der Verwaltung konfrontiert. Gleichzeitig schrumpft jedoch auch ihre Rekrutierungsbasis in der eigenen Kommune. *Zweitens* stellt es besonders kleine Kommunen vor große Herausforderungen, Angestellte mit spezifischen Qualifikationen zu rekrutieren, zu finanzieren und zu halten. In Valdemarsvik wird die Altersstruktur, sowohl in der Kommune als Ganzes als auch in der kommunalen Verwaltung, als akutes Problem beschrieben. Im öffentlichen als auch im privaten Sektor besteht in den kommenden Jahren eine große Notwendigkeit, neue Mitarbeiter anzuwerben.

Als erste Erkenntnis soll festgehalten werden, dass einerseits die demografische Entwicklung als wichtiger Faktor in den Kommunen angesehen wird, besonders wenn es um Planungsvorgänge geht. Eine veränderte Bevölkerungsstruktur verlangt von den Kommunen, neue Prioritäten in ihren Aktivitäten zu setzen. Zudem scheint oft eine nur schwammige Wahrnehmung der Beziehung zwischen der demografischen Entwicklung und den kommunalen Finanzen vorhanden zu sein. Dies wird besonders deutlich, wenn es darum geht, inwieweit eine schrumpfende Bevölkerungsanzahl tatsächlich zu einer Reduktion des wirtschaftlichen Spielraums führt. Veränderungen in der Zusammensetzung der Bevölkerung in den Kommunen als Ganzes spiegeln sich auch in den jeweiligen Verwaltungen wider. Viele Kommunen weisen daher auf die bevorstehenden Pensionierungen und die Schwierigkeit der Rekrutierung von qualifizierten neuen Mitarbeitern hin.

5.2 Die demografische Frage ist schwierig und heikel

Für schrumpfende Kommunen ist es schwierig, trotz des Schrumpfens, das Bild eines interessanten Ortes zum Leben und Investieren aufrechtzuerhalten. Einige Forscher und Politiker sind davon überzeugt, dass das Bild einer Stadt oder Kommune negativ beeinflusst wird, wenn diese mit Abwanderung und Stagnation in Verbindung gebracht wird. Ihrer Ansicht nach reicht die alleinige Rede von negativen Entwicklungen aus, um diese zu verstärken und eine selbsterfüllende Prophezeiung zu erschaffen. Sie bevorzugen es daher, dem Thema aus dem Weg zu gehen.

In den Gesprächen und Fokusgruppendiskussionen entstand ebenfalls der Eindruck, dass viele der Befragten zögerten, die Kommune als schrumpfend zu bezeichnen. Bereits der Arbeitstitel der Studie »Innovative Organisation in schrumpfenden

Die Idylle trügt: Trotz aller Schönheit ist die Zukunft vieler schwedischer Dörfer fraglich.

Kommunen« provozierte in einigen Gemeinden Diskussionen. Die Teilnehmer einer Kommune (Åtvidaberg) wollten zum Beispiel das Wort »schrumpfend« streichen und wandten ein, dass deutliche Anstrengungen unternommen wurden, Wachstum zu schaffen – etwa durch Investitionen und dergleichen – und dass sie sich selbst nicht als schrumpfende Kommune wahrnehmen würden. Die Befragten einer andere Kommune wiesen darauf hin, dass die Kommune in den letzten Jahren gewachsen sei und daher nicht mehr als schrumpfend angesehen werden könne. In einem Beispiel hat die Auswahl der Kommunen der Studie für Erheiterung gesorgt. Die Befragten vertraten die Ansicht, dass es keineswegs zu ihrem Vorteil wäre, mit den Kommunen in der Region in Verbindung gebracht zu werden, welche die schwächsten Bevölkerungsentwicklungen in den letzten Jahren aufzeigen würden. Einige der Teilnehmer waren anfangs skeptisch, was die Tendenz der Studie angeht. Als das Ziel der Studie präsentiert wurde, sagten viele, dass sie lieber wissen wollen, wie sie den Trend umkehren könnten. In einigen kommunalen Verwaltungen herrschte weiterhin die Überzeugung vor, dass Forschung über schrumpfende Kommunen sich eher mit Möglichkeiten der Entwicklung des Wirtschaftslebens und der Zuwanderung befassen sollte.

Kommunale Repräsentanten, sowohl Politiker als auch die Verwaltung, sprechen gerne über Wachstum und Wachstumspolitik, aber bedeutend seltener über Maßnahmen zur Anpassung an die demografische Entwicklung. Auch reden sie üblicherweise nicht über die Zukunft der Kommune aus einer Perspektive des Schrumpfens. Ein oft verwendetes Zukunftsbild beschreibt die erfolgreiche Umkehr des demografischen Trends in der Kommune, was zu einem stabilen wirtschaftlichen Wachstum und einer wachsenden Bevölkerungszahl führen würde.

Bürgern und Zivilgesellschaften kommt eine hohe Bedeutung in schrumpfenden Gemeinden zu.

5.3 Politische Anpassungsmaßnahmen

Am Anfang dieses Aufsatzes wurde festgestellt, dass in einigen Fällen sowohl Verwaltungsmitglieder als auch Politiker den vorgesehenen Fokus der Studie – die abnehmende Bevölkerungszahl anstelle von Wachstumspolitik – in Frage stellten. In vielen Fällen wurde eine *effektivere Wachstumspolitik* als wichtigste Maßnahme gegen die abnehmende Bevölkerungszahl gesehen.

Im Laufe der Zeit wurde jedoch deutlich, dass alle Kommunen bereits zahlreiche Maßnahmen im Hinblick auf die sich verringernde Bevölkerungszahl getroffen hatten. Neben den wachstumsorientierten Anstrengungen, die außerhalb der thematischen Grenzen dieses Berichts liegen, lassen sich vier wiederkehrende Arten von Maßnahmen im untersuchten Material unterscheiden: (a) Initiativen für eine höhere Effizienz, (b) interkommunale Kooperationen, (c) der Abriss öffentlicher Gebäude und (d) Kooperationen mit der Zivilgesellschaft. Es zeigt sich, dass schrumpfende Kommunen in Schweden bisher darin gescheitert sind, Langzeitstrategien für den Umgang mit ihren Herausforderungen zu entwickeln.

5.3.1 Die Zivilgesellschaft

Die Rolle der Zivilgesellschaft in schrumpfenden Kommunen war ein bedeutendes Thema in den Gesprächen. In zahlreichen Interviews wurde den Bürgern und der Zivilgesellschaft eine hohe Bedeutung für die kommunale Entwicklung beigemessen. Einer der Befragten äußerte die Möglichkeit, freiwilliges Engagement finanziellen Werten zuzuordnen und diese auf die individuelle Steuerlast anzurechnen oder damit notwendige Steuererhöhungen auszusetzen. Andere Befragte sahen eine zu starke Abhängigkeit von freiwilligem Engagement jedoch kritisch, da es langfristige sozialstaatliche Lösungen für kommunale Herausforderungen erschweren könnte.

Die untersuchten Kommunen können alle als klein und ländlich beschrieben werden. Als solche haben sie spezifische geografische und soziale Gegebenheiten, welche die Beziehung zwischen Kommune und Zivilgesellschaft beeinflussen. Zahlreiche

Studien haben gezeigt, dass in schwach bevölkerten Kommunen mit vielen älteren Menschen das zivilgesellschaftliche Netzwerk oft ein wichtiger Anbieter von Pflegeleistungen ist.[5] Auch werden in diesem Zusammenhang am häufigsten die Verwandten von älteren Menschen als zivilgesellschaftliche Akteure genannt. In diesem Rahmen sagte ein Politiker aus Kinda:

»Wir sprechen viel über die Kooperation mit der Zivilgesellschaft, etwa im Bereich der Pflege durch Angehörige. Hier wollen wir die Angehörigen entlasten, damit sie ihre Rolle weiter ausfüllen können. Wenn die Pflege innerhalb der Familie nicht mehr funktioniert, wären große Anpassungen auf kommunaler Ebene notwendig. Auch menschlich ist es gewinnbringend [...]«.

Im ländlichen Schweden tragen zivilgesellschaftliche Netzwerke oft die Pflege alter Menschen.

Der zunehmende Bedarf an Altenpflege wird wiederholt in den Diskussionen über die Bedeutung der Zivilgesellschaft angesprochen. Eine Reihe der Gesprächspartner glaubt, dass der steigende Bedarf an Altenfürsorge in schrumpfenden Kommunen zur Entstehung eines neuen Pflegemodells führen wird, in dem zivilgesellschaftliche Akteure eine prominente Rolle spielen werden. In einigen Kommunen wurde der große Beitrag lokaler Vereine beim Betrieb und Erhalt von Sporteinrichtungen hervorgehoben. In einigen Fällen werden Kooperationen mit der Öffentlichkeit als möglicher Weg genannt, Kosten für zum Beispiel die Unkrautbeseitigung und die Pflege von Grünanlagen, öffentlichen Parks und Spielplätzen zu sparen, auch wenn zahlreiche Befragte erhebliche Zweifel an diesem Modell haben. In der Tat jedoch kann ein besserer Dialog mit lokalen Teams, Villenbesitzern und Sportvereinigungen zu freiwilligem Engagement führen, bei dem sowohl Kosten gespart werden als auch die involvierte Öffentlichkeit profitieren dürfte.

Gleichzeitig wirft eine derartige Verschiebung von Verantwortlichkeiten eine Vielzahl von Fragen auf. In einer Kommune beispielsweise wurden zahlreiche Spielplätze geschlossen, weil man die Erhaltungskosten für nicht mehr bezahlbar hielt. Einige Eltern in der betroffenen Gemeinde boten daraufhin an, die Verantwortung für den Erhalt der Anlagen zu übernehmen. Die Kommune lehnte das Angebot jedoch ab, weil sie nicht in eine Situation geraten wollte, in der Elternvereinigungen die Verantwortung für eventuelle Unfälle tragen müssen oder es nicht klar war, ob der Betrieb und Erhalt von den Eltern ordnungsgemäß ausgeführt würde.

[5] Elmqvist, Anna: Landsbygdsforskning i Sverige med exempel från övriga Norden. Skrifter från NISAL Nr. 9. Norrköping 2014; Nilsson, Magnus/Hagberg, Jan-Erik.-E./Jeppsson Grassman, Eva: To age as a man. Ageing and masculinity in a small rural community in Sweden. In: Norma. Nordisk Tidsskrift for Maskulinitetsstudier/Nordic Journal for Masculinity Studies 8 (2013). S. 58-76.

Eine andere Frage, die in den Fokusgruppen diskutiert wurde, betraf überhöhte Erwartungen an das Leistungsvermögen kleiner und schrumpfende Gemeinden hinsichtlich der kommunalen Aufgaben. »Wir haben die Menschen zu passiven Konsumenten gemacht«, sagte einer der Befragten in der Kommune Kinda, wohingegen andere der Meinung waren, dass es Teile der Gemeinde gäbe, die aktiv an der lokalen Entwicklung mitarbeiten würden.
Es gab unterschiedliche Antworten auf die Frage, ob die Erwartungen über den Umfang kommunaler Leistungen mit der Größe der Gemeinde korrespondierten. »Die Erwartungen sind in einer kleinen Gemeinde wahrscheinlich kleiner als in einer großen Gemeinde«, sagte einer der befragten Politiker. Gleichzeitig betonte ein anderer, dass sich in kleinen Kommunen die Öffentlichkeit und die Entscheidungsträger näher stehen: »In einer kleinen Gemeinde ist alles nah beieinander und jeder kennt jeden oder ist miteinander verwandt. Es ist einfacher jemanden im Supermarkt anzusprechen und ihm zu sagen er solle dies und das reparieren«.

Zahlreiche Befragte waren aber auch der Meinung, dass in kleinen Kommunen Politiker und die Öffentlichkeit eine solche Nähe haben, dass es ihnen schwerfallen würde, unbequeme Entscheidungen zu treffen. Diejenigen, die durch Rationalisierung oder einen Rückgang in der Servicequalität nachteilig betroffen seien, lebten möglicherweise im selben Gebiet, hätten Kinder in derselben Schule oder kauften in den gleichen Lebensmittelgeschäften ein wie die Politiker, die die Entscheidung träfen.

Verzögert die persönliche Nähe zwischen Politikern und Bürgern in kleinen Städten harte Einschnitte?

Zahlreiche Befragte bewerteten die Zivilgesellschaft und freiwilliges Engagement als wichtig für die Kommune. Die Gespräche zeigten jedoch auch, dass überall explizite Strategien fehlten, wie eine Kooperation mit der Zivilgesellschaft genau aussehen solle. Eine strukturierte Kooperation mit der Zivilgesellschaft kann also einen wichtigen Beitrag zu einer politischen Strategie leisten, die das Ziel verfolgt, die Kommune den neuen Bedingungen, die eine schrumpfende Wirtschaft und ein Rückgang der Bevölkerungszahl mit sich bringt, anzupassen.

5.3.2 Das Fehlen von Langzeitstrategien

Insgesamt haben die Kommunen zahlreiche Maßnahmen eingeleitet, um sich an die neuen demografischen Bedingungen anzupassen. Dennoch wurde die Frage in den Fokusgruppen aufgeworfen, wie es um die längerfristige Vorbereitung der Kommunen auf eine weiter schrumpfende Bevölkerung stünde. Weder Politik noch Verwaltung scheinen jedoch der Meinung zu sein, dass es an einer breiten Diskussion und Langzeitstrategien mangelte.

Das folgende Beispiel zeigt, dass es manchmal außergewöhnlicher Ereignisse bedarf, um Entscheidungen für strukturelle Anpassungen in einer Kommune zu fällen. Die öffentliche Kritik am renovierungsbedürftigen Speisesaal einer Schule in Valdemarsvik etwa führte dazu, dass deren Schließung plötzlich weitaus weniger schwierig war. Außerdem wurde über die Tatsache gesprochen, dass es manchmal erst zu organisatorischen Veränderungen komme, wenn Mitarbeiter in Rente gingen oder kündigten. Einige Fokusgruppen waren der Meinung, dass höhere Verwaltungsangestellte mit dem Tagesgeschäft und organisatorischer Arbeit häufig so beschäftigt seien, dass es für sie schwierig wäre, langfristig zu planen. Außerdem sei es anspruchsvoll, die sozialen und sozioökonomischen Folgen verschiedener Entscheidungen abzusehen, wie etwa die Schließung von Schulen oder Kindergärten.

Manche Politiker wollen Veränderungsstrategien nicht öffentlich diskutieren.

Es gibt unterschiedliche Ansichten darüber, ob eher Politiker oder Verwaltungsmitglieder die Aufgabe haben, Anpassungsstrategien zu entwickeln. Zu diesem Thema äußerte sich ein Beamte in der Kommune Ydre sich wie folgt: »Stellenweise gab es keine eindeutigen Richtlinien, und wir als Vorgesetzte waren nicht immer eindeutig in unseren Anweisungen. Finden wir möglicherweise Lösungen, die wir mit anderen Kommunen teilen können und können wir gleichzeitig unseren Angestellten helfen, Prioritäten zu setzen?«

Und in der Kommune Åtvidaberg sagte ein Politiker: »Wir sprechen darüber [lokale Anpassungsstrategien], aber nicht öffentlich – das ist eher ein Thema für Verwaltungsmitglieder.«

Anpassungen, besonders wenn sie mit Kürzungen verbunden sind, gelten als politisch heikel. Ein Beamter in Åtvidaberg sagte sehr deutlich: »Mit langfristigen Anpassungsstrategien gewinnst du keine Wahlen.« Ein anderer Verantwortungsträger in der gleichen Kommune sah keine Notwendigkeit, die Öffentlichkeit über politische Anpassungsmaßnahmen zu informieren, da es ihr zu viel abverlange, die Probleme exakt zu verstehen.

Auch wenn mehrere Kommunen in den letzten Jahren die Steuern erhöht haben, sehen nur wenige politisch Verantwortliche Steuererhöhungen als Zukunftsperspektive an. Es sind eher Schulschließungen, die Zentralisierung von Altenheimen, Kooperationen mit benachbarten Kommunen, mit der Zivilgesellschaft, die Einschränkung von Öffnungszeiten und die Renovierung kommunaler Einrichtungen, die als beispielhafte Lösungen angesehen werden. Keine dieser Maßnahmen wurde jedoch in einer zusammenfassenden Strategie beschrieben.

In einer großen Mehrzahl von Kommunen gibt es Strategien für Wachstum und Entwicklung, in denen dargelegt wird, dass die Kommune sich als Ganzes bemühen muss, ihre Anziehungskraft zu vergrößern, zu wachsen, neue Unternehmen anzusiedeln, die berufliche Bildung zu verbessern und den Zuzug von Arbeitskräften zu erhöhen. Dies bedeutet, dass es Programme gibt, die als Absichtserklärungen oder als Grundlage für die Beurteilung der Wachstumspolitik fungieren können. Andererseits fehlt es an entsprechenden Programmen für den Fall einer schrumpfenden Bevölkerung und Wirtschaft. Die Öffentlichkeit hat daher kaum Möglichkeiten, die ergriffenen Maßnahmen nachzuvollziehen und zu beurteilen.

6. Fazit

Zweck dieser Studie über den Umgang mit dem demografischen Wandel in Schweden war es, die Wahrnehmung dieses Wandels durch lokale politische und administrative Entscheidungsträger, ihre Beschreibung der Konsequenzen dieser Entwicklung und die durch die Kommune angegebenen Maßnahmen zu untersuchen. Als empirische Quellen wurden öffentliche Dokumente, Fokusgruppeninterviews und Diskussionen mit Politikern und Beamten in fünf Kommunen der schwedischen Region Östergötland herangezogen. Alle weisen, mit wenigen Ausnahmen, in den letzten Jahrzehnten eine negative Bevölkerungsentwicklung auf.

Die politisch Verantwortlichen in allen schrumpfenden Kommunen müssen schwierige Entscheidungen treffen. Dennoch führte dies nicht zur Formulierung von langfristigen Strategien mit dem Zweck, den Herausforderungen der negativen Bevölkerungsentwicklung zu begegnen. Im Kontrast dazu stehen Wachstumsstrategien, die in fast jeder schwedischen Kommune entwickelt wurden. Der demografische Wandel stellt ein heikles Thema für die politischen und administrativen Repräsentanten der Kommunen dar. Die Norm in Bezug auf regionale Entwicklungsstrategien ist Wachstum, was es für einzelne Politiker, Verwaltungsmitglieder oder Organisationen schwierig macht, über die Tatsache zu sprechen, dass ihre Kommune eine negative Bevölkerungsentwicklung aufweist.

Wichtig zu erwähnen ist, dass die Öffentlichkeit in den betroffenen Kommunen in die Lage versetzt werden soll, auf Grundlage klarer Programme und Strategien zu beurteilen, wie ihre politischen Repräsentanten die Mittel innerhalb der schrumpfenden Kommune zu verteilen gedenken. Der kommunale Haushaltsplan kann solch ein Dokument sein. Es besteht jedoch ein großer Unterschied zwischen einem Haushaltsplan und einem Strategiepapier, welches mit der Öffentlichkeit auf der Basis von Konzepten wie Transparenz, Legitimität und Vertrauen diskutiert werden kann.

In der Politik sind Wachstum und eine Bevölkerungszunahme wichtige Signalwerte, wohingegen eine Bevölkerungsabnahme fast wie ein Stigma wirkt. Aus dieser Perspektive wird eine schrumpfende Kommune auf eine Gemeinwesen reduziert, das schrumpft – und nichts weiter. Das Konzept des Stigmas könnte somit erklären, warum eine negative Bevölkerungsentwicklung als politisch heikle Angelegenheit wahrgenommen wird.

Für eine Kommune ist es schwierig, politische Zielvorstellung für Bevölkerungswachstums zu entwickeln und gleichzeitig für eine Bevölkerungsabnahme zu planen. Die führenden Repräsentanten der Kommune sind gleichzeitig ihre Botschafter. Teil ihrer Aufgabe ist es, konstant die Möglichkeiten und Potentiale der Gemeinde hervorzuheben. Im Angesicht dieser Erwartungen kann es schwierig sein, Anpassungsplanungen vorzunehmen.

Eine prominente Rolle in den Diskussionen über den demografischen Wandel spielt der Bereich der Qualifizierung von Personal und die Kooperation. Allen Kommunen stehen in den kommenden Jahren eine hohe Zahl an Pensionierungen bevor. Dies macht die Rekrutierung von qualifiziertem Personal notwendig. Mögliche Lösungen für dieses Problem sind Kooperationen, Neueinstellungen und Weiterqualifizierungen. Diese Herausforderungen werden grundsätzlich positiv wahrgenommen; jede Kommune hat einen Bedarf an Wissen und Qualifizierung und die Absicht (und wirtschaftlichen Möglichkeiten), neue Posten zu schaffen. Bedarf und Maßnahmen finden daher Unterstützung im Wachstumsdiskurs, der die Entwicklungsstrategien seit Jahren charakterisiert. Sie können ohne weiteres diskutiert werden, sogar in schrumpfenden Kommunen.

Die Studie zeigt zugleich, dass schrumpfende Kommunen in Schweden die Zusammensetzung der lokalen Bevölkerung als ein wesentliches Element wahrnehmen, das sie bei Planungsprozessen berücksichtigen. Zwar werden in den Kommunen eine Reihe von Maßnahmen ergriffen, um sich mit den neuen Gegebenheiten zu arrangieren; gleichzeitig finden es kommunale Repräsentanten jedoch häufig schwierig, überhaupt über den Bevölkerungsrückgang zu sprechen.

Die Ergebnisse dieser Studie belegen, dass die ergriffenen Maßnahmen im schwedischen Bezirk Östergötland größtenteils noch einen Ad-hoc-Charakter haben. Die Kommunen formulieren nur zu einem geringen Teil Langzeitstrategien, wie mit den Herausforderungen, die eine negative Bevölkerungsentwicklung mit sich bringen, umgegangen werden sollte. Die Zivilgesellschaft wird zwar als eine äußerst wichtige Ressource beschrieben. Jedoch sind bis jetzt nur wenige Versuche unternommen worden, sie strategisch in die langfristige Planung der Kommunalentwicklung einzubeziehen. Vor diesem Hintergrund erscheint es notwendig, dass schrumpfende Kommunen in Schweden lernen, langfristiger zu denken und zu agieren. Sie sollten lokale Anpassungsstrategien für das kommende Jahrzehnt entwickeln, die die nötigen Maßnahmen definieren, um sich an die sinkenden Bevölkerungszahlen und die neuen finanziellen Gegebenheiten anzupassen. Dabei sollte die Rolle der Zivilgesellschaft stärker berücksichtigt und sorgfältiger erläutert werden. Nur dann wird es möglich sein, den öffentlichen Diskurs vom *Tabu Schrumpfung* in *Schrumpfung als Chance* zu verändern.

Der Öffentlichkeitsauftrag der Kirchen

Gleichbleibende Bedeutung bei sinkender Resonanz?

VON RAINER MARIA KARDINAL WOELKI

1. Einleitung

Auf die Frage, ob und wie die Kirchen sich öffentlich artikulieren sollen, gibt es sehr unterschiedliche Auffassungen. Für die einen ist Religion Privatsache und hat von daher im öffentlichen Raum überhaupt nichts verloren. Andere vertreten die Auffassung, dass der Glaube an Jesus Christus zwar immer höchstpersönlich, aber niemals privat sei. Im Duktus dieser Sichtweise ist es geradezu eine Pflicht der Kirchen, sich in öffentliche Debatten einzumischen und Zeichen zu setzen.

So geschah es auch, als am Abend des 6. Januar 2015 der ansonsten hell erleuchtete Hohe Dom zu Köln die Anhänger der sogenannten PEGIDA-Bewegung ins Dunkel schickte.[1] Was war geschehen? Der Kölner Dom hatte sich – wie Tage zuvor angekündigt – den Demonstranten der PEGIDA verweigert, am Abend sein Licht ausgeschaltet und den Islamgegnern so die bildstarke Kathedralenkulisse genommen. Die reagierten und brachen ihre Demo ab.

Der Dom ist eine rechtlich eigenständige Person, kann aber naturgemäß keine Anweisung geben; unter anderem dafür gibt es das Domkapitel unter Leitung des damaligen Dompropstes Norbert Feldhoff. Dem hatte der Auflauf von Demonstranten vor dem Dom noch nie gefallen. Immer wieder haben Demonstranten die gewaltige Kulisse und die rund sechs Millionen Menschen Publikum, die sich jährlich in und um den Dom tummeln, genutzt. Der Dom in Köln gehört zwar sich selbst, der Platz davor aber der Stadt. Wichtig war an jenem 6. Januar, nicht mit dem schön hell erleuchteten Dom im Hintergrund wunderbare Bilder für diese fremdenfeindliche Demonstration zu liefern. In keiner Weise sollten der Kölner Dom

[1] PEGIDA ist eine populistische, islamkritische, in Teilen fremdenfeindliche Bewegung, die seit dem 20.10.2014 in Dresden und anderen großen Städten der Bundesrepublik regelmäßig Demonstrationen abhält. Die Abkürzung PEGIDA steht für »Patriotische Europäer gegen die Islamisierung des Abendlandes«.

Der Kölner Dom hatte sich 2015 den Demonstranten der PEGIDA verweigert und am Abend sein Licht ausgeschaltet.

und damit die christliche Religion als Hintergrund für die Inhalte, für die PEGIDA steht, verstanden werden können. Im Nachgang beschloss das Domkapitel, dass es sich bei der Verdunklung des Domes um eine einmalige Aktion handeln sollte, um das Zeichen nicht zu verwässern. Aber die Botschaft blieb klar und aus dieser heraus ließ das Kölner Domkapitel am Nordportal des Doms ein Plakat anbringen, das bis heute hängt. Auf diesem steht: »Die Kirche verwirft jede Diskriminierung eines Menschen und jeden Gewaltakt gegen ihn um seiner Rasse oder Farbe, seines Standes oder seiner Religion willen, weil dies dem Geist Christi widerspricht.«[2] Es handelt sich hierbei um ein Zitat aus der Erklärung NOSTRA AETATE (übersetzt: *In unserer Zeit)*, der »Erklärung zum Verhältnis der Katholischen Kirche zu den nichtchristlichen Religionen« des Zweiten Vatikanischen Konzils aus dem Jahre 1965. Mit dieser Erklärung wurde ein neues Kapitel in der Geschichte der Kirche aufgeschlagen. Man spricht immer wieder von einer »kopernikanischen Wende«, einem »epochemachenden Einschnitt«. Aufgerüttelt durch den Schock darüber, dass Auschwitz möglich war und dass die Kirchen an dieser Schuldgeschichte Anteil

[2] Die Erklärung über das Verhältnis der Kirche zu den nichtchristlichen Religionen »Nostra aetate«. In: Rahner, Karl/Vorgrimmler, Herbert (Hg.): Kleines Konzilskompendium. Sämtliche Texte des Zweiten Vatikanums. Freiburg i. Br. 26 1994. S. 349-360.

hatten, stellte das Zweite Vatikanische Konzil (1962-1965) das Verhältnis der katholischen Kirche zum Judentum auf eine völlig neue Grundlage. In ähnlicher Weise haben alle großen christlichen Kirchen Verlautbarungen dazu publiziert. Zu der Zeit, als die Erklärung NOSTRA AETATE beschlossen wurde, lagen das Grauen und die Gräuel, die der Nationalsozialismus über Europa und die Welt gebracht hatte, gerade 20 Jahre zurück, und die 1968er-Revolte, die unter vielem anderen auch eine breite Auseinandersetzung mit der nationalsozialistischen Vergangenheit der Eltern- und Großelterngeneration provozierte, stand kurz bevor.

2. Antitotalitärer Anspruch christlichen Religionsunterrichtes

Im Juli 1944 war der Versuch, dem Grauen des Nationalsozialismus durch den Tyrannenmord ein Ende zu setzen, tragisch gescheitert. Die Frauen und Männer im Umfeld des 20. Juli 1944 hatten über Jahre Überlegungen angestellt, wie Deutschland nach der Katastrophe neu auf- und ausgerichtet werden sollte. Es mag in heutiger Zeit, in der sich der konfessionelle Religionsunterricht heftiger Anfragen ausgesetzt sieht, sonderlich klingen, wie sich zum Beispiel die sogenannten »Kreisauer« dieses Nachkriegsdeutschland vorstellten. Im Jahr 1942 schrieb Helmuth James Graf von Moltke an einen Freund in England: »Für uns ist das Nachkriegseuropa weniger ein Problem von Grenzen und Soldaten, von überladenen Organisationen und großen Plänen, als vielmehr die Frage, wie das Bild des Menschen in den Herzen unserer Mitbürger wieder aufgerichtet werden kann. Der Mensch muss über dem Staat stehen. Die Achtung vor dem Menschen als einem sich selbst und Gott verantwortlichen Eigenwesen muss alle Forderung des Staates bestimmen und auch einschränken.«[3] Die alten Schulbücher sollten – so die Überlegungen der Kreisauer – sofort, auch wenn es zunächst noch keinen Ersatz gab, eingezogen werden. Die Schulen müssten christliche Schulen sein, mit Religionsunterricht beider Konfessionen als Pflichtfach. Immer wieder betonten die Kreisauer, »das wichtigste sei das Bild des Menschen, das man als Ziel vor Augen habe, wenn man an das neue Deutschland denke. Die Frage, die sie bewegte: Was kann man tun, um dem Menschen, der im wissenschaftlich-technischen Jahrhundert ungeahnte Möglichkeiten verwirklicht hat, dabei aber seelisch und geistig verkümmert – weil er der Versuchung erlegen ist, begierig nach immer mehr von dem Gift zu greifen, das ihn tötet – was also kann, was muss man tun, um ihm wieder den Sinn des Lebens zu erschließen?«[4] So gut wie alle der Kreisauer waren religiös, auch diejenigen, von denen man es nicht vermutet hatte. Sie waren »christlich nicht im formalen Sinn, aber betont religiös in ihrer Geisteshaltung und ihren Lebensauffassungen. Viel-

---

[3] Dönhoff, Marion Gräfin: Um der Ehre willen. Erinnerungen an die Freunde vom 20. Juli. München [7]1996. S. 176.

[4] Dönhoff: Ehre. S 177.

leicht war diese bewusste Einstellung auf das Metaphysische auch herausgefordert worden durch die anti-christliche Agitation der Nazis und ihren Kreuzzug gegen die Bekennende Kirche.«[5]

In einem Satz hat es – nach dem Scheitern des 20. Juli 1944 – Peter Graf Yorck von Wartenburg im Moment höchster Gefährdung vor dem tobenden Roland Freisler zusammengefasst, als er sagte: »Die entscheidende Tatsache ist der totalitäre Anspruch des Staates an den Bürger, der gezwungen wird, seine moralischen und religiösen Verpflichtungen gegenüber Gott preiszugeben.«[6] Konfessioneller Religionsunterricht wurde von den Widerständlern damals als Beitrag zu einer antitotalitären Erziehung gesehen – das können unsere zeitgenössischen, kirchenkritischen Ohren fast nicht hören. Und doch: Konfessioneller Religionsunterricht ist ein öffentlich wirksamer Beitrag zum aufgeklärten Miteinander von Glaube und Vernunft. Der Vorsitzende des Rates der Evangelischen Kirche in Deutschland, Heinrich Bedford-Strohm, hat das in einem aktuellen Beitrag in der FAZ auf den Punkt gebracht, wenn er schreibt: »Weil sich religiöse und nicht-religiöse Weltsichten gleichermaßen Förderung verdienen, bezahlt der Staat nicht nur Philosophieprofessoren an öffentlichen Universitäten, sondern auch Theologieprofessoren. Und weil die Religionsfreiheit für alle gilt, werden gegenwärtig neben den christlich-theologischen Fakultäten auch jüdisch- und muslimisch-theologische Fakultäten aufgebaut und in den öffentlichen Schulen wird entsprechender Religionsunterricht erteilt. Diese Entwicklungen sind gutzuheißen, weil sie allen Religionen die Möglichkeit und die Mittel dazu bieten, ihre eigenen Traditionen – auch im Hinblick auf ihre Gewaltpotentiale – anhand von wissenschaftlichen Standards selbstkritisch zu hinterfragen. Gerade in den Reflexionsräumen von Universitäten und Schulen können die Religionen ihre jeweiligen Beiträge zum *overlapping consensus* (John Rawls) unserer Gesellschaft entwickeln und schärfen«[7]

Antitotalitär wirksam zu werden, ist die Aufgabe der Kirchen, die sich aus der katastrophalen Geschichte des 20. Jahrhunderts ergibt. Dabei steht die Kirche permanent vor der Herausforderung, zum einen Totalitarismen zu entlarven und zum anderen ihre eigenen institutionell lauernden Gefährdungen zu erkennen, nämlich: selbst totalitäre Tendenzen zu entwickeln. Papst Franziskus hat im Jahr 2014 zwei viel beachtete Reden gehalten, seine sogenannten »Straßburger Reden«[8], in denen er

[5] Dönhoff: Ehre. S. 178.

[6] Dönhoff: Ehre. S. 36.

[7] Bedford-Strohm, Heinrich: »Religion nicht aus Öffentlichkeit verdrängen«. In: Frankfurter Allgemeine Zeitung vom 13.04.2015.

[8] Papst Franziskus: Europa, wach auf! Die Straßburger Reden des Papstes, hg. von Volker Resing mit einer Einführung von Gudrun Sailer. Freiburg 2014.

unter anderem das Verhältnis von Glaube und Vernunft thematisiert. In seiner Rede vor dem Europarat am 25. November 2014 pointiert er dieses Verhältnis folgendermaßen: »Aus christlicher Sicht sind Vernunft und Glaube, Religion und Gesellschaft berufen, einander zu erhellen, indem sie sich gegenseitig unterstützen und, falls nötig, sich wechselseitig von den ideologischen Extremismen läutern, in die sie fallen können. Die gesamte europäische Gesellschaft kann aus einer neu belebten Verbindung zwischen den beiden Bereichen nur Nutzen ziehen, sei es um einem religiösen Fundamentalismus entgegenzuwirken, der vor allem ein Feind Gottes ist, sei es, um einer ›beschränkten‹ Vernunft abzuhelfen, die dem Menschen nicht zur Ehre gereicht.«[9]

Konfessioneller Religionsunterricht ist ein öffentlich wirksamer Beitrag zum aufgeklärten Miteinander von Glaube und Vernunft.

3. Den Menschen zur Ehre

Was gereicht dem Menschen zur Ehre? Über diese Frage gehen die Meinungen auseinander. Die Kirchen haben die Aufgabe, insbesondere die Ehre und Menschenwürde der Schwachen, derer, auf deren Stimme niemand hört, einzufordern. Am Beispiel der Herausforderungen »Flucht und Vertreibung« und »Sterbehilfe« werde ich im Folgenden den Beitrag der Kirchen in der öffentlichen Diskussion thematisieren.

3.1 Flüchtlingsfrage, Integration, Sozialraumorientierung

Das christliche Abendland verteidigen wir nicht, indem wir die Schotten dicht machen – im Gegenteil. Um hier nochmal auf die eingangs erwähnte Verdunkelung des Kölner Doms und das Gedankengut der PEGIDA einzugehen: Auch jetzt, in diesem Moment, werden wieder Tausende Menschen verzweifelt versuchen, sich über das Mittelmeer nach Europa zu retten. Lebensgefährlich sind die Wege, die Menschen nehmen müssen, um ihre Flucht von wo aus auch immer in eine vermeintlich bessere Zukunft zu realisieren. Auf der Flucht vor menschenunwürdigen Bedingungen finden sie auf dem Weg oder dort, wo sie stranden, oftmals genau solche menschenunwürdigen Bedingungen vor. Gefährlich für Solidarität und Zusammenhalt in unserer Gesellschaft sind Debatten, welche die Angst vor Überfremdung und dem Verlust von Wohlstand befördern. Schmerzlich empfinde ich es, dass in solchen Debatten oft auch populistische Stimmungen dominieren und die biblisch-theologischen Überzeugungen zu wenig zum Tragen kommen.

Der Umgang mit dem Fremden, gerechte oder ungerechte Aufenthaltsbedingungen, Willkommenskultur oder Abschottung – das alles ist immer wieder Gegenstand in biblischen Erzählungen. Migration ist Menschheitserfahrung und eine Quelle für

[9] Papst Franziskus: Europa. S. 62.

Religionsgeschichte. Bereits in den ersten fünf Büchern der Bibel lesen wir: »Wenn sich ein Fremder in eurem Land aufhält, sollt ihr ihn nicht bedrücken. Er soll bei euch wie ein Einheimischer sein, und du sollst ihn lieben wie dich selbst; denn ihr seid selbst Fremde in Ägypten gewesen. Ich bin der Herr euer Gott« (Lev 19, 33f.). Und an anderer Stelle heißt es: »[...] ich habe euch befreit und aus Ägypten herausgeführt« (Ex 3, 17) – ein ganzes Volk auf der Flucht!
Die biblischen Texte berichten uns auch darüber, dass die soziale Integration ein zentrales Element des Handelns Jesu gewesen ist. Sein Leben und Wirken ist nicht von Rückzug geprägt und seine Botschaft gilt nicht für eine geschlossene Gesellschaft. Jesus ruft uns Menschen auf zur Nachfolge in der Gottes- und Nächstenliebe. In den Kranken- und Heilungsgeschichten Jesu wird deutlich, dass Heilung vor allem auf soziale Integration angelegt ist. Die Botschaft vom Reich Gottes zielt nicht auf »private« Frömmigkeit, sondern intendiert Gerechtigkeit für die Schwachen und Gedemütigten. Insofern gilt das bereits eingangs erwähnte Diktum: Der Glaube an Jesus Christus ist immer persönlich – aber nie privat! Das frühe Christentum hat viele Menschen auch deshalb fasziniert, weil es alle Menschen als gleich betrachtete und keinen Unterschied zwischen ihnen machte (vgl. Gal 3, 28ff.). Bereits die frühen Gemeinden entwickelten diakonische Handlungskonzepte und verstanden diese als Grundfunktionen der Gemeinde. Die Reich-Gottes-Botschaft fordert, sich für die benachteiligten Menschen im Lebensumfeld einzusetzen, Solidarität zu stiften und für gerechte Verhältnisse einzutreten. Soziale Integration ist die Aufgabe, vor der unser Gemeinwesen heute steht. Aus dem Umfeld der Behindertenselbsthilfe hat das Paradigma der Inklusion in den letzten Jahren verstärkt Einzug ins kollektive Bewusstsein und in die Gesetzgebung gefunden. Dieses Paradigma beinhaltet ausgesprochen viele Indikatoren dafür, wie »Zugänglichkeit für alle« in einer Gesellschaft gelingen kann. Zentral ist sicherlich, den Blick zu wechseln: weg von einer Sichtweise, in der die sogenannte »Mehrheitsgesellschaft« dem »anderen« die Möglichkeit zur Integration einräumt, sie sozusagen gewährt. Inklusiv denken bedeutet: der andere gehört von Anfang an dazu! Auch wenn wir in vielen gesellschaftspolitischen Diskussionen nach wie vor von Integration sprechen: Die Impulse aus der Inklusionsdebatte werden auch die Integrationsdebatte befruchten.

Die Reich-Gottes-Botschaft fordert, sich für die benachteiligten Menschen im Lebensumfeld einzusetzen.

Zur Förderung sozialer Integration ist der Ansatz der Sozialraumorientierung hilfreich. Sozialraum meint sowohl den lebensweltlichen Bezug der Menschen als auch den geografischen Ort, an dem sie wohnen. Auf der Basis von Sozialraumanalysen kann gemeinsam mit den vor Ort lebenden Menschen die jeweils notwendige Hilfe entwickelt werden. Dabei besteht der Anspruch, soziale Probleme benachteiligter, von Armut und Ausgrenzung bedrohter Menschen aktiv mit zu lösen.

Als Vorsitzender der Kommission für caritative Fragen freue ich mich, dass der Deutsche Caritasverband den Ansatz der Sozialraumorientierung stark vorantreibt. In diesem Zusammenhang ist auch das ökumenische Projekt »Kirche findet Stadt«[10] angesiedelt. Dieses Projekt lotet bundesweit Möglichkeiten neuer Ansätze der Zusammenarbeit von katholischer und evangelischer Kirche und deren Caritas und Diakonie in themen- und sektorübergreifenden lokalen Entwicklungspartnerschaften aus. Denn eine integrierte Stadtentwicklung bezieht alle relevanten Akteure, Handlungsebenen und -felder ein. Es geht darum, nicht mehr nur einzelne Menschen oder Gruppen in den Fokus kirchlich-diakonischen Handelns zu stellen, sondern die Zukunftsfähigkeit ganzer Quartiere oder Städte zu betrachten. »Neue Nachbarn«[11] – so heißt eine weitere, mir sehr wichtige Aktion im Erzbistum Köln, in der es darum geht, das Zusammenleben von Menschen, die auf ihrer langen Flucht endlich angekommen sind, und denjenigen, die das Glück haben, schon immer oder schon länger im Erzbistum Köln zu leben, zu befördern. Kirchlich sind wir gefordert, deutlich zu machen, dass es für Christen nicht angeht, sich ablehnend oder fremdenfeindlich zu geben. Wer sich so verhält, hat die Botschaft von Gottes unbedingter Liebe noch nicht verstanden: Mit jedem Menschen, der weltweit auf der Flucht vor Hunger, Gewalt und Verfolgung ist, ist Gott auf der Flucht. Und mit jedem Menschen, der sich nach einem neuen Zuhause – nach Heimat – sehnt, sehnt Gott sich nach seinem Zuhause bei den Menschen. Die sich wiederholenden Tragödien auf dem Mittelmeer und an den Rändern der Festung Europa zeigen, dass sich Deutschland seiner Verantwortung gegenüber Flüchtlingen nicht entziehen kann. Es braucht Maßnahmen, welche die Fluchtursachen bekämpfen, und genauso braucht es ein offenes Herz und eine Willkommenskultur zur Aufnahme von Flüchtlingen in unserem Land. Auf Papst Johannes Paul II. geht der Satz zurück: »Der Umgang mit den Migranten ist ein Maßstab für die soziale Gerechtigkeit eines Systems.« Denn jeder Mensch auf dieser Welt, jede Frau, jeder Mann, jedes Kind hat von Anfang an einen Platz – »einen Platz von Gott«, wie es der deutsche Liedermacher Herbert Grönemeyer so einfach und treffend formuliert.

3.2 Leben, Sterben und die Menschenwürde

Die Ehre des Menschen ist im Zeitalter seiner möglichen Selbstoptimierung vielfältig gefährdet. Vor allem die Frage, ob Selbstbestimmung zur Selbsttötung legitimieren und ob es einen ärztlich assistierten Suizid geben darf, wird zurzeit engagiert von Befürwortern und Gegnern diskutiert. Es ist ein ernstzunehmendes Ringen um die Frage, wie ein menschenwürdiges Sterben gestaltet werden sollte. Allerdings

[10] Vgl. hierzu: http://www.kirche-findet-stadt.de (10.06.2015).
[11] Vgl. hierzu: http://www.aktion-neue-nachbarn.de (10.06.2015).

wird bei dieser Debatte bisweilen außer Acht gelassen, wie sehr die Frage danach, was ein Sterben in Würde bedeutet, eine Aussage darüber impliziert, welche Vorstellung von einem würdevollen Leben wir haben.

Der Medizinethiker Ralf Stoecker weist eindringlich darauf hin, dass in unserer Gesellschaft ein zunehmend enges Verständnis von einem Leben in Würde vorherrscht. Die Möglichkeiten der Selbstoptimierung verleiten Menschen zu der irrigen Annahme, dass nur ein Leben in Jugendlichkeit und Schönheit, Sportlichkeit und mit gewissem Auskommen lebenswert und würdig sei. Demgegenüber formuliert Stoecker wunderbar einfach: »Es ist mit der Würde vereinbar, schwach zu sein!« Und weiter: »Wenn es irgendwie die Würde bedroht, nicht mehr klar denken zu können, dann ist es irgendwo auch nicht so richtig würdig, jemand zu sein, der das nicht kann, weil er zum Beispiel eine geistige Behinderung hat. Das Menschenbild, das wir einbringen in die Frage, welches Sterben ist würdig und welches Sterben ist nicht würdig, dieses Menschenbild bezieht sich niemals ausschließlich nur auf Sterbende.«[12] Nach Meinung Stoeckers müssen wir dringend darüber debattieren, was es heißt, in Würde zu leben – denn geistig Behinderten oder Alten die Würde abzusprechen, kann nicht wirklich im Interesse aller sein. In Würde sterben wollte auch der frühere MDR-Intendant Udo Reiter. Noch zu Lebzeiten führte er eine Debatte darüber, dass mit »dem allseits akzeptierten Recht auf ein selbstbestimmtes Leben ein Recht auf einen selbstbestimmten Tod«[13] einherzugehen habe. Sein Counterpart war der frühere SPD-Parteivorsitzende, Vizekanzler und Minister Franz Müntefering. Für ihn wiederum firmiert die aktive Sterbehilfe unter den Überschriften von »Selbstbestimmung« und »Lebensqualität« zum finalen Beweis einer fragwürdigen Autonomie: »Hier soll aus Angst vor dem unsicheren Leben ein sicheres Ende gesucht und der präventive Tod zur Mode der angeblich Lebensklügsten gemacht werden«,[14] so Müntefering.

Es ist mit der Würde vereinbar, schwach zu sein!

Kurz nachdem Udo Reiter seinem Leben dann tatsächlich unmittelbar vor einer ersten Debatte im Deutschen Bundestag zum Thema Sterbehilfe ein Ende gesetzt hat, kam Franz Müntefering, der seine Ehefrau bis zum Tode gepflegt und begleitet hatte, in einer diesem Thema gewidmeten Sendung bei Günter Jauch erneut eindringlich zu Wort. Als strikter Gegner aller gesetzlichen Regelungen, die das Töten kranker Menschen vereinfache, kritisierte er Reiters Haltung und seine Handlung

[12] Stoecker, Ralf. In: WDR Quarks & Co. Vom 21.04.2015; siehe unter: http://www1.wdr.de/fernsehen/wissen/quarks/sendungen/sterbehilfe-gesetzmaessig100.html (21.04.2015).
[13] Reiter, Udo: »Mein Tod gehört mir«. In: Süddeutsche Zeitung vom 04.01.2014.
[14] Müntefering, Franz: »Gefährliche Melodie«. In: Süddeutsche Zeitung vom 03.01.2014.

scharf. Dessen Aussagen über die Lage Pflegebedürftiger sei eine Beleidigung aller Betroffenen, auch jener, die sich um sie kümmerten. Das Sterben sei Teil des Lebens und habe eine eigene Würde, wie auch jeder Mensch, gleich in welchem Zustand, seine Würde behalte. Erst mit dem Freitod gebe der Mensch alle Selbstbestimmung auf. Es kann schließlich nicht Befreiung sein – so der Philosoph Robert Spaemann –, wenn das Subjekt möglicher Freiheit vernichtet wird.[15] Der gute Gebrauch der grundsätzlichen Fähigkeit zum Suizid ist nämlich ihr Nicht-Gebrauch, so Spaemann. Doch worum geht es in der aktuellen Debatte genau?

Hieß das aus dem Griechischen entlehnte Wort Euthanasie eigentlich nur »guter, sanfter Tod« und war in der Antike auch konnotiert mit einer Hilfe zu ebensolchem guten Tod, so wurde der Begriff in späteren Zeiten für die absichtliche Abkürzung des Sterbeprozesses durch Tötung verwendet. Vollends diskreditiert ist der Begriff in Deutschland seit der »Vernichtung lebensunwerten Lebens« während der

Aktive Sterbehilfe verbietet sich für die katholische Kirche. Sie setzt auf eine Verstärkung von Palliativmedizin, Hospizwesen und Seelsorge.

[15] Spaemann, Robert: »Euthanasie«. In: Die Zeit vom 15.02.2015. Siehe: http://www.zeit.de/2015/07/sterbehilfe-selbstmord-pflicht-robert-spaemann (15.02.2015).

Herrschaft der Nationalsozialisten, die diese Tötungen als Euthanasieprogramm bezeichneten. Viele, die heute für die Einführung aktiver Sterbehilfe plädieren, wehren sich vehement gegen diesen historischen Vergleich. Aber man darf unsere eigene Geschichte nicht ausblenden: »Die Euthanasieaktion war nicht zuletzt eine psychiatrische Erfindung, der der Nationalsozialismus bloß seinen folgenreichen diabolischen Segen gegeben hat. Daraus erwächst deutschen Psychiatern eine besondere Verantwortung, die man nicht bloß in Gedenkveranstaltungen beschwören darf, sondern die sich in politischen Auseinandersetzungen bewähren muss. Und so dürfen wir uns bei den neuen Euthanasiedebatten nicht einreden lassen, wir hätten da so etwas wie eine frühe Störung, von der wir uns endlich frei machen müssten. Im Gegenteil: Deutsche Psychiater verfügen über mehr und schrecklichere Erfahrungen als Ärzte anderer Länder, wenn es um die ärztliche Tötung von Menschen geht. Und deswegen müssen sie umso nachdrücklicher davor warnen, hier eine Grenze zu überschreiten, die Ärzten seit Jahrtausenden die Tötung von Menschen verwehrt.«[16]

Es ist erschreckend zu sehen, wie sehr die Tabuisierung der Sterbehilfe, die nach den Gräueltaten der Nationalsozialisten jahrzehntelang Konsens war, in den aktuellen Debatten fällt. Beim Begriff der Sterbehilfe selbst müssen wir folgende Unterscheidungen berücksichtigen: Zum einen gibt es den Wortgebrauch, der dem der Sterbebegleitung[17] recht nahe kommt und die Hilfe zu einem guten Tod bei alten und sterbenskranken Menschen meint. Hier geht es dann um eine angemessene Pflege, schmerzlindernde Behandlung und seelsorgliche Begleitung. Zum anderen gibt es im engeren Wortsinn der Sterbehilfe den Unterschied zwischen Sterbehilfe als passiver Hilfe zum Sterben im Gegensatz zur indirekten Sterbehilfe und schließlich zur aktiven Sterbehilfe. Bei der Sterbehilfe als passiver Hilfe zum Sterben handelt es sich entweder um den ausdrücklichen Verzicht auf lebensverlängernde Maßnahmen oder um den Abbruch genau solcher Maßnahmen. Bei der indirekten Sterbehilfe wiederum wird eine mögliche Verkürzung des Sterbeprozesses durch die Verabreichung schmerzstillender Medikamente in Kauf genommen; diese indirekte Sterbehilfe liegt auch im Fall der terminalen bzw. palliativen Sedierung vor. In diesem Fall werden unter Inkaufnahme eines beschleunigten Todes stark schmerzstillender Medikamente gegeben, um einem Menschen in der allerletzten Lebensphase Schmerzen zu ersparen, was schon von Papst Pius XII. als ethisch gerechtfertigt

[16] Lütz, Manfred: »Es gibt keine Lizenz zum Töten«. In: FAZ vom 12.12.2014. Siehe: http://www.faz.net/aktuell/feuilleton/debatten/sterbehilfe-es-gibt-keine-lizenz-zum-toeten-13314113.html (12.12.2014).

[17] Vgl. dazu auch: Sterbebegleitung statt aktiver Sterbehilfe. Eine Sammlung kirchlicher Texte, hg. vom Sekretariat der Deutschen Bischofskonferenz und dem Kirchenamt der Evangelischen Kirche Deutschlands, 2. erw. Auflage, Bonn/Hannover 2011 (Gemeinsame Texte 17).

bezeichnet wurde.[18] Die aktive Sterbehilfe meint demgegenüber das direkte Eingreifen in den Sterbeprozess durch Tötung, das heißt durch »Tötung auf Verlangen« beziehungsweise »Beihilfe zur Selbsttötung«. Bislang ist in Deutschland jegliche Beihilfe zum Suizid straffrei. Aktuell ist eine neue Gesetzesinitiative in Vorbereitung, die jegliche Form von organisierter Sterbehilfe verbietet. Dies würde auch ein Verbot der Vereine implizieren, die – ohne Gewinnstreben – die aktive Sterbehilfe anbieten.

In einer bewegenden »Orientierungsdebatte« hat der Deutsche Bundestag im November 2014 das Für und Wider eines Verbots der Beihilfe zur Selbsttötung diskutiert, während die Tötung auf Verlangen verboten ist. Dabei zeichneten sich folgende Konsense und Streitpunkte heraus.[19] Übereinstimmend wurden die Selbstbestimmung über die medizinische Behandlung durch eine Patientenverfügung bekräftigt und die Verbesserungen der palliativmedizinischen Versorgung und des Angebotes an Hospizen angemahnt. Konsens bestand auch darin, dass im Einzelfall eine Beihilfe zur Selbsttötung im persönlichen Nahbereich nicht unter Strafe gestellt werden sollte. Gemeint ist hier die Beihilfe durch Partnerinnen und Partner, Angehörige, nahe Freunde, aber auch durch Ärztinnen und Ärzte bei länger andauernder Arzt-Patienten-Beziehung.

Bei der Sterbehilfe-Debatte geht es um die zentrale Frage der Menschenwürde und die Grenzen der Medizin.

Nicht erwogen wurde die Möglichkeit, die ärztliche Beihilfe zur Selbsttötung zur medizinischen Regelleistung zu machen. Einhellig schien eine Relativierung des strafrechtlichen Verbots der Tötung auf Verlangen als indiskutabel. Aber: Zahlreiche Abgeordnete wollen die organisierte und/oder regelmäßige Suizidbeihilfe strafrechtlich verbieten. Dieses Verbot würde dann Sterbehilfevereine betreffen – nicht aber die Suizid-Assistenz im persönlichen Nahbereich. Diese Abgeordneten führen folgende Gründe für ein solches Verbot an: Eine organisierte Beihilfe zum Suizid lenke vom eigentlichen gesellschaftlichen Problem ab, nämlich durchgängig menschenwürdige Bedingungen bei Pflege- und Hilfebedürftigkeit am Lebensende und in Krisensituationen zu schaffen. Die organisierte Beihilfe zum Suizid und die damit verbundene Erleichterung der Selbsttötung fördere nicht die

---

[18] »Wenn aber der Sterbende zustimmt, ist es erlaubt, mit Mäßigung Betäubungsmittel zu gebrauchen, die seine Schmerzen lindern, aber auch den Tod rascher herbeiführen. In diesem Fall wird der Tod nicht direkt gewollt. Doch ist er unvermeidlich, und entsprechend wichtige Gründe rechtfertigen Maßnahmen, die sein Kommen beschleunigen.« Vgl. Papst Pius XII. am 09.09.1948 in seiner Ansprache »Über die Psychopharmakologie und ihre sittlichen Normen« in Rom; Abdruck im Abschnitt »Indirekte aktive Sterbehilfe«. In Uhlenbruck, Wilhelm: Selbstbestimmung im Vorfeld des Sterbens – rechtliche und medizinische Aspekte. Zentrum für medizinische Ethik, Bochum. Medizinische Materialien, Heft 77/September 1992. S. 12.

[19] Vgl. dazu: Erzbistum Köln (Hg.): »Dem Sterben Leben geben«. Köln 2015.

individuelle Selbstbestimmung. Vielmehr gefährde ein solches Angebot Selbstbestimmung und Menschenwürde. In dem Maße nämlich, wie der assistierte Suizid durch ein organisiertes Angebot zu einer alltäglichen »Dienstleistung« im gesundheitlich-pflegerischen Versorgungsgeschehen werde, steige der Druck auf schwerkranke oder altersbedingt hilfebedürftige Menschen, am Ende den Suizid anstreben zu müssen, um anderen womöglich nicht zur Last zu fallen. Demgegenüber lehnen andere Abgeordnete ein strafrechtliches Verbot der Assistenz bei der Selbsttötung ab. Hier spielt das Argument eine Rolle, bei einem strafrechtlichen Verbot der Suizidhilfe würde die eigene Weltanschauung oder Religion über den Weg des Strafrechts zum Maßstab für andere gemacht. Außerdem begründen sie ihre Position damit, dass die Beihilfe zu einer nicht verbotenen Tat, nämlich der Selbsttötung, nicht verboten werden könne.

Die so argumentierenden Abgeordneten wollen aber Sterbehilfevereine durch staatlich vorgegebene Qualitätsstandards reglementieren. Diese Standards schlössen eine kommerzielle, gewinnorientierte Suizidbeihilfe aus. Schließlich tritt eine weitere Gruppe von Abgeordneten für eine ausdrückliche zivilrechtliche Erlaubnis des ärztlich assistierten Suizids unter sehr strengen Voraussetzungen ein. Dieser Vorschlag gründet in der Überzeugung, dass schwerstkranke, unheilbare und extrem leidende Patientinnen und Patienten in Ärztinnen und Ärzten eine vertrauenswürdige und kompetente Anlaufstelle haben sollten, falls sie sich nach eingehender Beratung dazu entschließen sollten, ihrem Leben ein Ende zu setzen. Diese Abgeordnetengruppe verspricht sich von ihrem Vorschlag, Sterbehilfevereine überflüssig machen zu können. Diese Abgeordneten stehen dem Wirken von Sterbehilfevereinen also durchaus sehr kritisch gegenüber, halten aber das Strafrecht für ein gänzlich unangemessenes Mittel, um gegen sie vorzugehen. Noch ist die Debatte sowohl in der Politik wie in der Breite der Gesellschaft in vollem Gange. Mit einem möglichen Beschluss über eine neue gesetzliche Regelung ist allerfrühestens im Herbst 2015 zu rechnen.[20]

Der Wunsch zu sterben entsteht meist, wenn Menschen krank sind: 90 Prozent der Menschen, die Suizid begingen, litten an einer Depression oder an einer anderen psychischen Krankheit wie beispielsweise einer Suchterkrankung – oft möchten diese Menschen eher ein anderes Leben führen anstatt zu sterben. 55 Prozent der Deutschen können sich vorstellen, sich aufgrund von Krankheit selbst zu töten, 52 Prozent denken, dass sich Schwerkranke mehr zum Suizid gedrängt fühlen, wenn Sterbehilfe prinzipiell freigegeben wird.

---

[20] Der Beitrag wurde im Sommer 2015 abgeschlossen. Am 6. November 2015 beschloss der Bundestag, die geschäftsmäßige Suizidbeihilfe unter Strafe zu stellen. Weitere Beschlüsse zum Themenkomplex fasste der Bundestag nicht.

Dort, wo es die faktische Freigabe der aktiven Sterbehilfe gibt – wie etwa in den Niederlanden und in Belgien –, wird dies als emanzipatorischer Akt betrachtet: »Die Selbstbestimmung wird ausgedehnt auf die Grenzen des Selbst: der Einzelne soll auch über das noch verfügen können, was seiner Verfügung wesentlich entzogen ist: Das Ende seines Lebens.«[21]

So wertvoll die Kategorie der Selbstbestimmung auch ist, muss man sich im Kontext des Sterbens durchaus fragen, ob sie hier angemessen verwendet wird. Ebenso unangebracht ist die Kategorie der »Lebensqualität«, mit der unter anderem der australische Bioethiker Peter Singer in den 1990er Jahren versucht hat, den Lebensschutz für bestimmte Gruppen – Embryonen, Säuglinge, Menschen mit schwerer geistiger Behinderung – auszuhebeln. Es ist kritisch zu analysieren, wie frei eine Entscheidung für einen herbeigeführten Tod sein kann in einer Gesellschaft, »die das Sterben so sehr tabuisiert hat, dass sie den Betroffenen Scham über ihren hilflosen Zustand aufnötigt«[22].
Haben diejenigen, die sich in ihrer hilflosen Lage den Tod wünschen, nicht längst das Werturteil der sie umgebenden Gesellschaft verinnerlicht, wonach ihrem Leben keine Qualität und demnach kein Wert mehr zukommt? Genau eine solche Geringschätzung des beeinträchtigten Lebens wird nämlich unvermeidlich, »wenn man die Kategorie ›Lebensqualität‹ zugrunde legt.«[23] Die Lebensqualität, um die es am Ende des Lebens geht, hat ganz andere Inhalte. Denn am Ende des Lebens zählt, dass man nicht allein ist, das man sich seiner Hilflosigkeit nicht schämen muss, dass der Schmerz erträglich gemacht wird, dass niemand – auch man selbst – einem das Gefühl gibt, eine Last zu sein, die Möglichkeit erzählen und sein Leben beschließen zu können.

Am Ende des Lebens zählt, dass man nicht allein ist.

Für religiös sozialisierte Menschen zählt darüber hinaus, dass sie Seelsorge als geistlichen Trost erfahren und sich getragen fühlen dürfen vom Glauben daran, dass man nicht tiefer fallen kann als in die Hände Gottes. Mit Selbstbestimmung als Selbstverwirklichung und Selbstbehauptung hat diese Phase des Lebens wenig zu tun.
Zwar sterben wir heute inmitten einer medizinischen Versorgungswelt, aber oft ohne menschliche Nähe und geistliche Begleitung. Einerseits ist der Tod in den Medien permanent präsent. Gleichzeitig wird er öffentlich tabuisiert, wenn es um das individuelle Sterben geht.

---

[21] Nickels, Christa: »Über die Heiligkeit des Lebens in Zeiten seiner technischen Kontrollierbarkeit. Ein Beitrag zur Debatte über aktive Sterbehilfe«. In: Schavan, Annette (Hg.): Leben aus Gottes Kraft. Denkanstöße. Ostfildern 2004. S. 103-106, hier S. 104.

[22] Nickels: Heiligkeit. S. 104.

[23] Ebd. S. 105.

»Es wäre deshalb höchste Zeit, dass Christen sich wieder um ein menschenwürdiges Sterben bemühten«, heißt es im Katholischen Erwachsenen-Katechismus. Christliche Sterbehilfe besagt vor allem: Niemand sollte vereinsamt sterben! Gerade den Sterbenden schulden wir das tätige und solidarische und nicht zuletzt das betende Zeugnis unserer christlichen Hoffnung.«[24] Es gilt im Sterben vorzuleben, dass die christliche Botschaft eine Hilfe sein kann, sich selbst anzunehmen und das Sterben bestehen zu helfen, indem sie dem Menschen zusagt, dass er so wie er ist, mit all seiner Unvollkommenheit und seinem Gebrechen, unbedingt von Gott angenommen ist.[25]

Einerseits ist der Tod in den Medien permanent präsent. Gleichzeitig wird er öffentlich tabuisiert, wenn es um das individuelle Sterben geht.

Allein in katholischer Trägerschaft gibt es bundesweit 58 stationäre Hospize mit 482 Betten. Daneben gibt es flächendeckend das Angebot an Palliativpflegediensten mit 123 Einrichtungen bundesweit, die in die regionalen Strukturen eingebunden sind. Zusätzlich bieten 20 Einrichtungen eine spezialisierte ambulante Palliativversorgung an. Auch in der stationären Altenhilfe werden Konzepte zur Palliativpflege erarbeitet und an einigen Orten bereits umgesetzt. Sterben in Würde bedeutet nicht, den Zeitpunkt des Todes selbst zu bestimmen, sondern die Art und Weise des Sterbens würdevoll zu gestalten. Artikel 1 unseres Grundgesetzes: »Die Würde des Menschen ist unantastbar« – die verfassungsgemäße Antwort auf die Gräuel des Nationalsozialismus – bedeutet, dass das menschliche Leben immer und uneingeschränkt Schutz genießt. Der Artikel impliziert auch, dass man über keinen Menschen sagen darf: Es ist nicht gut, dass du lebst. Und wenn ein Mensch das in höchster Not von sich selber sagt, dann hat er in einer humanen Gesellschaft den Anspruch, dass er Mitmenschen begegnet, die ihm widersprechen und ihm sagen: »Es ist gut, dass es dich gibt.« Das ist die Grundlage unserer Werteordnung. Wenn der Philosoph Jürgen Habermas zur Fundierung des Menschenwürdebegriffs eine »rettende Übersetzung« des jüdisch-christlichen Begriffs von der Gottesebenbildlichkeit des Menschen anmahnt, dann ist der Todeswunsch eines Menschen für uns Christen der Ernstfall in der Praxis, und wir müssen einem solchen Menschen spürbar machen, dass wir ihn mehr lieben als er sich gerade selbst.

Im Hospiz sterben lassen – das heißt, dass Menschen geborgen und vor allem ohne Schmerzen gehen dürfen. Viele Frauen und Männer – unabhängig von Religion und Weltanschauung – engagieren sich bereits vorbildlich dafür, dass Menschen in Würde aus diesem Leben gehen können. Ein Staat, der die Menschenwürde als

[24] Katholischer Erwachsenen-Katechismus, Freiburg 1985, S. 405.

[25] Vgl. insgesamt: Ernst, Stephan: »Den Menschen verbessern?« In: Stimmen der Zeit 4/2013. S. 263-73.

höchstes Gut betrachtet, sollte daher mehr dafür tun, dass Menschen würdevoll auf ihrem letzten Weg begleitet werden, statt ihnen einen vermeintlichen zeitgemäßen Tod gesetzlich zu ermöglichen. Denn: Es wird eiskalt in einer Gesellschaft, die es zulässt, dass sich Menschen, getrieben von Krankheit oder Aussichtslosigkeit, töten lassen wollen oder um Hilfe bei der Selbsttötung bitten. So stirbt man nicht selbstbestimmt, sondern bestimmt von Schmerz, Einsamkeit und Verzweiflung. Gerade weil die Angst der Menschen vor Schmerzen und dem Tod von Christen ernst genommen wird, entsteht daraus die Verpflichtung, Menschen in dieser Lebensphase besonders zu unterstützen, durch palliativmedizinische Versorgung, intensive Begleitung und seelsorgliche Angebote. In einer WDR-Sendung der Reihe »Quarks & Co.« zum Thema Sterbehilfe fasste es die Redakteurin Kristin Raabe folgendermaßen zusammen: »Am Lebensende schwach zu sein, beeinträchtigt die Würde nicht, allein gelassen zu werden, schon.«[26]

Ein humaner Staat sollte dafür sorgen, dass Menschen würdevoll sterben.

Die Kirchen haben in nachvolkskirchlicher Zeit weniger Resonanz im Blick auf unmittelbare Mitgliedschaft als früher – ihre Bedeutung in entscheidenden Fragestellungen der Würde des Menschen ist davon unbenommen. Hier bleibt es Aufgabe der Kirchen, Mahner der Menschenwürde zu sein. Denn die Würde des Menschen ist unantastbar. Manchmal muss man, um das zum Ausdruck zu bringen, das Licht ausmachen – oder seine Stimme erheben. Zu anderen Zeiten sind Menschen dafür in den Tod gegangen. Möge Gott ihre Zuflucht sein.

[26] Raabe, Kerstin: »Vom Sterben in Würde«. In: Quarks & Co. vom 21.04.2015. Siehe: http://www1.wdr.de/fernsehen/wissen/quarks/sendungen/sterbehilfe-gesetzmaessig100.html (21.04.2015).

IV. Bürgergesellschaft, Mitverantwortung und die Debatte über die Gestaltung öffentlicher Räume

Unbeholfene Demokraten

Moralische Leidenschaften in der Bundesrepublik

VON TILL VAN RAHDEN

FÜR MICHAEL GEYER

> Daß es in Deutschland nie eine Gesellschaft gab, zeigt sich erschreckend. Die Leute sind alle völlig formlos und unkanalisiert, sie haben kein Außen (und ein ungeordnetes Innen). Es ist alles da, aber nichts am Platz.
> *Siegfried Kracauer*

> Die Deutschen sind idealistisch, gewissenhaft und pflichtbewusst, mag die Richtung, in die ihre Schritte gelenkt werden, die richtige sein oder nicht.
> *Woman's Guide to Europe, 1954*

1. Einleitung

Das 20. Jahrhundert war von zwei Extremen gekennzeichnet: dem Absturz in Krieg und Völkermord auf der einen, der Rückkehr zu Frieden und Demokratie auf der anderen Seite.[1] In den späten 1920er und den 1930er Jahren galten die Ideale der Demokratie, des Rechtsstaats und des Liberalismus vielen in Europa sowie in den Vereinigten Staaten als überholt. Laut Mark Mazower hatte sich die Idee der

[1] Mazower, Mark: The Dark Continent: Europe's Twentieth Century. New York 2000; zur deutschen Geschichte im 20. Jahrhundert siehe besonders Jarausch, Konrad H./Geyer, Michael: Shattered Past: Reconstructing German Histories. Princeton 2003. Das zweite Zitat stammt von Meeker, Olivia: »The European Male: Different Approach, Same Old Subject«. In: Eugene Fodor (Hg.): Women's Guide to Europe. New York 1953, S. 60-69, hier S. 64. Als Canada Research Chair in German and European Studies ist der Verfasser dem Social Sciences and the Humanities Research Council verpflichtet. Bei dem vorliegenden Text handelt es sich um eine überarbeitete Fassung der englischen Erstfassung: »Clumsy Democrats: Moral Passions in the Federal Republic«. In: German History 29 (2011), S. 485-504. Der Autor, der Verlag und die Herausgeber danken Oxford University Press für die Erlaubnis des Wiederabdrucks.

liberalen Demokratie am Ende der 1930er Jahre »praktisch erledigt«.[2] Ungeachtet des wundersamen Wiederaufstiegs der liberalen Demokratie in den letzten siebzig Jahren sind jene, denen etwas an der Zukunft der repräsentativen Demokratie, des Rechtsstaats und der Idee eines liberalen Gemeinwesens liegt, gut beraten, die Frage der Fragilität der Demokratie ins Zentrum des Nachdenkens über die europäische Nachkriegsgeschichte zu rücken.[3] Bisher zögern Historiker, die Demokratie als eine kontingente, stets fragile Herrschafts- und Lebensform zu untersuchen. Es könnte sich jedoch als lohnend erweisen, solche Überlegungen zum Ausgangspunkt der Forschung zu machen. Weil derartige Fragen schwer zu fassen sind, können die nachfolgenden Beobachtungen bestenfalls spekulative Anregungen bieten, um eine umfassendere Debatte anzustoßen. Im Anschluss an die jüngere Forschung zur Geschichte der Bundesrepublik soll hier für ein historisches Verständnis der liberalen Demokratie plädiert werden.

Neuere Deutungen der Zwischenkriegs- und Kriegsjahre betonen, dass sich damals viele Bürger in Westeuropa und den Vereinigten Staaten enttäuscht von der repräsentativen Demokratie und dem Rechtsstaat abwandten. Vor diesem Hintergrund greift der folgende Essay auf das Konzept der »Moralgeschichte« zurück, um ein neues Licht auf die deutsche Nachkriegsgeschichte zu werfen.[4] Im Kern geht es dabei um Fragen wie: Inwiefern förderte oder bedrohte ein bestimmtes Verständnis von Bürgerlichkeit, Moral und Umgangsformen, von Vertrauen und bürgerlicher Tugend die, wie es bei Immanuel Kant heißt, »ungesellige Geselligkeit« der Bürgerinnen und Bürger? Welche Zugehörigkeitskonzepte entwarfen diese, welche Zugehörigkeitsgefühle entwickelten sie und welche Rolle spielten diese für ihr Selbstverständnis? Wann und warum wurden solche Bindungen gekappt? Wie

2 Mazower: Dark Continent. S. 5; Mommsen, Hans: »Der lange Schatten der untergehenden Republik. Zur Kontinuität politischer Denkhaltungen von der späten Weimarer Republik zur frühen Bundesrepublik«. In: Bracher, Karl-Dietrich u. a. (Hg.): Die Weimarer Republik 1918-1933. Bonn 1987. S. 552-586, bes. S. 553.

3 Maier, Charles: »Democracy since the French Revolution«. In: Dunn, John (Hg.): Democracy. The Unfinished Journey. Oxford 1992. S. 125-154; Gauchet, Marcel: L'avènement de la démocratie. 3 Bde. Paris 2007-2010; Gandhi, Leela: The Common Cause. Postcolonial Ethics and the Practice of Democracy 1900-1955. Chicago 2014; Eley, Geoff: Forging Democracy. The History of the Left in Europe, 1850-2000. Oxford 2002; Keane, John: The Life and Death of Democracy. New York 2009; Flores D'Arcais, Paolo: Die Demokratie beim Wort nehmen. Der Souverän und der Dissident. Politisch-philosophischer Essay für anspruchsvolle Bürger. Berlin 2004, bes. S. 16.

4 Zur Moralgeschichte siehe Anm. 5. Zur Zwischenkriegszeit sowie zu den Kriegsjahren siehe Mazower: Dark Continent; Jackson, Julian France: The Dark Years 1940-1944. Oxford 2001; Orlow, Dietrich: The Lure of Fascism in Western Europe. German Nazis, Dutch and French Fascists. 1933-1939. New York 2009; Brinkley, Alan: Voices of Protest. Huey, Long, Father Coughlin and the Great Depression. New York 1982; Jeansonne, Glen/Smith, Gerald L. K.: Minister of Hate. New Haven 1988. Wichtige Korrekturen dagegen bei Capoccia, Giovanni: Defending Democracy. Reactions to Extremism in Interwar Europe. Baltimore 2005 und Müller, Tim/Tooze, Adam (Hg.): Normalität und Fragilität. Demokratie nach dem Ersten Weltkrieg. Hamburg 2015. Als zeitgenössische Stimmen im anglo-amerikanischen Kontext: Laski, Harold J.: Democracy in Crisis. Chapel Hill, NC 1935; Bonn, Moritz Julius: The Crisis of European Democracy. New Haven 1925 und Dewey, John: »The Public and Its Problems«. In: Ders.: The Later Works, Bd. 2: 1925-1927. Carbondale 1984. S. 235-374.

haben moralische Dramen, Auseinandersetzungen über Umgangsformen und Kontroversen um ethische Fragen – im Schatten von Völkermord und Vernichtungskrieg – die Bundesrepublik als eine Demokratie geprägt, die noch in den Kinderschuhen steckte?

2. Demokratische Leidenschaften und nationalsozialistische Moral

Das Konzept der Moralgeschichte will die Geschichte der deutschen Nachkriegszeit keineswegs an der heutigen Moral messen. Ebenso wenig darf die Moralgeschichte laut Michael Geyer und John Boyer »mit einer wertenden und anklagenden oder einer melodramatischen Geschichte verwechselt« werden. Vielmehr lenkt das Konzept unseren Blick auf die zentrale Bedeutung, die den moralischen Leidenschaften und Praktiken für die Suche nach Demokratie im Schatten des millionenfachen Tötens von Menschen durch Menschen zukam. »Die Moralgeschichte«, so Geyer und Boyer, »nimmt vor allem die Frage der Gewalt ernst. Ihre größte Herausforderung findet sie in einer Epoche, die von genozidalen Konfrontationen geprägt ist.« Sie erlaubt Rückschlüsse darauf, wie »Institutionen, Gruppen und Individuen [...] die sozialen Bindungen erneuern, die Gemeinschaften und Nationen konstituieren und die Integrität ihres ›Gemeinwesens‹ sichern«.[5] Daher bietet sich dieses Verständnis von Moralgeschichte besonders an, um die deutsche Nachkriegsgeschichte zu untersuchen.

Wer von Moral spricht, scheidet Gut und Böse, Richtig und Falsch, die Tugend vom Laster.

Wer von Moral spricht, scheidet Gut und Böse, Richtig und Falsch, die Tugend vom Laster. Doch gründen sich solche Gegensätze in erster Linie auf die Vernunft, wie man etwa im Anschluss an die Diskurstheorie von Jürgen Habermas annehmen könnte? In seiner Antrittsvorlesung »Erkenntnis und Interesse« forderte der einflussreichste politische Philosoph der deutschen Nachkriegszeit, das kollektive Zusammenleben auf eine rationale Grundlage zu stellen, wozu es notwendig sei, die »gesellschaftlichen Beziehungen ›nach dem Prinzip zu organisieren, dass die Geltung jeder politisch folgenreichen Norm von einem in herrschaftsfreier Kommunikation erzielten Konsensus abhängig gemacht wird.‹« Sowohl der Inhalt als auch die Form einer solchen Argumentation werfen die Frage auf, ob man der Traumwelt vom »zwanglosen Zwang des besseren Arguments« am ehesten gerecht wird, wenn man sie als eine Art von magischem Denken versteht, das sich in der regulativen Idee einer nüchternen Rationalität gründete, die das politische Denken im

[5] Geyer, Michael/Boyer, John W.: »Resistance against the Third Reich as Intercultural Knowledge.« In: Geyer/Boyer (Hg.): Resistance against the Third Reich, 1933-1990. Supplement, Journal of Modern History (1994). S. 1-11, hier S. 7-9; Kahn, Victoria/Saccamano, Neil/Coli, Daniela (Hg.): Politics and the Passions, 1500-1850. Princeton, NJ 2006; Lukes, Steven: Moral Relativism. New York 2008; Cotkin, George: »History's Moral Turn.« In: Journal of the History of Ideas 69 (2008). S. 293-315; Fassin, Didier: »Les économies morales revisitées.« In: Annales: Histoire, Sciences Sociales 64 (2009), S. 1237-1266.

Nachkriegsdeutschland kennzeichnete.[6] Insbesondere ausländische Kommentatoren sahen in Habermas »einen rationalistischen Utopisten, der das krumme Holz der Humanität an *sub specie emancipationis* erlangten Standards misst«.[7]
Die Diskursethik umging die Frage der moralischen Inkommensurabilität, indem sie die Leidenschaft zum Sklaven der Vernunft zu machen suchte. Vielleicht lässt sich dieses philosophische Denken besser verstehen, wenn man es als Teil einer postfaschistischen Obsession betrachtet, die auf ein bestimmtes (geschichtliches und mithin auch zufälliges) Verständnis des Nationalsozialismus als Sieg der Leidenschaften über die Vernunft reagierten.[8] Falls dem so ist, liegt es nahe, die Unterscheidung zwischen Richtig und Falsch, Auffassungen von Gerechtigkeit und Freiheit als politische Leidenschaften zu begreifen, als das, was David Hume als »moralische Empfindungen« bezeichnete.
Laut Hume beruht eine moralische Unterscheidung nicht auf einem nüchternen Vernunfturteil, sondern auf Gefühlen der Zustimmung und Ablehnung. Sittlichkeit, betont er, wird »viel mehr gefühlt als beurteilt«.[9] Als Antwort auf die seinerzeit strittige Frage, ob Vorstellungen von Tugenden und Lastern angeboren oder erlernt seien, betonte der schottische Aufklärer, dass manche ethische Unterscheidungen »natürlich«, andere aber »künstlich« seien. Gerechtigkeit, Treue, Bescheidenheit und gute Umgangsformen begreift Hume als künstliche Tugenden, da sie aus den alltäglichen Begegnungen der Bürger untereinander hervorgehen, seien diese unpersönlich, harmonisch oder konfliktreich. Da diese Tugenden »ganz künstlich und eine menschliche Erfindung«[10] seien, versteht er diese moralischen Empfindungen zugleich als Voraussetzung und Ergebnis der alltäglichen Begegnungen und Konflikte zwischen den Bürgern, für die Kant schon bald den Ausdruck der »ungeselligen Geselligkeit« prägte. Das »Kunstprodukt« moralischer Empfindungen, die

[6] White, Stephen K.: »Reason, Modernity, and Democracy.« In: White, Stephen K. (Hg.): The Cambridge Companion to Habermas. Cambridge 1995. S. 3-16, hier S. 6 (Zitat im Zitat: Jürgen Habermas, Erkenntnis und Interesse, Frankfurt a. M. 1968, S. 344). Meines Wissens benutzte Habermas die Wendung »zwangloser Zwang des besseren Arguments« in seinen »Vorbereitenden Bemerkungen zu einer Theorie der kommunikativen Kompetenz«. In: Habermas, Jürgen/Luhmann, Niklas: Theorie der Gesellschaft oder Sozialtechnologie. Frankfurt a.M. 1971. S. 137.

[7] Rosen, Michael: »Utopia in Frankfurt.« In: Times Literary Supplement. 8. Oktober 1999. S. 3-4. Das Ausmaß, in dem »Habermas' work situates itself in the particularities of the German situation since the 1940s«, betont Pensky, Max: »Universalism and the Situated Critic«. In: White (Hg.): The Cambridge Companion. S. 67-94, hier S. 67.

[8] Laut Iser, Matthias und Strecker, David beruht Habermas' Vorstellung einer deliberativen Demokratie unmittelbar auf der »Ablehnung einer Politik, die statt auf Argumente auf Gefühle oder ästhetische Erfahrungen setzt – wie etwa die Inszenierung der nationalsozialistischen Parteitage.« Dies., Jürgen Habermas. Zur Einführung. Hamburg 2010. S. 22.

[9] Hume, David: Ein Traktat über die menschliche Natur. Hamburg 2013. Buch III, Teil I, Abschnitt 2, S. 211f. In meiner Lesart der Moralphilosophie Humes folge ich besonders den Arbeiten von Baier, Annette C.; siehe vor allem: Moral Prejudices. Essays on Ethics, Cambridge, MA 1994, sowie: The Cautious Jealous Virtue. Hume on Justice. Cambridge, MA 2010.

[10] Hume: Traktat. S. 274f.

aus der bürgerlichen Geselligkeit erwachsen, ermöglicht eine Form der »Einschränkung«, die »den Leidenschaften nicht zuwider« ist, sondern »nur deren gedankenlose und ungestüme Betätigung hindert«. Zwar können künstliche Tugenden wie Gerechtigkeit und gute Umgangsformen die natürliche »Parteilichkeit unserer Zuneigungen« nicht aufheben. Doch ermöglichen sie es den Bürgern, die elementare Kunst zu entwickeln, Selbstsucht und Ressentiment einzuschränken.[11]

Obwohl nicht Hume, sondern Kant zum Fixstern der deutschen Moralphilosophie nach 1945 aufstieg, sind seine Überlegungen zu moralischen Empfindungen hilfreich, um die Geschichte einer Demokratie im Schatten der Gewalt zu verstehen. Hat Hume Recht, so setzt jede Untersuchung der Fragilität liberaler Demokratien ein Bewusstsein dafür voraus, wie bedeutsam die politischen Leidenschaften sind, auf denen unsere Vorstellungen von Gerechtigkeit und Gleichheit beruhen. Wer die Demokratie lediglich als ein Herrschaftssystem begreift, dem mögen solche Überlegungen fremd erscheinen. Als unverzichtbar erweisen sie sich jedoch, wenn man »Demokratie als Lebensform« auffasst oder die Vorstellung eines gehaltvollen Konstitutionalismus teilt, der sich aus einem »Liberalismus der Furcht« speist.[12] Laut Judith Shklar handelt es sich dabei um einen Liberalismus jenseits der Utopie, der die Idee »eines *summum bonum*« aufgibt, nach der alle streben sollten, und stattdessen »von einem *summum malum*« ausgeht, nämlich von »der Grausamkeit und der Furcht, die sie auslöst, und schließlich von der Furcht vor der Furcht selbst«.[13]

Die Untersuchung der Fragilität liberaler Demokratien setzt ein Bewusstsein für die Bedeutung politischer Leidenschaften voraus.

Angesichts der weitgehenden Zerstörung der bürgerlichen Gesellschaft in den Jahren vor 1945, der weitverbreiteten Gewalt und besonders des Vernichtungskriegs ist es bemerkenswert, dass die (West-)Deutschen – innerhalb von gerade einmal zwei bis drei Jahrzehnten – nicht nur eine »schwache« Auffassung der Demokratie akzeptierten, sie also als ein rein formales Regierungssystem betrachteten, sondern sich zunehmend eine »starke«, inhaltlich gefüllte Vorstellung von Demokratie zu eigen machten. Diese wundersame Wiedergeburt der Demokratie wäre undenkbar gewesen, hätten die Westdeutschen nicht angefangen, die »Demokratie als Lebensform« zu schätzen – um eine einprägsame Formulierung Sydney Hooks aufzugrei-

[11] Hume, David: »Der Ursprung von Rechtsordnung und Eigentum«. In: Ders: Ein Traktat über die menschliche Natur, Buch III, Teil II, Abschnitt 2, S. 227-245, hier S. 232f.; eine anregende Deutung der Unterscheidung zwischen natürlichen und künstlichen Tugenden bei: Baier, Annette: »Hume's Account of Social Artifice: Its Origins and Originality«. In: dies., Cautious Jealous Virtue, S. 123-148, bes. S. 124f.»

[12] Shklar, Judith N.: »The Liberalism of Fear«. In: dies., Political Thought and Political Thinkers. Chicago 1998. S. 3-20, hier S. 10f.; deutsch jetzt als: »Der Liberalismus der Furcht«. Berlin 2013; dies.: »Putting Cruelty First«. In: Daedalus 111 (1982). S. 17-27; Berlin, Isaiah: »Two Concepts of Liberty«. In: Ders.: Four Essays on Liberty. Oxford 1969. S. 118-172 (dt. als »Zwei Freiheitsbegriffe.« In: Ders.: Freiheit. Vier Versuche, Frankfurt a. M. 1995. S. 197-256).

[13] Shklar, Judith N.: Der Liberalismus der Furcht. S. 23.

fen. Bereits 1939, als der Unmut über die Demokratie inmitten der Zwischenkriegsjahre seinen Höhepunkt erreichte, betonte dieser pragmatische Philosoph, dass die Demokratie auf die »Zustimmung zu bestimmten Einstellungen« gegründet werden müsse, weil diese »wichtiger [seien] als jede beliebige Reihe von Institutionen«: Der Glaube an die jedem Einzelnen »innewohnende [...] Würde«, der Glaube »an den Wert von Differenz, Vielfalt und Einzigartigkeit« sowie das »Vertrauen auf gewisse Verfahren«, durch die sich Konflikte zwischen unvereinbaren moralischen Leidenschaften einhegen lassen.[14]

Meist nähern wir uns Fragen der Moral auf zwei Weisen. Die eine blickt auf tragfähige Verallgemeinerungen jener Tugenden, die in der Regel unter allen Umständen und von allen wohlmeinenden Menschen zu schätzen und zu bewahren sind – solange sie den Rawls'schen »Schleier des Nichtwissens« tragen. Die übliche Bezeichnung hierfür ist normatives Denken. Die andere bemüht sich darum, jene Moralvorstellungen, ethischen Annahmen und Maßstäbe zu beschreiben, an die sich Individuen und Gemeinschaften tatsächlich halten, unabhängig von der Frage, ob jene Werte mit dem Anspruch auf eine universalistische Ordnung vereinbar sind. Das Vorgehen hier ist ein deskriptives, kein normatives. Obwohl die Unterscheidung zwischen normativem und deskriptivem Denken sich von selbst zu verstehen scheint, ist die Grenze meist fließend.[15] Historiker, die sich mit moralischen Empfindungen beschäftigen, stehen vor der Herausforderung, ihre eigenen moralischen Leidenschaften und Ängste in das zu übersetzen, worin Siegfried Kracauer die Schlüsselqualifikation für Geisteswissenschaftler erkannte, nämlich den »moralischen Scharfsinn«. In *History: The Last Things Before the Last* argumentierte Kracauer, »die Durchdringung der Welt des Historikers, die sich gegen einfaches Zerlegen in wiederholbare Einheiten sperrt«, verlange »nach dem Bemühen eines Ichs, das an Facetten so reich ist wie die menschlichen Verhältnisse, die seinen Gegenstand bilden«.[16] Folgen wir Kracauer, müssen wir bei unseren eigenen Fantasien und Ängsten ansetzen, müssen unsere eigenen Leidenschaften und Dämonen in Rechnung stellen, die aus den moralischen Dramen, Paradoxien und Inkommensurabi-

[14] Hook, Sidney: »Democracy as a Way of Life«. In: Andrews, John N./Marsden, Carl A. (Hg.): Tomorrow in the Making. New York 1939. S. 31-46, hier S. 42ff. In der frühen Bundesrepublik waren ähnliche Argumente weit verbreitet; siehe etwa Heuss, Theodor: »Um Deutschlands Zukunft (18. März 1946)«. In: Heuss, Aufzeichnungen 1945-1947, hg. von Eberhard Pikart, Tübingen 1966. S. 184-208; Ders.: »Stilfragen der Demokratie (1955)«. In: Vogt, Martin (Hg.): Theodor Heuss. Politiker und Publizist. Aufsätze und Reden. Tübingen 1984. S. 450-465; Schmid, Carlo: »Die Demokratie als Lebensform«. In: Mannheimer Hefte 1 (1970). S. 8-12; Ders.: »Demokratie – die Chance, den Staat zu vermenschlichen«. In: Meyers Enzyklopädisches Lexikon, Neunte Auflage, Bd. 6. Mannheim 1972. S. 409-415.

[15] Connor, Steven: »Honour bound?«. In: Times Literary Supplement. 5. Januar 1996. S. 24-26; Ott, Konrad: Moralbegründungen. Zur Einführung. Hamburg 2005. S. 7.

[16] Kracauer, Siegfried: »Geschichte. Vor den letzten Dingen«. Berlin 2009. S. 72; siehe auch Droysen, Johann Gustav: »Historik: Die Vorlesungen von 1857«. In: Ders., Historik: Historisch-kritische Ausgabe, hg. von Peter von Leyh. Stuttgart 1977. S. 107f.

litäten unserer Gegenwart hervortreten, wenn wir die Geschichte der moralischen Leidenschaften in der deutschen Nachkriegszeit schreiben wollen.

Es gilt, die Verschränkung von Demokratie und Alltagsleben im Nachkriegsdeutschland unter einer moralgeschichtlichen Perspektive zu untersuchen. Das liegt auch deshalb nahe, weil mehr und mehr Historiker die These in Frage stellen, der Nationalsozialismus (und auch der Faschismus und der Stalinismus) sei als amoralisch und barbarisch aufzufassen. Claudia Koonz, Alon Confino und Raphael Gross haben deutlich gemacht, dass das Dritte Reich sich auf ethische Vorstellungen stützte und aus moralischen Leidenschaften schöpfte, dass der Nationalsozialismus also »ein ›moralisches Fundament‹ besaß – zumindest in den Augen der Nazis und ihrer Gefolgschaft«.[17] Es ist daher irreführend, den Holocaust als das Resultat »geschwächter moralischer Werte« zu interpretieren. Wie Confino betont, haben moralische Leidenschaften vielmehr »dazu beigetragen, dass sich die extremen Kriegsbedingungen herausbilden konnten«.[18] Wir sollten uns durch die Monstrosität der Verbrechen nicht täuschen lassen: Gefühle von Liebe und Furcht, Träume von Heil und Erlösung sowie Vorstellungen von Gerechtigkeit und Freiheit, Menschlichkeit und Frieden bildeten zentrale Bestandteile der nationalsozialistischen Moral. Erst wenn wir das moralische Fundament des Nationalsozialismus ernst nehmen, öffnet sich der Blick auf die verschlungenen Wege, auf denen es den Nachkriegsdeutschen gelang, sich die Demokratie als Lebensform anzueignen.[19]

Es gilt, die Verschränkung von Demokratie und Alltagsleben im Nachkriegsdeutschland unter einer moralgeschichtlichen Perspektive zu untersuchen.

3. Nach dem wirklichen Bösen

Seit ihren Anfängen spiegeln die Rituale demokratischer Zugehörigkeit und das Ideal des Bürgersinns nicht nur das spannungsvolle Verhältnis zwischen Vielfalt und Bürgerlichkeit, sondern auch die wechselseitigen Verbindungen zwischen der demokratischen Herrschaft und dem Alltagsleben der Bürger. Zwar verlangen solche

---

[17] Zum Stalinismus siehe die jüngsten Veröffentlichungen von Fitzpatrick, Sheila, Hellbeck, Jochen, Kotkin, Stephen oder Schlögel, Karl; zum Vichy-Regime Gildea, Robert: »Marianne in Chains«. In: Search of the German Occupation. 1940-1945. London 2002. Zum Nationalsozialismus: Gross, Raphael: Anständig geblieben. Nationalsozialistische Moral. Frankfurt a. M. 2010; Koonz, Claudia: The Nazi Conscience. Cambridge, MA 2003; Confino, Alon: »Fantasies about the Jews. Cultural Reflections on the Holocaust«. In: History & Memory 17 (2005). S. 296-322.

[18] Confino, Alon: »Fantasies about the Jews«. S. 300.

[19] Ganz neu ist diese Einsicht nicht. »Seit einem halben Jahrhundert«, notierte Helmuth Plessner 1962, »erlebt die in Staaten zerklüftete Welt eine Epoche, die, wollte man sie als Rückfall in die Barbarei bezeichnen, gewissermaßen noch eine vorgeschichtliche oder frühgeschichtliche Unschuldsmiene aufgesetzt bekäme. Die Greuel der Massenvernichtung und der Hexensabbat der Konzentrationslager können kaum als Regression begriffen werden«. In: Plessner, Helmut: »Die Emanzipation der Macht«. In: Ders.: Macht und menschliche Natur: Gesammelte Schriften. Bd. 5. Frankfurt a. M. 1981. S. 259-282, hier S. 280. Der Aufsatz erschien zuerst in: Haller, Heinz (Hg.) u. a., Von der Macht. Hannoversche Beiträge zur politischen Bildung. Bd. 2. Hannover 1962. S. 7-25.

demokratischen Zugehörigkeitsrituale, älteren Bindungen an die Familie oder die Region, die Religion oder die ständische Gesellschaft zu entsagen. Zugleich jedoch ermöglichen sie Formen der »demokratischern Individualität«, die ein vielschichtiges Spiel von Differenzen mit Leben erfüllen, das die Chance eröffnet, kulturelle Spannungen, politische Feindschaften und wirtschaftliche Konflikte zu bewältigen.[20] Jedes demokratische Gemeinwesen steht damit vor der Frage, ob es den Bürgern gelingt, den öffentlichen Raum so zu gestalten, dass sowohl ihre »ungesellige Geselligkeit« gewährleistet als auch das Recht auf Anderssein geschützt ist und bleibt.[21] Sinnliche Erfahrungen, Fragen der Ästhetik und der Form sind dabei zentral. Wie der dänische Künstler Olafur Eliasson betont, handelt es sich um ein Missverständnis, im öffentlichen Raum einen Ort zu sehen, an dem Bürgerinnen und Bürger zusammenkommen, um sich als Teil einer großen Gemeinschaft zu erfahren. Stattdessen bietet das bürgerliche Leben in einer liberalen Demokratie die Chance, im öffentlichen Raum zusammenzukommen, um gemeinsam zu erleben, wie sehr wir uns unterscheiden. Dank dieser ebenso sinnlichen wie moralischen Erfahrung ermöglicht es der öffentliche Raum, »inklusiv damit umzugehen, dass wir nicht alle der gleichen Meinung« sind und die geteilte Erfahrung der Differenz als »Erfolg« zu sehen.[22] Obwohl einige der folgenden Überlegungen für ein allgemeineres Verständnis der liberalen Demokratie relevant sein mögen, war die Ausgangslage in Deutschland doch eine besondere. Im Gegensatz zu anderen Europäern konnten sich die Westdeutschen in den Nachkriegsjahren nicht auf eine tiefverwurzelte Tradition des weitverbreiteten Widerstands gegen den Nationalsozialismus berufen, um auf diese Weise ihr nationales Erbe zu retten. Infolgedessen empfanden sie das Geschehene weitaus dringlicher als eine moralische Katastrophe. Im Anschluss an die Forschung zu der Frage, wie die Deutschen und die Europäer in den Faschismus und den Nationalsozialismus hineingerieten, greife ich mit meinen Überlegungen Dan Diners These auf, laut derer die deutsche (und europäische) Nachkriegsgeschichte eine Zeit ist, der ein »Zivilisationsbruch« vorausging. Infolge dieser moralischen Katastrophe galten liberale oder säkular-humanistische ebenso wie christliche, konservative oder sozialistische Moralvorstellungen als fragwürdig oder gar wertlos.[23] Als der Krieg zu Ende ging und die Lager befreit wurden, schien Lord Actons Diktum von 1895, dass

20 Kateb, George: »Introduction: Individual Rights and Democratic Individuality«. In: Ders.: The Inner Ocean. Individualism and Democratic Culture, Ithaca 1992. S. 1-35; Heins, Volker: Geschichte und Konzepte des Multikulturalismus. Frankfurt a. M. 2013.

21 Kant, Immanuel: »Idee zu einer allgemeinen Geschichte in weltbürgerlicher Absicht« (1784). In: Ders.: Schriften zur Ästhetik und Naturphilosophie: Text und Kommentar. Hg. von Frank, Manfred/Zanetti, Véronique. Bd. 1, Frankfurt 2001. S. 321-338, hier 325f.

22 Eliasson, Olafur: Den öffentlichen Raum aktivieren. In diesem Band. S. 59-62. Siehe auch Birnbaum, Daniel (Hg.): Olafur Eliasson: Innen Stadt Außen. Köln 2010.

23 Diner, Dan: »Zivilisationsbruch – oder der Verfall ontologischer Gewissheit«. In: Bielefeld, Ulrich (Hg.). Gesellschaft – Gewalt – Vertrauen. , Jan Philipp Reemtsma zum 60. Geburtstag. Hamburg 2012. S. 458-470.

Gedenkstätte im ehemaligen KZ Dachau: Die Auseinandersetzung mit dem Holocaust gehört zu den Grundkonstanten der Geschichte der Bundesrepublik Deutschland.

»das Moralgesetz auf den Tafeln der Ewigkeit geschrieben steht«, aus einer langer vergangenen Zeit zu stammen.[24] In dem Moment, da Actons moralische Gewissheiten durch ein unvorstellbares Ausmaß an Erniedrigung, Grausamkeit und Mord auf die Probe gestellt wurden, erwiesen sie sich als ebenso kurzlebig wie unzuverlässig. Angesichts der gewaltsamsten und zerstörerischsten Periode in der deutschen Geschichte hätten wohl viele Zeitgenossen Theodor W. Adornos Beobachtung zugestimmt, dass moralische Erwägungen nach dem Krieg mit einem »Versuch [einsetzen müssten], die Kritik der Moralphilosophie, die Kritik ihrer Möglichkeiten, das Bewusstsein ihrer Antinomien ins Bewusstsein aufzunehmen«.[25]

Dass die Gewaltkatastrophe der Kriegsjahre alle moralische Gewissheit und jedes eurozentrische Gefühl der Überlegenheit fragwürdig erscheinen ließ, war keine exklusive Erkenntnis der Kritischen Theorie, sondern wurde nach dem Krieg von vielen Europäern so empfunden. Der polnische Schriftsteller Tadeusz Borowski etwa, der mehr als zwei Jahre in Auschwitz und anderen Konzentrationslagern überlebt hatte, fand sich im Mai 1945 als eine von Millionen *displaced persons* in der Umgebung von München wieder. Westdeutschland erinnerte ihn an einem

[24] Acton, Lord: »Inaugural Lecture on the Study of History 1906«. In: (www.fordham.edu/halsall/mod/1906acton.html). In: Jonathan Glover, Humanity: A Moral History of the Twentieth Century, New Haven 2001. S. 1.

[25] Adorno, Theodor W.: Probleme der Moralphilosophie. Frankfurt a.M. 1996. S. 248.

»unglaublichen, fast komisch zu nennenden Schmelztiegel von Menschen und Nationalitäten, in dem es mitten in Europa gefährlich brodelte«. Wie andere Überlebende wusste Borowski nicht, »wohin er sich wenden sollte«, und fand sich unter dem Kommando und dem Schutz »junger amerikanischer Männer« wieder, »die von dem, was ihnen in Europa begegnete, ebenso vor den Kopf gestoßen wie schockiert waren«. Sie waren gekommen »wie die Kreuzfahrer, um den europäischen Kontinent zu erobern und zu konvertieren, und nachdem sie sich schließlich in den besetzten Zonen niedergelassen hatten, machten sie sich todernst daran, der misstrauischen, starrsinnigen deutschen Bourgeoisie das demokratische Baseballspiel beizubringen und ihnen das Prinzip des Gewinnstrebens einzuimpfen, in dem man ihnen zeigte, wie man Zigaretten, Kaugummis, Verhütungsmittel und Schokoladentafeln gegen Kameras, Goldzähne, Uhren und Frauen eintauscht.«[26]
Ihm und drei anderen polnischen Überlebenden der Lager gelang es, der amerikanischen Vormundschaft zu entfliehen und im Herbst 1945 eine Wohnung in München zu finden, wo sie einen »gewissen polnischen Dichter [...] seine Frau und seine Geliebte (eine Philologin) beherbergten«. Zu jener Zeit arbeitete Borowski an seinem Buch *Bei uns in Auschwitz*, eine Sammlung von Kurzgeschichten über den Alltag in Auschwitz. Als er dem berühmten Dichter einen Entwurf überließ, fand der ihn »viel zu düster und zudem fehle es ihm eindeutig am Glauben an die Menschheit«. Lord Actons moralische Gewissheiten kollidierten hier mit den moralischen Empfindungen jener, die am eigenen Leib erfahren hatten, was es heißt, in einem Konzentrationslager zu leben.

»Wir vier gerieten in eine erhitzte Debatte mit dem Dichter, seiner stillen Frau und seiner Geliebten (einer Philologin), weil wir darauf beharrten, dass die Moral und die nationale Solidarität, der Patriotismus und die Ideale der Freiheit, der Gerechtigkeit und der menschlichen Würde vom Menschen abgefallen seien wie verrottete Lumpen. Wir sagten ihnen, es gebe kein Verbrechen, das ein Mensch nicht begehen würde, wenn er sich dadurch selbst retten könnte. Sobald er sich einmal gerettet hat, wird er aus immer nichtigeren Gründen weitere Verbrechen begehen, zuerst aus Pflicht, dann aus Gewohnheit und zum Schluss – aus Vergnügen.
Genüsslich berichteten wir ihnen alles über unser schwieriges, duldsames Leben im Konzentrationslager, das uns lehrte, dass die ganze Welt in Wirklichkeit so ist wie das Konzentrationslager; die Schwachen arbeiten für die Starken, und wenn sie keine Kraft oder keinen Willen dazu haben – dann lässt man sie stehlen oder lässt sie sterben.

[26] Borowski, Tadeusz »The January Offensive (1948)«. In: Ders.: This Way for the Gas, Ladies and Gentlemen. Harmondsworth 1976. S. 164-168, hier S. 164f.

In der Welt herrschen weder Gerechtigkeit noch Moral; das Verbrechen wird genauso wenig bestraft wie die Tugend belohnt, das eine ist so schnell vergessen wie das andere. Die Macht herrscht in der Welt, und Macht verschafft man sich mit Geld. Es ist sinnlos zu arbeiten, weil man sich Geld nicht durch Arbeit verschaffen kann, sondern durch die Ausbeutung von anderen. Und wenn wir nicht so viel ausbeuten können, wie wir es gern täten, dann sollten wir zumindest versuchen, so wenig wie möglich zu arbeiten. Und die moralische Pflicht? Wir glauben weder an die Sittlichkeit des Menschen noch an die von Systemen. In Deutschland sind die Schaufenster voll mit Büchern und Andachtsgegenständen, doch der Rauch der Krematorien liegt noch immer über den Wäldern.«[27]

In der Welt herrschen weder Gerechtigkeit noch Moral; das Verbrechen wird genauso wenig bestraft wie die Tugend belohnt, das eine ist so schnell vergessen wie das andere.

Eine andere Kommentatorin, die in der katastrophischen Gewalt der Jahrhundertmitte einen Zivilisationsbruch sah, den man als ein historisches Phänomen begreifen müsse, war Hannah Arendt. In einer öffentlichen Vorlesung vom Februar 1965 gründete sie ihre Überlegungen zur Moralphilosophie auf die Einsicht, dass sowohl der Nationalsozialismus als auch der Stalinismus die scheinbar selbstverständliche Unterscheidung zwischen Richtig und Falsch infrage gestellt hätten.[28] Solche Gewissheiten, bemerkte sie, brachen gleichsam »über Nacht zusammen, als die Situation eintrat, dass die Moral plötzlich ohne Hüllen im ursprünglichen Sinn des Wortes dastand, als ein Kanon von ›mores‹, Sitten und Manieren, der gegen einen anderen ausgetauscht werden konnte, ohne dass das mehr Mühe gekostet hätte, als die Tischmanieren eines Einzelnen oder eines ganzen Volkes zu ändern.«[29]
Stalins Russland mag ein Beispiel hierfür gewesen sein, doch »die deutschen Entwicklungen« waren laut Arendt »viel extremer und vielleicht auch enthüllender«. Und weiter: »Es gab nicht nur die grauenhafte Tatsache der mit Sorgfalt errichteten Todesfabriken und das völlige Fehlen von Heuchelei« bei denen, »die an dem Ausrottungsprogramm beteiligt waren. Gleich wichtig, doch vielleicht noch erschreckender war die selbstverständliche Kollaboration seitens aller Schichten der deutschen Gesellschaft.«[30] Das Wirtschaftswunder mit seinem schillernden Reichtum vermochte die Geister nicht zu vertreiben, die diese moralische Katastrophe hervorgerufen hatte. Laut Arendt haben »wir den totalen Zusammenbruch einer ›moralischen Ordnung‹ erlebt«, und die »plötzliche Rückkehr zur ›Normalität‹

---

[27] Borowski: The January Offensive, S. 168. Dazu grundsätzlich Todorov, Tzvetan: Face à l'extrême (La couleur des idées). Paris 1991.

[28] Arendt, Hannah: Über das Böse. Eine Vorlesung zu Fragen der Ethik. München 2006.

[29] Ebd. S. 11.

[30] Ebd. S. 15.

kann, entgegen dem, was so oft selbstgefällig angenommen wird, unsere Zweifel nur verstärken.«[31] Die Deutschen müssten sich ihrer Mittäterschaft und Mitschuld an dem »wirklichen Bösen« bewusst werden, an dem »Sadismus, dem reinen Vergnügen an der Erzeugung und Betrachtung von Schmerz und Leid«.[32] Dieses »Laster aller Laster« sei zu unterscheiden von dem »Radikal-Bösen«, das »aus den Tiefen der Verzweiflung kommt« und dessen Verkörperung Luzifer darstelle, »der Lichtbringer, ein gefallener Engel«. Wer sich dem historischen Phänomen des »wirklich Bösen« zuwendet, statt über das literarische oder philosophische Motiv des »radikal Bösen« zu sinnieren, dem verschlägt es die Sprache. Die Geschichte der katastrophischen Gewalt bringt allein »sprachloses Entsetzen« hervor, so Arendt, »wenn wir nichts anderes mehr sagen können als: Dies hätte nie geschehen dürfen.«

Und doch war es geschehen, die Moral war in ihr Gegenteil verkehrt worden. Daher verwundert es kaum, dass moralische Zweifel die spezifische Art und Weise prägten, in der sich die Europäer nach dem Krieg auf die Suche nach der Demokratie als Lebensform begaben, um eine Wiederholung der politischen Zusammenbrüche der Zwischenkriegszeit zu verhindern.[33] Als umso fruchtbarer könnten sich moralgeschichtliche Fragen für unser Verständnis der Nachkriegsgeschichte erweisen, eine Geschichte, in der Deutsche und Europäer aus dem tiefen Schatten von Massenmord und Massensterben traten und sich mit der Idee der Demokratie versöhnten. Dabei geht es nicht darum, der Interpretation der politischen Auswirkungen des Wirtschaftswunders oder der militärischen und kulturellen Präsenz der Amerikaner nur eine neue Facette hinzuzufügen. Das Interesse gilt vielmehr dem unerwarteten »politischen Wunder«, jenem »demokratischen Moment« in der westdeutschen Nachkriegsgeschichte, dem wir am ehesten gerecht werden, wenn wir ihn als einen Teil der »samtenen Revolution« Westeuropas in den 1950er und 1960er Jahre (Mark Lilla) begreifen.[34] Während die sechs Jahrzehnte nach dem Krieg oft auf Begriffe wie Amerikanisierung und Sowjetisierung, Westernisierung, Liberalisierung oder Demokratisierung gebracht werden, gilt im Folgenden die Aufmerksamkeit vor allem den besonders eigentümlichen Facetten der deutschen Geschichte seit der »Stunde null«. Als fruchtbar könnte es sich dabei erweisen, auf die gerade erwähnten Prozessbegriffe zu verzichten. Teleologisch und normativ aufgeladene Analysekategorien bergen stets die Gefahr, sich aus anregenden Konzepten in Rauschmittel

---

[31] Ebd., S. 17.

[32] Die folgenden Zitate ebd., S. 42, 44f.

[33] Müller, Jan-Werner: »A European Constitutional Patriotism? On Memory, Militancy, and Morality«. In: Ders.: Constitutional Patriotism. Princeton 2007. S. 15.

[34] Lilla, Mark: »The Other Velvet Revolution: Continental Liberalism and Its Discontents«. In: Daedalus 123 (1994). S. 129-157. Die Formulierung »demokratischer Moment« verweist auf Philip Nord, dessen Analyse der Herausbildung einer demokratischen Kultur im Frankreich des 19. Jahrhunderts mein Verständnis der europäischen Nachkriegsverhältnisse geprägt hat. Siehe Ders: The Republican Moment. Struggles for Democracy in Nineteenth-Century France. Cambridge 1995.

zu verwandeln, die den Geist vernebeln. Grundfragen der deutschen Nachkriegsgeschichte erscheinen so als beantwortet, bevor sie überhaupt klar formuliert wurden. »Gewissenhafte Historiker« sollten nach Ansicht Siegfried Kracauers ohne solche »weltanschaulichen Stützen oder Krücken« auszukommen versuchen, eine Einsicht, die gerade für moralgeschichtliche Perspektiven unverzichtbar ist.[35]

4. Hemiplegische Bürger – Eigentümlichkeiten nach dem Krieg

Obwohl auch andere europäische Nachkriegsgesellschaften auf die Rückkehr in die »Normalität« hofften, orientierten sich die Deutschen bei ihrer Suche nach Demokratie als Lebensform an ganz eigenen Traumwelten der Normalität. Während die Bürger der meisten Länder stolz waren, anders zu sein, sehnten sich die Deutschen seit 1949 danach, normal zu sein. Die totale Niederlage des Jahres 1945, bemerkte 1960 der liberale Journalist Klaus Harpprecht, »ließ den Willen nach einer ›deutschen Besonderheit‹ verwelken«. Die Deutschen »haben es satt, in glänzender oder elender Vereinsamung beiseite zu stehen«. Kommt die Rede auf die Vergangenheit, sehen sie in ihr eine »Zeit lebensgefährlicher Krankheit (immer sind übrigens Krieg und Nazismus gemeint, wenn ohne nähere Umschreibung von der ›Vergangenheit‹ die Rede ist).« Um solche Erinnerungen zu bannen, entwickelten sie eine »banale Lust an der Normalität«. Ausländische Beobachter seien oft erstaunt, dass sie es nicht mehr zuwege brächten, »Deutsche in internationalen Speisewagen oder in den Restaurants der europäischen Hauptstädte auf den ersten Blick von anderen Kontinentaleuropäern zu unterscheiden, sie seien jetzt eben wie alle und vielleicht mit dem zweiten Blick zu erkennen, weil sie ein wenig ähnlicher sein wollten als die anderen«.[36]

Nicht von ungefähr werden Kritiker der Europäischen Union später spötteln, die Bezeichnung »Europäer« sei nicht mehr als ein »Euphemismus für Deutsche auf Auslandsreise«.[37] Mehr als alles andere wünschten sich die Nachkriegsdeutschen, sie wären wie alle anderen, sie könnten spurlos in der sozialistischen beziehungsweise westlichen Moderne aufgehen und unsichtbare Bürger eines postnationalen Europa auf einer der beiden Seiten des Eisernen Vorhangs werden. Wie zu erwarten, erwies sich das Streben nach Normalität als ebenso illusorisch wie vergeblich. Viele Schlüsselereignisse in der deutschen Nachkriegsgeschichte erinnerten die Bürgerinnen und Bürger daran, wie schwer fassbar der Traum der Normalität und wie

---

[35] Kracauer, Siegfried: History. Last Things before the Last. Oxford 1969. S. 170.

[36] Harpprecht, Klaus: »Die Lust zur Normalität«. In: Magnum: Zeitschrift für das moderne Leben. Heft 29 (April 1960). S. 17-19, hier S. 18. (Harpprecht, Jahrgang 1927, war Flakhelfer und Artilleriesoldat und kam 1945 in amerikanische Kriegsgefangenschaft; siehe Ders: Schräges Licht. Erinnerungen ans Überleben und Leben, Frankfurt 2014); siehe auch Mohr. Reinhard: »Total normal? Der Streit zwischen Martin Walser und Ignatz Bubis wühlt die Nation auf«. In: Der Spiegel. 30.11.1998. Nr. 49. S. 40-47.

[37] O'Brien Ruth: »Foreword«. In: Marquand, David: The End of the West. The Once and Future Europe Princeton 2011.

eigentümlich der Ort ihres Landes innerhalb der sozialistischen beziehungsweise westlichen Moderne blieb.

Um diese den Deutschen eigentümliche Sehnsucht nach Normalität zu entschlüsseln, liegt es nahe, sich mit Methoden vertraut zu machen, die sich bei der historischen Untersuchung von Zauberei und Wundern, von Ungeheuern und Heiligen bewährt haben. Im Falle von spätmittelalterlichen und frühneuzeitlichen Kulturen öffnet ein Gespür für das Abwegige den Blick dafür, was als normal galt und wie Normen durchgesetzt wurden. In dieser Hinsicht können Zeithistoriker sich das eine oder andere bei Mittelalter- und Frühneuzeithistorikern abschauen. Sie haben Methoden und Erzählweisen entwickelt, die der »schöpferischen und verstörenden Gegenwart des ›Anderen‹ – des Außenseiters, des Unbekannten, des Fremden, des Subversiven, des radikal Anderen – in Macht- und Denksystemen« eine entscheidende Rolle zuweisen.[38] Im Anschluss daran drängt sich die Frage auf, wie unter Zeithistorikern ein Gespür geweckt werden kann für Besonderheiten, für Ausnahmesituationen und Merkwürdigkeiten, Brüche, Kontraste und Einzelphänomene, für verschiedene Formen der Zugehörigkeit und des bürgerlichen Lebens in den beiden deutschen Nachkriegsstaaten.

Dieses Plädoyer greift die verbreitete These auf, die Geschichte Nachkriegsdeutschlands sei ein verblüffender »Erfolg« gewesen, und stellt sie zugleich in Frage. Dabei geht es weniger darum, die von Edgar Wolfrum, Axel Schildt oder Hans-Ulrich Wehler vertretene Auffassung in Zweifel zu ziehen, wonach die Bundesrepublik eine »geglückte Demokratie« oder eine »stabile Demokratie« sei. Als fruchtbar könnte es sich vielmehr erweisen, die Debatten, auf welche solche Formeln antworten, einmal links liegen zu lassen.[39]

Um den Besonderheiten der deutschen Nachkriegsverhältnisse auf die Spur zu kommen, bietet es sich an, von Reiseberichten und Briefen auszugehen, in denen Emigranten und Remigranten ihre Nachkriegserfahrungen schilderten. In ihnen spiegelt sich eine einzigartige Verbindung aus intimer Vertrautheit und genauen Kenntnissen einerseits und einem Gefühl existenzieller Entfremdung andererseits.[40]

---

38 Zemon Davis, Natalie: »The Quest for Michel de Certeau«. In: New York Review of Books 55 (2008). Abgesehen von Davis und Certeau denke ich in diesem Kontext auch an die Arbeiten von Caroline Walker Bynum, Carlo Ginzburg, Christian Jouhaud, H. C. Erik Midelfort und Klaus Schreiner.

39 Schildt, Axel: Ankunft im Westen: Ein Essay zur Erfolgsgeschichte der Bundesrepublik, Frankfurt a. M. 1999; Hans-Ulrich, Wehler: Deutsche Gesellschaftsgeschichte Bd. 5: Bundesrepublik und DDR 1949-1990, München 2008; Wolfrum, Edgar: Die geglückte Demokratie. Geschichte der Bundesrepublik von ihren Anfängen bis zur Gegenwart. Stuttgart 2006.

40 Zu Remigranten im Nachkriegsdeutschland Söllner, Alfons: »Normative Westernization? The Impact of Rémigres on the Foundation of Political Thought in Post-War Germany«. In: Müller, Jan-Werner (Hg.). German Ideologies since 1945. Studies in the Political Thought and Culture of the Bonn Republic. New York 2003. S. 40-60; Lamberti, Marjorie: »Returning Refugee Political Scientists and America's Democratization Program in Germany after the Second World War«. In: German Studies Review 31 (2008). S. 263-284; Von der Lühe, Irmela (Hg.). Auch in Deutschland waren wir nicht wirklich zu Hause. Jüdische Remigration nach 1945. Göttingen 2008.

Ausländischen Beobachtern wie dem israelischen Journalisten Amos Elon, der die Bundesrepublik und die DDR während des Frankfurter Auschwitzprozesses 1965 besuchte, kam Deutschland nach dem Krieg weniger wie eine geglückte Demokratie vor, sondern wie ein Land im Schatten von Gewalt und Völkermord. »Millionen Menschen [wohnen] in dieser neuen Welt des Wohlstandes. Doch ist die Atmosphäre selten großstädtisch«, notierte Elon am Anfang seines bemerkenswerten Reiseberichts *In einem heimgesuchten Land*, der zuerst 1966 erschien.

»Gutgekleidete, wohlgenährte Menschen drängen sich auf neuen, schon wieder zu schmalen Gehsteigen; sie füllen die stromlinigen Untergrundbahnen und Großraumwagen der Straßenbahn [...]. Die Wohnhäuser der Reichen sind mit Chagalls bärtigen Rabbinern dekoriert. In alten Ritterburgen, in denen einst die Nazis ausgewählte Jugendliche (zur ›neuen Elite‹ der Nation) heranbildeten – sie sollten [...] ›tausend Leichen ansehen können, ohne mit der Wimper zu zucken‹ (Himmler) – florieren schrullige Hotels für romantisch veranlagte (oder versnobbte) Touristen. Daneben veranstalten internationale Jugendherbergen Symposien für die ›deutsch-französische Verständigung‹ oder für ›christlich-jüdische Zusammenarbeit‹.«[41]

Überall in Deutschland vertusche die Gegenwart »eine gefährliche Vergangenheit«, heißt es bei Elon. Die »harmlose Düsseldorfer Gegenwart« wirke auf ihn wie eine »Doppelbelichtung: das moderne, nette Kalenderbild in Technicolor überlagert den schwarzgrauen Stahlstich eines Massakers«.[42] Eine »moralische Schizophrenie« prägte laut Elon das öffentliche Leben in dieser jungen Demokratie: »Bei Staatsempfängen in Bonn«, so Elon, »klirren und leuchten Hitlers Angriffskriege auf den Brüsten der Prominenz. Was klirrt hier im Geiste mit? Dieselben Orden klirrten auf den Brüsten der Männer, die in Auschwitz Wache standen. Dieselben Orden bekam man dort für den Einwurf von Cyanid in die versiegelten Kammern voller schreiender, nackter Menschen.«[43]
So grell die von Elon verwendeten Metaphern sein mögen und so düster er die Lage einschätzte, zwischen der Mitte der 1940er Jahre und den frühen 1970er Jahren waren Zweifel an der demokratischen Zukunft Deutschlands allgegenwärtig. Als der sozialistische Dichter Johannes R. Becher Anfang 1946 Theodor Heuss als ersten

[41] Elon, Amos: In einem heimgesuchten Land. Reise eines israelischen Journalisten in beide deutsche Staaten. München 1966. S. 26f. Zur Entstehung siehe Ders.: Ein Gespräch mit Amos Elon – 20 Jahre danach, in: Elon, Amos: In einem heimgesuchten Land. Berichte aus beiden Deutschland. Nördlingen 1988. S. 389-397. Elon erwähnt darin »zahlreiche Rezensionen, fast ausschließlich positive«. Beispielhaft Hemmerich, Peter. Mich interessiert nur Karl Schmidt: »Das Deutschlandbild eines Israeli«. In: Die Zeit, 18.11.1966.

[42] Dieses Zitat nur in der englischsprachigen Ausgabe: Elon, Amos: Journey through a Haunted Land. The New Germany. New York 1967. S. 74.

[43] Amos: »In einem heimgesuchten Land«. S. 36.

westdeutschen Politiker einlud, vor dem »Kulturbund zur demokratischen Erneuerung Deutschlands« zu sprechen, wählte dieser den 18. März als Datum für seine Rede. An dem Tag, an dem in Preußen die Revolution von 1848 begonnen hatte, sprach der künftige Bundespräsident im Haus des Rundfunks, damals als »Rotes Haus an der Masurenallee« bekannt, über »Deutschlands Zukunft«. Angesichts der vernichtenden Niederlage vom Mai 1945 hätten die Deutschen ihr Schicksal kaum noch selbst in der Hand, vor allem in politischen und wirtschaftlichen Fragen. Doch seien sie frei, über ihre Zukunft »im Raum des Geistig-Moralischen« zu entscheiden. Mit Blick auf den Nationalsozialismus unterstrich Heuss: »Wir sind alle in dieser Zeit und durch diese Zeit schmutzig geworden.« Nun liege vor den Deutschen »ein schwerer Weg der Selbstreinigung«, bei dem sie vor allem die »Angst vor dem Atem der Freiheit« überwinden müssten. Zwar würden sich viele Bürger heute als eingefleischte »Demokraten« hinstellen. Doch solange sie nicht begriffen, dass sie in Wahrheit totale Anfänger waren und »bei dem Wort Demokratie ganz von vorn anfangen [müssen] im Buchstabieren«, sei jeder Versuch, eine bessere politische Ordnung zu errichten, zum Scheitern verurteilt: »Demokratie heißt«, betonte Heuss, »nicht nur Wählerstatistik und ist nicht nur ein Rechenverfahren, sondern im Elementaren die Anerkennung eines freien Menschentums, das auch im Gegner den Partner sieht, den Mitspieler.«[44]

Publikumsmagnet Reichstag: Während in der frühen Bundesrepublik die Sorge um den liberalen Verfassungsstaat groß war, ist die Demokratie heute in Deutschland fest verankert.

[44] Heuss, Theodor: »Um Deutschlands Zukunft« (18. März 1946). In: Ders.: Aufzeichnungen 1945-1947. Hg. von Eberhard Pikart. Tübingen 1966. S. 184-208, hier S. 189f., 193, 207.

Die Sorge, der liberale Verfassungsstaat könnte sich als brüchig erweisen, begleitete die ersten Dekaden der jungen Demokratie. Im Rückblick auf die ersten zwölf Jahre der Bundesrepublik argumentierte Jürgen Habermas 1961, der junge Staat sei keine Demokratie, sondern eine »Wahlmonarchie«, die kurz davor stehe, der faschistischen Versuchung abermals zu erliegen. Zwar verhindere der über allem liegende »Schleier der Entpolitisierung« fürs Erste den Siegeszug einer »totalitären Partei«. Doch könne dieser jederzeit reißen. Dann nähme »eine bekannte sozialpsychologische Dialektik« ihren Lauf: »dass gerade die politisch indifferenten Massen durch plebiszitären Handstreich oberflächlich politisiert und in der Regie einer starken Obrigkeit mobilisiert werden können.« Nicht nur linke Intellektuelle betonten, wie tief die Schatten von Vernichtungskrieg, Völkermord und moralischer Katastrophe über der noch jungen Demokratie lagen. »Wer die dreißiger und vierziger Jahre als Deutscher durchlebt hat«, bekannte der melancholische Konservative Golo Mann im August 1966, »der kann seiner Nation nie mehr völlig trauen, der kann der Demokratie so wenig völlig trauen wie einer anderen Staatsform, der kann dem Menschen überhaupt nicht mehr völlig trauen und am wenigsten dem, was Optimisten früher den ›Sinn der Geschichte‹ nannten. Der wird, wie sehr er sich auch Mühe geben mag und soll, in tiefster Seele traurig bleiben, bis er stirbt.«[45]

Zweifel, ob die Bundesrepublik als demokratisches Gemeinwesen lebensfähig sein werde, schlugen sich vor allem in Debatten über moralische Fragen nieder. Bezeichnend waren die Sorgen um die Erziehung moralisch mündiger Bürger und die »moralische Grunderneuerung der Deutschen«, wie sie in den Auseinandersetzungen über Anstandsregeln, Kindererziehung, die politische Bildung und Kulturdiplomatie seit 1945 zum Ausdruck kamen.[46] 1948 etwa war im ersten Band des nach Kriegsende erscheinenden »Yearbook of Education« die Rede von »einem Zusammenbruch der westlichen Zivilisation mit all dem, was das nach sich zieht; in den nächsten zehn Jahren wird sich zeigen, ob wir es mit einer vorübergehenden Störung zu tun haben oder ob es sich um einen Niedergang handelt.« Solche Stimmen ließen sich auch 1958 noch hören. Besessenheit und Neugier prägten wissenschaft-

Zweifel, ob die Bundesrepublik als demokratisches Gemeinwesen lebensfähig sein werde, schlugen sich vor allem in Debatten über moralische Fragen nieder.

[45] Habermas, Jürgen: »Die Bundesrepublik – eine Wahlmonarchie?«. In: Alfred Neven Dumont (Hg.), Woher – Wohin: Bilanz der Bundesrepublik. Magnum, Sonderheft 1961. S. 26-29, hier S. 29. Dieser Text fehlt in Habermas inzwischen auf 12 Bände angewachsenen »Kleinen politischen Schriften«. Golo Mann: »Deutsche und Juden«. In: Deutsche und Juden. Beiträge von Nahum Goldmann u.a. Frankfurt 1967. S. 49-69, hier S. 69; zu Manns Position in der Geistesgeschichte der Bundesrepublik siehe Lahme, Tilmann: »Nachwort«. In: Golo Mann. Briefe 1932-1992. Hg. von Tilmann Lahme. Göttingen 2006. S. 483-520.

[46] Betts, Paul: »Manners, Morality, and Civilization: Reflections on Postwar German Etiquette Books«. In: Biess, Frank/Moller, Robert G. (Hg.). Histories of the Aftermath. The Legacies of the Second World War in Europe. New York 2010. S. 196-214, hier S. 197.

liche Debatten über die moralische Entwicklung von Kleinkindern, die Herausbildung einer Ethik im frühen Kindesalter oder die moralische Orientierungslosigkeit und möglichen Abirrungen von Jugendlichen. Die obsessive Suche nach Antworten in solchen Fragen trieb Wissenschaftler wie Lev Vygotsky, Jean Piaget und Alexander Mitscherlich, Benjamin Spock und Arnold Gesell in den Jahren unmittelbar nach dem Krieg und Lawrence Kohlberg und Jürgen Habermas in den letzten Jahrzehnten des 20. Jahrhunderts an.[47]

Dass Historiker sich gerne mit den Texten von Intellektuellen und prominenten Wissenschaftlern beschäftigen, sollte nicht den Blick auf den Beitrag verstellen, den unzählige politisch aktive Bürgerinnen und Bürger in vielen Familienverbänden und Erziehungseinrichtungen zu diesen Debatten beigesteuert haben. Karl Borgmann, der Herausgeber der Monatszeitschrift *Caritas* und eine Schlüsselfigur der katholischen Laienbewegung, argumentierte 1952, dass viele Christen nach wie vor einem Familienideal anhingen, das »vergangenen Staatsformen zugewendet ist, in denen der Bürger von oben regiert wurde und fast zur politischen Untätigkeit verurteilt war«. Kinder müssten, so der Familienexperte im Januarheft von *Frau und Mutter*, von früh auf lernen, »die Freiheit [zu] erfahren und [zu] gebrauchen«. Daher dürfe die Familie sich keinesfalls am Ideal der »absoluten Monarchie« oder gar der »Diktatur« orientieren. Wer einer patriarchalischen Erziehung das Wort rede, habe nicht verstanden, dass die für die Verbrechen des Nationalsozialismus Verantwortlichen meist aus »›geordneten‹« Verhältnissen, nicht von den Rändern der Gesellschaft stammten. Väter, die »autoritär [...] und mit handgreiflichen Mitteln« erzögen, seien die Geburtshelfer der nationalsozialistischen Diktatur gewesen. Wer Kinder »immer wieder ungerecht« behandele, müsse damit rechnen, dass diese »als Erwachsene selbst zu Unterdrückern« würden, mahnte Borgmann: »Manche Henker aus den KZ stammten nachweislich aus sogenannten ›geordneten Familien‹«.[48]

In der Nachkriegszeit führte die Frage, wie es möglich wäre, jene moralischen Empfindungen zu erlernen und einzuüben, die den mündigen Bürger zum Garanten einer demokratischen Zukunft machte, zur Gründung zahlreicher kultureller,

47 »Foreword«. In: Institute of Education, University of London, and Teachers College, Columbia University, New York (Hg.). The Yearbook of Education (1948). S. VI. Zur Erziehung und das Aufziehen von Kindern allgemein Führ, Christoph/Furck, Carl-Ludwig (Hg.). Handbuch der deutschen Bildungsgeschichte. Bd. 6,1. 1945 bis zur Gegenwart – Bundesrepublik Deutschland, München 1998; Baader, Meike Sophia (Hg.): Seid realistisch, verlangt das Unmögliche. Wie 1968 die Pädagogik bewegte. Weinheim 2008.

48 Borgmann, Karl, »Völker werden aus Kinderstuben: Um die rechte Ordnung in der Familie«. In: Frau und Mutter: Monatsschrift für die katholische Frau in Familie und Beruf 35 (1952). S. 4f. Allgemein Rölli-Allkemper, Lukas: Familie im Wiederaufbau: Katholizismus und bürgerliches Familienideal in der Bundesrepublik Deutschland 1945-1965, Paderborn u.a. 2000; Van Rahden, Till: »Wie Vati die Demokratie lernte. Religion, Familie und die Frage der Autorität in der frühen Bundesrepublik«. In: Fulda, Daniel u.a. (Hg.). Demokratie im Schatten der Gewalt. Geschichten des Privaten im deutschen Nachkrieg. Göttingen 2010. S. 122-152.

pädagogischer und wissenschaftlicher Einrichtungen. Dies galt für das Max-Planck-Institut für Bildungsforschung – namentlich unter dem Direktorat von zwei jüdischen Remigranten, Saul B. Robinson (1916-1972) und Wolfgang Edelstein (geboren 1929), sowie von Dietrich Goldschmidt (1914-1998), dessen Vater 1902 vom Judentum zum Protestantismus konvertiert war. Hierzu zählen aber vor allem die ständig weiter wachsenden, mit finanziellen Mitteln üppig versorgten parteinahen Stiftungen, wie etwa die Friedrich-Ebert-Stiftung, die Konrad-Adenauer-Stiftung, und die Zentralen für politische Bildung im Bund und in den Ländern.[49] Ähnliche Anliegen bilden auch die *raison d'être* für das weite Spektrum der großzügig finanzierten Flaggschiffe bundesdeutscher Kulturdiplomatie wie etwa die Alexander von Humboldt-Stiftung und den Deutschen Akademischen Austauschdienst, das Goethe-Institut oder, als sonderlichste Einrichtungen dieser Art, die Deutschen Historischen Institute. Dieses Ensemble verdeutlicht, wie klar sich die frühe Bundesrepublik von Strategien kultureller Hegemonie und Großmachtpolitik aus dem späten 19. Jahrhundert abzusetzen suchte. Programmatisch zielten diese Einrichtungen auf Austausch und Dialog, um der Angst vor dem Fortbestehen der »deutschen Frage« entgegenzuwirken.[50]

In der Nachkriegszeit führte die Frage, wie es möglich wäre, jene moralischen Empfindungen zu erlernen und einzuüben, die den mündigen Bürger zum Garanten einer demokratischen Zukunft machte, zur Gründung zahlreicher kultureller, pädagogischer und wissenschaftlicher Einrichtungen.

Wenn ein Gespür für Eigentümlichkeiten und Besonderheiten, Wunder und Ungeheuer, Geister und Gespenster, launige Episoden und bizarre Geschichten den Blick auf die deutsche Nachkriegsgeschichte schärft, erscheint die Bundesrepublik nicht einfach als eine ungelernte, sondern eher als eine »unbeholfene Demokratie«.[51] Ob es in den innerdeutschen Debatten um das Erbe des Nationalsozialismus und die Erinnerung an den Zweiten Weltkrieg ging, um Reparationen oder »jüdische Mitbürger«, um die Rolle des Islam im öffentlichen Raum, die Einwanderung und den Fremdenhass, um die Frage der »Leitkultur« und die moralischen Grund-

---

[49] Wolfgang Edelstein war so freundlich, mich im Juli 2009 während einer Reihe von Gesprächen in Berlin mit der Geschichte des Instituts zwischen seiner Gründung 1963 und den späten 1970er Jahren vertraut zu machen. Laut Edelstein spiegelte der auf die Moralentwicklung gerichtete Fokus des Instituts die große Sorge um die Lebensfähigkeit der liberalen Demokratie nach dem »Zivilisationsbruch«; siehe auch Dietrich Goldschmid: »Unter der Last des Holocaust 1945-1989. Entsetzen, Trauer, bemühter Neuanfang«. In: Neue Sammlung 29 (1989). S. 145-160; In Memoriam Dietrich Goldschmidt: Reden auf der Akademischen Trauerfeier am 16. Oktober 1998. Berlin 1999.

[50] Zur Kulturgeschichte der deutschen Außenpolitik: Paulmann, Johannes: Die Haltung der Zurückhaltung. Auswärtige Selbstdarstellungen nach 1945 und die Suche nach einem erneuerten Selbstverständnis in der Bundesrepublik. Bremen 2006 sowie Kreis, Reinhild (Hg.): Diplomatie mit Gefühl. Vertrauen, Misstrauen und die Außenpolitik in der Bundesrepublik Deutschland. Berlin 2015.

[51] Michel, Karl Markus: Muster ohne Wert: »Westdeutschland 1965«. In: Ders.: Die sprachlose Intelligenz, Frankfurt 1968. S. 63-124, hier S. 72. Siehe auch Rutschkys, Michael: »Reise durch das Ungeschick und andere Meisterstücke«. Zürich 1990.

lagen der Demokratie – in ihrem vergeblichen Streben nach »Normalität« ließen die tollpatschigen Bürger und tölpelhaften Eliten der Bundesrepublik kaum ein Fettnäpfchen aus.[52]

Laut M. Rainer Lepsius bestand eine Besonderheit der deutschen Geschichte des frühen 20. Jahrhunderts in den »symbolisch dramatisierten Moralgrenzen« zwischen unterschiedlichen Milieus. Wenige dieser Milieus überlebten die Gewaltkatastrophen der ersten Hälfte des 20. Jahrhunderts. Obwohl Milieugrenzen in den Jahrzehnten nach dem Zweiten Weltkrieg nicht mehr in gleicher Weise moralisch aufgeladen waren, erwiesen sie sich als umso undurchlässiger. Als die Illustrierte *Magnum: Zeitschrift für das moderne Leben* prominente Intellektuelle 1961 einlud, eine Bilanz der ersten zwölf Jahre der Bundesrepublik vor dem Hintergrund der vorangegangenen zwölf Jahre der nationalsozialistischen Herrschaft zu ziehen, bemerkte Helmuth Plessner, der als Emigrant in den Niederlanden überlebt hatte, dass Deutsche auf beiden Seiten des Eisernen Vorhangs an »Hemiplegie« litten, auch wenn die halbseitige Lähmung eine je eigene Form annähme:

»[W]as dort Marx in einer Form der Synthese aus Katechismus und Felddienstordnung zuwege bringt, schafft hier die freiwillige Selbstkontrolle. Zum Westen gekehrt und um europäische Einigung bemüht, herrscht Einverständnis über die Spielregeln, nach denen Gegensätze zum Ausgleich gebracht werden: der Proporz beherrscht die Szene. Die Konfessionen und Parteien haben das Vakuum nach der braunen Diktatur unter sich aufgeteilt und eine balance of power geschaffen, in der Duldung ohne Duldsamkeit, als formalistische Liberalität präsent ist. Jede Gruppe, auf ihre Weise autoritär und totalitär, grenzt sich gegen die anderen negativ ab, und alle sind sich darin einig, Experimente nach Möglichkeit auszuschließen.«[53]

Plessner war nicht der einzige Remigrant beziehungsweise Emigrant, der den Eindruck hatte, etwas stimme im Alltag der Nachkriegsdeutschen nicht. Im Herbst 1956, im Anschluss an seinen ersten Besuch in Deutschland, brachte der Kulturphilosoph

---

[52] Geyer, Michael/Hansen, Miriam: »German-Jewish Memory and National Consciousness«. In: Hartman, Geoffrey (Hg.): Holocaust Remembrance. The Shape of Memory. Cambridge 1994. S. 175-190; Schäfer, Hans Dieter: Das gespaltene Bewusstsein. Vom Dritten Reich bis zu den langen Fünfziger Jahren. Göttingen 2009; Geyer, Martin H.: »Im Schatten der NS-Zeit. Zeitgeschichte als Paradigma einer (bundes-)republikanischen Geschichtswissenschaft«. In: Nützenadel, Alexander/Schieder, Wolfgang (Hg.). Zeitgeschichte als Problem. Göttingen 2004. S. 25-53; Stern, Frank: Im Anfang war Auschwitz. Antisemitismus und Philosemitismus im deutschen Nachkrieg. Gerlingen 1991; Grossmann, Atina: Jews, Germans, and Allies. Close Encounters in Occupied Germany. Princeton 2007; Goschler, Constantin: Schuld und Schulden. Die Politik der Wiedergutmachung für NS-Verfolgte seit 1945. 2. Aufl., Göttingen 2008; Rottmann, Susan B./Marx Ferree, Myra: »Citizenship and Intersectionality. German Feminist Debates about Headscarf and Antidiscrimination Laws«. In: Social Politics 15 (2008). S. 481-513.

[53] Plessner, Helmuth: »Wir fragten: Inwiefern hat die Bundesrepublik ihre Erwartungen erfüllt oder nicht?«. In: Dumont: Woher, Wohin, S. 20. Dieser Text findet sich nicht in Plessners gesammelten Schriften.

Siegfried Kracauer, der 1933 aus Deutschland hatte fliehen müssen, ähnliche Empfindungen zum Ausdruck. Im Oktober 1956 bemerkte er in einem Brief an seinen engen Freund, den Soziologen Leo Löwenthal, der mit ihm das Schicksal des Exils teilte:

»Wir waren nur drei Tage in Deutschland, zwei in Hamburg und einen in Freiburg, wo wir den alten Bernhard Guttmann besuchten. Das war uns auch genug. Der Hausknecht im Hotel in Hamburg war sicher ein devoter SA-Mann gewesen. Aber besser, man fragt die Leute nicht. Davon abgesehen, jeder war nett zu uns, die jungen Leute sind wißbegierig (und wissen nichts); es ist wirklich gutes Material vorhanden. Der Grund, warum uns davor schauderte, dort sein zu müssen, ist ein anderer: die Tatsache, dass es in Deutschland nie eine Gesellschaft gab, zeigt sich erschreckend. Die Leute sind alle völlig formlos und unkanalisiert, sie haben kein Außen (und ein ungeordnetes Innen). Es ist alles da, aber nichts am Platz. Daher das unechte, gekünstelte Benehmen, die *stilted language*, die komplette Unsicherheit. Die Leute sind *not so much human beings as raw material for human beings*. Kurzum, ich traue ihnen nicht.«[54]

Ein Mangel an Form (und an *politesse*) und die Undurchlässigkeit von Moralgrenzen kennzeichneten den bundesdeutschen Alltag. Friedrich Tenbruck, einer der wenigen Wissenschaftler, welche die öffentlichen Begegnungen der Nachkriegsdeutschen im Alltagsleben untersuchten, hob die »deutlichen Unsicherheiten und Irritationen« hervor, die das öffentliche Leben prägten. Die Westdeutschen neigten dazu, »im eigenen Verkehrskreis zu verharren, um den hohe Barrieren gezogen sind. Man bleibt gern unter sich, weil man sich dort frei, natürlich und sicher fühlt.« Zufällige Begegnungen mit Fremden weckten selten echte Neugier und blieben stattdessen auf den verlegenen Austausch von Floskeln beschränkt. »Eine hohe Selektivität der Kontakte und ausgeprägte Idiosynkrasien deuten auf das Bedürfnis nach Gleichartigkeit«, hielt Tenbruck 1974 fest.

»[S]ie bezeugen einen Mangel an Aufnahmebereitschaft, Kontaktfähigkeit und Austauschwillen. Der Hang zur cliquenhaften Besonderung, das Fehlen des Gemeinmenschlichen ist spürbar. So unproblematisch und tolerant durchschnittlich die Begegnungen verlaufen, es fehlt an jener Durchlässigkeit, in der sich Individualität ausspricht, ernst nimmt und aneinander reibt, an der Neugier, die sich an der Individualität und Erfahrung anderer bilden will, [...].«[55]

---

[54] Löwenthal, Leo/Kracauer, Siegfried: »In steter Freundschaft«. Briefwechsel 1921-1966. Springe 2003. S. 212 (Hervorhebungen im Original).

[55] Tenbruck, Friedrich H.: »Alltagsnormen und Lebensgefühle in der Bundesrepublik«. In: Löwenthal, Richard/Schwarz, Hans-Peter (Hg.): Die zweite Republik. 25 Jahre Bundesrepublik Deutschland – eine Bilanz. Stuttgart 1974. S. 288-310, hier S. 305f. Zur *politesse* siehe besonders Bergson, Henri: La politesse et autres essais. Paris 2008, und Malherbe, Michel, Qu'est-ce que la politesse? Paris 2008.

Der Hang, ausschließlich mit Gleichgesinnten zu verkehren, war und ist so selbstverständlich, dass im heutigen Deutschland mancher Historiker verblüfft notiert, dass intellektuelle Gegner wie Jürgen Habermas und Wilhelm Hennis über viele Jahre eng zusammengearbeitet haben und dass öffentliche Widersacher wie Theodor W. Adorno und Arnold Gehlen privat verbunden waren.[56]

Vor allem ausländischen Beobachtern fielen die Eigenheiten und Schrullen der deutschen akademischen Welt auf, einer Welt, die sie ansonsten bewunderten. Aus der Sicht des norwegischen Soziologen Johan Galtung ließ eine Kultur zeremonieller Höflichkeit keinen Raum für spielerische *politesse* und Witz im Umgang mit deutschen Kollegen, die oft eine Haltung an den Tag legten, in der ressentimentgeladene Provinzialität, Größenwahn und Minderwertigkeitskomplexe sich auf skurrile Weise verstärkten.[57] Hatte Galtung mit Kollegen von deutschen Universitäten und Forschungseinrichtungen zu tun, traf er auf den gleichen eigentümlichen intellektuellen Stil, den er »teutonisches Denken« nannte, »wegen seiner Ernsthaftigkeit, der gnadenlosen Tatkraft, dem Eifer, mit dem diese Art der Tätigkeit betrieben wird.« Witze gelten als »frivol«, weil »sie den fehlenden Glauben an das, was man sagt«, verraten. Statt sich einen unbeschwerten Pragmatismus zu eigen zu machen, setzten die deutschen Akademiker einen »humorlosen frostigen Blick und eine unfreundliche Miene« auf, während sie sich auf ihre Theorie beriefen und aus »ein paar wenigen Grundprinzipien« empirische Beobachtungen ableiteten. Weil die Welt der Wissenschaft sich aus mehreren verfeindeten Lagern zusammensetzte, verbrachten Galtungs deutsche Kollegen viel Zeit damit, »Gutachten« auszustellen, in denen sie »andere Systeme, Artikel, Bücher, Autoren, Gruppen, Schulen usw. klassifizieren«. Innerhalb dieser Lager »bildete sich eine spezielle Geheimsprache heraus«, die sich »wesentlich besser für die Binnenverständigung als für die Kommunikation nach außen« eignete. Trat der seltene Fall ein, dass Mitglieder verfeindeter Lager zusammenkamen, blieben die Diskussionen zwischen den Angehörigen unterschiedlicher Stämme »ablehnend und destruktiv«: »Im Allgemeinen gilt die Annahme, dass zwischen dem Referenten und dem Publikum ein unerklärter Krieg herrscht.« Damit erkläre sich der Mangel an Neugier und die Unfähigkeit, eine »entspannte und freundliche Atmosphäre« zu schaffen. Wissenschaftliche Gespräche zwischen den Vertretern des teutonischen

---

[56] Schlak, Stephan: Wilhelm Hennis. Szenen einer Ideengeschichte der Bundesrepublik. München 2008; Müller-Dohm, Stefan: Adorno. Eine Biographie. Frankfurt a. M. 2003.

[57] Galtung, Johan: »Deductive Thinking and Political Practice. An Essay on Teutonic Intellectual Style«. In: Papers on Methodology: Essays in Methodology. Bd. 2, Kopenhagen 1979. S. 194-209, 274-351 (eine überarbeitete und erweiterte deutsche Übersetzung wurde veröffentlicht als »Struktur, Kultur und intellektueller Stil: Ein vergleichender Essay über sachsonische, teutonische, gallische und nipponische Wissenschaft«. In: Leviathan: Zeitschrift für Sozialwissenschaft 11 (1983). S. 303-338; Zitat über frivole Witze in Anm. 27. S. 322).

intellektuellen Stils seien »eine Reihe von Monologen und kein wirklicher Dialog. [...] Es ist, als ob jeder Teilnehmer auf dem Gipfel seines Systems sitzt und sich an seine kleine (oder große) Alm klammert«, wobei er mit »ungewöhnlich schriller Stimme« verkündet, dass »seine Alm die einzige ist«.

5. Unbeholfene Begegnungen – Moralische Obsessionen

Man muss die Thesen von Tenbruck oder Galtung nicht teilen, um zu erkennen, dass die Nachkriegsdeutschen nicht gerade zu Meistern einer spielerischen *politesse* wurden. Nur wenige beherzigten Henri Bergsons Rat, dass eine *politesse des manières* und eine *politesse de l'esprit* sich aus einer republikanischen Gleichheitsliebe speisten und Ausdruck »einer geistigen Anpassungsfähigkeit« (*une souplesse intellectuelle*) sind, die es den Bürgerinnen und Bürgern ermöglicht, mit Feindschaft und Abneigung zu leben und Formen von Geselligkeit zu kultivieren, dank derer sie auch jene Dinge begreifen können, die sie sich nicht zu eigen machen wollen.[58] Die Fähigkeit, das Gespräch mit Fremden oder gar seinen Gegnern zu suchen, das Vermögen, Konflikte, Aversionen oder Feindschaften mit Hilfe von Regeln einzuhegen, die Kunst, politische Leidenschaften und moralische Inkommensurabilität anzuerkennen und auszuhalten – solche elementaren Tugenden des öffentlichen Lebens in einer liberalen Demokratie zählten (und zählen vielleicht immer noch) nicht zu den Stärken der Nachkriegsdeutschen. Lieber gaben sie sich dem Traum von moralischer Harmonie hin, statt Vielfalt, Konflikte und Dilemmata in Fragen der Moral als unvermeidliche Folge der bürgerlichen Freiheit des Einzelnen anzuerkennen.

Es kann daher kaum überraschen, dass viele der besten Studien zur zweiten Hälfte des 20. Jahrhunderts den Zusammenhang zwischen der demokratischen Ordnung und den privaten Lebensformen erkunden. Dadurch haben sie die Grundlage geschaffen für eine Geschichte der moralischen Leidenschaften in der deutschen Nachkriegszeit. Zu nennen sind hier die Debatten über Geschlechterbeziehungen und die Familie, Kindererziehung und väterliche Autorität, die Kontroversen über Sexualität und Abtreibung, Heteronormativität und die Rechte von Schwulen und Lesben, die Auseinandersetzungen um eine Konsumkultur und die Rolle Deutschlands in der Welt, die Debatten über die Bedeutung von Opferstatus und Trauma, der Streit um die Erinnerung an den Holocaust und den Nationalsozialismus, die Auseinandersetzung über Einwanderung und nationale Identität sowie die Diskussion über die Rolle der Religion und der Vielfalt im öffentlichen Leben. Hier lebt die Obsession fort, das Schicksal der deutschen Nachkriegsdemokratie

[58] La Politesse, Bergson, (1892). In: La Politesse. S. 23. Siehe auch Geertz, Clifford: The Uses of Diversity. In: Available Light. Anthropological Reflections on Philosophical Topics. Princeton 2000. S. 68-88, bes. S. 87.

hänge von bestimmten privaten Lebensformen und spezifischen Moralvorstellungen ab.[59]

Mit dem Begriff der »Moralgeschichte« soll keine analytische Kategorie geprägt oder gar eine moralgeschichtliche Wende ausgerufen werden. Der Begriff dient allein als ein störrischer Reisebegleiter, der mehr Fragen aufwirft als er beantwortet und gerade deshalb neue Perspektiven eröffnet. Sie lassen uns danach fragen, weshalb die Grenze zwischen dem Politischen und dem Privaten in Zeiten revolutionärer Umbrüche und tiefgreifenden politischen Wandels noch fragwürdiger und umkämpfter war als sonst. Das gilt für die deutsche wie für die europäische Nachkriegsgeschichte überhaupt. Utopien und Obsessionen, Traumbilder und Ängste kreisten um die Frage, welche Folgen private Tugenden und Laster für das Gemeinwohl haben könnten. Die Sorge um die politischen Konsequenzen privaten Handelns prägte die Art und Weise, wie sich die Nachkriegsdeutschen als Bürger eines demokratisch verfassten Gemeinwesens verstanden. In den Jahrzehnten nach dem Krieg herrschte Einigkeit über folgende Prämisse: Der eigentliche Grund des Politischen sei weder die Feindschaft oder die Konkurrenz noch der Frieden oder das gemeine Wohl, sondern der private Raum. Vor diesem Hintergrund wird es möglich, sich einen Reim darauf zu machen, wie leidenschaftlich die Bundesbürger einerseits über den besten Weg bei der Suche nach der Demokratie als Lebensform stritten und wie unbeholfen sie sich andererseits bei genau diesen Debatten anstellten. Infolge dieser Besessenheit prägte Unbeholfenheit die ungesellige Geselligkeit der Bürger, eine Erfahrung, die deren Sorge um das Gemeinwohl und deren Angst vor der Freiheit nur noch verstärkte.

Der Begriff der »Moralgeschichte« dient als störrischer Reisebegleiter, wirft Fragen auf und öffnet neue Perspektiven.

[59] Über die bereits genannten Studien hinaus siehe Betts, Paul: The Authority of Everyday Objects. A Cultural History of West German Industrial Design. Berkeley 2004. Bes. S. 16; Fulda, Daniel u. a. (Hg.): Demokratie im Schatten der Gewalt; Gosewinkel, Dieter/Arndt Adolf: Die Wiederbegründung des Rechtsstaats aus dem Geist der Sozialdemokratie 1945-1961. Bonn 1991; Hacke, Jens: Philosophie der Bürgerlichkeit. Die liberalkonservative Begründung der Bundesrepublik. Göttingen 2006; Höhn, Maria: GIs and Fräuleins. The German-American Encounter in 1950s West Germany. Chapel Hill, NC 2002; Maase, Kaspar: BRAVO Amerika. Erkundungen zur Jugendkultur der Bundesrepublik in den fünfziger Jahren. Hamburg 1992; Schissler, Hanna (Hg.): The Miracle Years. A Cultural History of West Germany 1949-1968. Princeton 2001; Von Moltke, Johannes: No Place Like Home. Locations of Heimat in German Cinema. Berkeley, CA 2005.

Auf dem Weg zur Reformation unseres Denkens

Zur ordnungspolitischen Bedeutung der Zivilgesellschaft

VON KURT BIEDENKOPF

Unsere Demokratie kann nur gelingen, wenn sie der wirksamen Entfaltung der Freiheit der Bürger ebenso verpflichtet ist wie der Legitimation staatlicher Macht. Konkret geht es um die Ausgestaltung des Verhältnisses von Bürgergesellschaft und Staat, und damit um eine Machtfrage.

In der Geschichte der Bundesregierung stand die Entscheidung dieser Machtfrage erstmals in den 1950er Jahren an. Es ging um die Wirtschaftsverfassung und die Sozialverfassung der Republik. Sie wurde 1957 durch den Bundestag entschieden. Das Votum zur Wirtschaftsverfassung folgte dem von Ludwig Erhard und anderen entwickelten Konzept der sozialen Marktwirtschaft, einer freiheitlichen Ordnung, unvereinbar mit ungebundener wirtschaftlicher Macht.

Die Gestaltung der Sozialverfassung schien zunächst offen. Die CDU hatte sich bereits 1949 in den Düsseldorfer Leitsätzen für eine »umfassende Sozialpolitik für alle wirtschaftlich und sozial abhängigen Volksschichten« ausgesprochen. Dieser umfassenden Sozialpolitik stand als Alternative die *Rothenfelser Denkschrift* zur Neuordnung der sozialen Leistungen gegenüber. Bundeskanzler Konrad Adenauer hatte sie angefordert. Sie ging vom Prinzip der Subsidiarität aus: Der Vorrangigkeit der personalen Verantwortlichkeit der Menschen, ausgedrückt in ihrer Bereitschaft, füreinander einzustehen.

Grundsätzlich gilt: Was der Einzelne aus eigener Kraft und Verantwortung zu leisten vermag, soll die nächst höhere Gemeinschaft nicht an sich ziehen. Sie soll keine Aufgaben übernehmen, die von den kleineren Lebenskreisen gemeistert werden können. Der soziale Rechtsstaat soll die Freiheit und Würde des Menschen achten und ihn nicht entmündigen. Er darf jedoch zugunsten des Einzelnen eingreifen, wenn der Eingriff geboten ist: Im Falle von Gemeinschaftsaufgaben oder ergänzend, wenn – möglichst vorübergehend – Hilfe geleistet werden muss.

Der Bundestag entschied sich für das Konzept einer umfassenden Sozialpolitik für die große Mehrheit des Volkes. Seine Entscheidung bestimmt bis heute die Vorstellungen der Bürger vom sozialen Rechtsstaat als dem umfassend sozial verpflichteten Staat, als dem *Vater Staat*. Erhards Hoffnung, der erreichte Wohlstand für alle – oder doch für die Mehrheit – werde zu einer Stärkung ihrer Eigenständigkeit und ihres Freiheitsstrebens führen, wurde enttäuscht. Schon Ende der 1950er Jahre fragte er besorgt, warum der steigende Wohlstand die Bürger veranlasse, immer lauter nach dem Staat zu rufen.

Gegen Ende der 1960er Jahre geriet das Versprechen, die wachsenden sozialpolitischen Ansprüche durch die Leistungsfähigkeit der Wirtschaft zu begrenzen, ins Wanken. In der Großen Koalition von 1967 wurden die Weichen neu gestellt. Bundeswirtschaftsminister Karl Schiller fand die Antwort: Ein stetiges und angemessenes Wirtschaftswachstum. Die Leistungsfähigkeit der Wirtschaft sollte für die soziale Sicherheit nicht allein entscheidend sein. Reichte das Wachstum nicht aus, wurde es »gefördert«. Wachstum wurde zur Bedingung des sozialen Friedens. Um es zu fördern, durfte der Staat deshalb auch Schulden machen.

Ende der 1960er Jahre waren viele Bürger bereit, personale soziale Verantwortung gegen Sicherheit des Sozialstaates zu tauschen.

Die große Mehrheit der Bürger war bereit, ihre personale soziale Verantwortung gegen das staatliche Versprechen sozialer Sicherheit an das soziale System abzutreten. Bald war der Wille, ihre individuelle Freiheit auch im sozialen Bereich vom Staat zurückzufordern, politisch kaum noch wirksam – in keiner der im Bundestag vertretenen Parteien. An die Stelle eines durch eigene Leistungskraft der Wirtschaft erzeugten Wachstums trat zunehmend staatlich unterstütztes Wachstum.

Der Schutz der Freiheit ist das höchste Gut des Grundgesetzes. Dieses Freiheitspotential nutzen viele Bürger nicht, sondern begeben sich lieber in den Schutz eines vollumfänglichen Sozialsystems.

Seit den 1970er Jahren wäre es Aufgabe der politischen Eliten gewesen, das gestörte Gleichgewicht zwischen der Leistungsfähigkeit der Wirtschaft und den wachsenden sozialen Ansprüchen neu zu stabilisieren. Sie hätten damit zugleich den Beweis erbracht, dass die Demokratie weit besser als alle Alternativen in der Lage ist, Veränderungen unserer Lebenswirklichkeiten zu bewältigen, ohne ihre eigene Zukunft in Frage zu stellen. Eine derartige Leistung wäre zwar mit höheren politischen Kosten verbunden gewesen. Aber die hätten sich gelohnt.

Konkret geht es bis heute darum, ein dynamisches Gleichgewicht zu sichern zwischen der aktuellen Leistungskraft des Landes und den gegenwärtigen, in Besitzständen verfestigten zukünftigen Ansprüchen und Erwartungen an die staatliche Gemeinschaft. Bis heute wird diese Aufgabe verweigert. Ihre Bewältigung, hieß es, sei unmöglich. Stattdessen entschied man sich, die notwendigen Strukturreformen und deren politische Kosten in die Zukunft zu verlagern und die negativen Auswirkungen mit Hilfe einer wachsenden Staatsverschuldung auszugleichen.

Wer sich heute vornimmt, die vom Staat besetzten Gestaltungsräume für freie Bürger zurückzugewinnen, damit sie ihr Recht auf personale Verantwortung wieder ausüben können, lässt sich nach alldem auf ein politisches Abenteuer ein. Er übernimmt die Verantwortung, die frühere Regierungen verweigerten. Vielleicht verständlich, denn es handelt sich um den Versuch, einen neuen politischen Diskurs über die Zukunft unserer Demokratie in Gang zu setzen. Sein Ausgang ist unsicher. Seine Erfolge werden erst nach Jahren sichtbar werden – und auch dann noch nicht belastbar sein. Es wird die Aufgabe einer Generation sein. Und das in einem wohlhabenden Land, in dem die Sehnsucht nach persönlicher Freiheit und Verantwortung zunehmend durch den Wunsch nach staatlich gewährter Sicherheit verdrängt wurde! Es hat bisher nicht an Versuchen gefehlt, der Bürgergesellschaft und der personalen Verantwortung den Freiraum zu sichern, der ihnen nach den Grundsätzen der Subsidiarität zusteht. Dabei ging es immer auch um die kommunale Ebene und ihre Rolle im ordnungspolitischen Gefüge von Staat und Gesellschaft. Es gelang jedoch trotz der Schlüssigkeit vieler Argumente nicht, einen ernsthaften politischen Diskurs über die angesprochenen Probleme auszulösen. Grund sind nicht nur die verfestigten sozialen Strukturen. Mindestens ebenso bedeutsam sind die engen Verflechtungen, die sich über die Zeit zwischen den staatlichen Trägern der Sozialsysteme, den politischen Parteien, den Parlamenten, den Regierungen von Bund und Ländern und den großen organisierten Besitzständen entwickelt haben.

Verfestigte soziale Strukturen erschweren eine kritische Diskussion über das Sozialsystem.

In ihrer Gesamtheit stellen diese Verpflichtungen die wohl am meisten gefestigte politisch relevante Macht im Staate dar. Als Sozialmacht wirken sie wie eine Art Staat im Staate. Unter Berufung auf den sozialen Rechtssaat und die soziale Gerechtigkeit erhebt sie den Anspruch, mit ihrem umfassenden sozialen Schutz der großen

Mehrheit der Bürger zu dienen, indem sie in Systemen kollektiver Verantwortung für ihre Sicherheit sorgt. Aus diesem »Auftrag« leitet sich ihre soziale Vormundschaft ab. Trotz des abnehmenden Vertrauens der »Versicherten« erfreut sie sich einer breiten verlässlichen parlamentarischen Unterstützung.

Ihrer rechtlichen Struktur nach ist das Sozialsystem nicht Teil des Staates. Seine Teilsysteme sind selbständige öffentlich-rechtliche Körperschaften. Praktisch bilden sie jedoch eine vom Staat geschaffene und ständig weiterentwickelte Sozialstruktur. Alle relevanten Entscheidungen werden durch staatliche Organe getroffen. Planwirtschaftliche Organisationsformen überwiegen bei weitem. Elemente einer dezentralen Struktur, in der sich der Einfluss der Bürger entfalten kann, sind zwar in Ansätzen vorhanden. Aber schon ihrer bürokratischen Gestaltung wegen sind sie kaum mit echten Mitwirkungsmöglichkeiten vergleichbar. Der Versicherte bleibt primär »Sozialuntertan« des Systems Sozialmacht. Daran kann auch die neuzeitliche Verwendung des Begriffes »Kunde« nichts ändern.

Für die Beziehung der Sozialmacht zu den politischen Institutionen ist bedeutsam, dass die Beiträge der Versicherten und die Leistungen der Systeme vom Gesetzgeber geregelt werden; für die Parlamentarier und ihre politischen Parteien eine ständige Versuchung, ihre Wahlchancen durch Manipulationen des Verhältnisses von Leistung und Gegenleistung zu verbessern, Defizite im System durch Staatsverschuldung oder Zwangsintegration von Minderheiten in das System auszugleichen und strukturelle Defizite zu Lasten zukünftiger Beitragszahler zu ignorieren. Die Entwicklung unserer Sozialsysteme seit Mitte der 1970er Jahre liefert dazu eine Fülle von Beispielen für die Verführbarkeit der parlamentarischen »Treuhänder« unserer sozialen Ordnung. Kürzlich scheiterte der Versuch, unter Hinweis auf drohende Altersarmut jüngere Selbständige durch Gesetz zur Altersvorsorge zu zwingen. Beispielhaft ist der Vorgang, weil drohende Armut einer Minderheit regelmäßig zu kollektiver Zwangsvorsorge herhalten muss.

Insgesamt wird verständlich, warum jede grundlegende Begrenzung der Sozialmacht mit hohen politischen Kosten verbunden ist. Für eine Veränderung von unten lässt das System keinen Erfolg versprechenden Raum. Die »Sozialwahlen« bieten keine Chance zur Mitwirkung. Ihr Zweck ist die Festigung des Systems Sozialmacht, nicht seine Veränderung oder gar Begrenzung durch zivilgesellschaftliche Selbständigkeit.

Die Ausweitung des Systems Sozialmacht ruft zunehmend Protest hervor.

Deshalb entwickelte sich auch der Widerstand bürgergesellschaftlicher Alternativen im »Zuständigkeitsbereich« der Sozialmacht. Er entspricht der für alle planwirtschaftlichen Systeme typischen Erfahrung. Auf Defizite ihrer Leistungsfähigkeit reagieren sie regelmäßig mit einer Ausdehnung ihrer planwirtschaftlichen Zuständigkeiten. Ihre Reaktion ist systembedingt. Ein planwirtschaftliches System kann weder in nichtplanwirtschaftlichen Kategorien denken noch auf Fehlentwicklungen mit seiner Öffnung für Alternativen reagieren, ohne sich selbst in Frage zu stellen. Den freiheitlichen Anspruch der Zivilgesellschaft auf eine Entstaatlichung der Gestaltungsräume, die ihnen von Verfassungs wegen zustehen, kann es deshalb nicht verstehen.

Im Kern lautet die Machtfrage deshalb: Gewährleistet unsere Verfassung den Schutz dieser Räume? Handelt es sich beim Prinzip der Subsidiarität um einen die Freiheit schützenden Rechtsanspruch, der sich aus der Würde des Menschen ableitet und dessen Kernbereich deshalb politisch und damit auch gesetzlich nicht verfügbar ist? Lässt sich aus ihm auch ein Recht auf eigene Verantwortung herleiten, ein Recht, das sich ohne angemessene Freiräume nicht entfalten kann?

Wenn ja, bedeutet dies, dass sich die Beweislast zwischen dem staatlichen Ordnungsanspruch und dem Recht auf eigene Gestaltung umkehrt? Dass der Staat die Beweislast trägt für die »Gemeinwohlunverträglichkeit« zivilgesellschaftlicher Aktivitäten? Und nicht deren Akteure ihre Fähigkeit, ihre Angelegenheiten gemeinwohlverträglich zu gestalten?

In der heutigen Praxis wird von zivilgesellschaftlichen Aktivitäten vor allem erwartet, Defizite im sozialen oder Bildungsbereich auszugleichen, die als Ergebnis überforderter staatlicher Strukturen entstanden sind. Auf Landes- und Bundesebene sind sie deshalb eher selten und finden wenig Beachtung. Tatsächlich wird das Subsidiaritätsprinzip weder in Deutschland noch auf europäischer Ebene ernsthaft geschützt – obwohl die EU-Verfassung es ausdrücklich verbrieft. Im Gegenteil: Die EU-Staaten und die europäische Ebene bedrängen in zunehmendem Maße die Bereiche, die der Freiheit und dem Recht auf eigene Verantwortung vorbehalten bleiben müssen. Damit sieht sich auch die Zivilgesellschaftlich einer wachsenden Tendenz zu staatlicher Vormundschaft ausgesetzt. Dabei ist ihre Teilhabe an den demokratischen Prozessen gerade dort notwendig, wo es um die Grundstrukturen der Demokratie und ihre funktionsgerechte Ordnung geht.

Das Subsidiaritätsprinzip wird auf nationaler und europäischer Ebene zu wenig geschützt.

Zu diesen gehört die für die Demokratie konstitutive Gewaltenteilung zwischen Parlament, Regierung und Gerichten. Sie dient der gegenseitigen Begrenzung, Kontrolle und damit einem Gleichgewicht unter den drei Gewalten. Seit Mitte der 1970er Jahre ist dieses Gleichgewicht zunehmend gestört. Als Folge können wir seitdem eine Art Rollentausch zwischen der ersten und der zweiten Gewalt beobachten. Das Parlament übernimmt die, historisch gesehen, ausgabenfreudige Rolle der Exekutive, die es eigentlich begrenzen soll. Inzwischen geht es in Deutschland und Europa darum, das Parlament vor den Versuchungen zu bewahren, die von steigenden staatlichen Einnahmen als Folge wirtschaftlichen Wachstums und wachsender Staatsversschuldung ausgehen. Die Regierung wird vom Parlament gewählt. Sie ist von seinem politischen Willen abhängig und fällt deshalb als Gegengewicht zu einem ausgabenfreudigen Parlament weitgehend aus.

Man versucht daher seit einiger Zeit, Parlament und Regierung durch verfassungsrechtlich verankerte Selbstbindungen zu begrenzen. Die Versuche auf nationaler Ebene, auf diese Weise vor allem der wachsenden Staatsverschuldung zu begegnen, waren jedoch bisher nicht ermutigend. Wirksame Begrenzungen auf europäischer Ebene sind letztlich davon abhängig, ob die nationalen Parlamente bereit sind, einer Begrenzung ihrer Budgetsouveränität durch europäische Regelungen zuzustimmen. Die europäische politische Praxis der jüngeren Krisenjahre lässt eine derartige Bereitschaft nicht erkennen. Im Gegenteil: Die Eurokrise hat in der Praxis zu einer wesentlichen Stärkung der Regierungen in den Eurostaaten geführt.

In solchen Situationen muss nach anderen Formen der Begrenzung, vor allem im Wirkungsbereich des Parlaments, gesucht werden. Diese Begrenzung kann mit Aussichten auf Erfolg nur von außen kommen. Sie muss von Handlungsräumen ausgehen, der dem staatlichen Zugriff jedenfalls prinzipiell verschlossen sind. Es ist dies der Raum der Freiheit, der Verantwortung freier Bürger für sich, ihre Nächsten und ihre konkreten Nachbarschaften. In ihm ist das Recht auf Verantwortung angesiedelt, das sich aus der Würde des Menschen ableitet und prinzipiell politisch nicht verfügbar ist. Die wichtigste Ausdrucksform dieses Rechts ist die Zivilgesellschaft. Im Verhältnis zum expandierenden Staat fällt ihr die Aufgabe eines begrenzenden Widerlagers zu. Wo dieses Widerlager fehlt, sind auch die Voraussetzungen für eine erfolgreiche Begrenzung der Demokratie nicht vorhanden.

Im Verlauf der vergangenen 50 Jahre hat der Staat jedoch die durch Subsidiarität und das Recht auf Verantwortung definierten Räume zunehmend besetzt. Im Ergebnis hat er sie verstaatlicht. Er ist dabei auf wenig Widerstand gestoßen. Jedenfalls sieht man keinen wirklichen Widerspruch zwischen den begrenzten Rechten der Bürger und der vormundschaftlichen Rolle des Staates. Diese Prägung bestimmt bis heute die Haltung der Deutschen und der Kontinentaleuropäer zu den staatlichen Sozialsystemen und letztlich zu *Vater Staat*.

Für den Staat ist es deshalb ein Leichtes, Versuche abzuwehren, die auf zivilgesellschaftlichem Wege ein Recht auf Verantwortung beanspruchen. Das gilt nicht nur für die staatlichen Sozialsysteme. Es gilt in gleicher Weise für die staatlich finanzierten Wohlfahrtsverbände und die korporatistischen Strukturen in fast allen wesentlichen Bereichen, reicht bis in die Familienpolitik und gilt – als Spätfolge – für die politische Entleerung der kommunalen Ebene. Das Recht auf eigene Verantwortung stößt damit in all diesen Bereichen auf staatlich besetztes Gebiet: als Verstaatlichung der Bürgerrechte und der Caritas. Entsprechend entschlossen sind die Abwehrhaltungen – bis in den Bereich der Kirchen. Es scheint oft, als bezögen sie die Rolle des HERRN als Hirte seiner Schafe auch auf sich selbst.

Die Verstaatlichung der Freiheitsräume verdrängt mit der Zivilgesellschaft auch ihr Privatrecht als das Recht zur Regelung ihrer Lebenssachverhalte durch die Nächstbeteiligten. Indem der Staat in den bürgerlichen Freiheitsraum eindringt, »besetzt« er auch dessen privatrechtliche Gestaltung. Wie in anderen Bereichen staatlicher Expansion wird auch hier die Verdrängung des Privatrechts damit begründet, der Staat müsse eine allgemeinwohlschädliche Nutzung privatrechtlicher Gestaltungsformen verhindern. Mit der Begrenzung des Privatrechts werden wiederum die zivilgesellschaftlichen Freiheiten beschränkt. Neben der Caritas wird so auch das Bürgerliche Recht verstaatlicht. Umgekehrt bedeutet jede Stärkung der Zivilgesellschaft auch eine Stärkung des Privatrechts.

Die Stärkung der Zivilgesellschaft ist auch die Stärkung des Privatrechts.

Die Erneuerung des zivilgesellschaftlichen Ordnungsgedankens und damit der Entstaatlichung der vom Staat besetzten Freiräume begründet sich auch durch praktische gesellschaftliche Gegebenheiten. Zu ihnen gehört, dass staatliche Institutionen nicht in der Lage sind, die Vielfalt der Lebensverhältnisse in einer pluralistischen Gesellschaft angemessen abzubilden und gerecht zu behandeln. Staatliches Handeln ist notwendigerweise Verwaltungshandeln. Zentralistisches staatliches Handeln vereinheitlicht die Vielfalt, weitgehend ohne Rücksicht auf die Vielfalt der Lebenssachverhalte, um die es geht. Deshalb kann staatliches Handeln, seiner Natur nach, die persönlichen Dimensionen zwischenmenschlichen Zusammenwirkens nicht ersetzen. Empathie ist eine menschliche, aber keine bürokratische Eigenschaft. Den personalen Bedürfnissen menschlicher Gemeinschaften kann staatliches Handeln nur in standardisierter Form entsprechen. Je näher es dabei in den Kernbereich der Personalität eindringt, umso unpersönlicher wird es. Mit öffentlichen Mitteln sind derartige Defizite kaum auszugleichen. Allenfalls erkauft sich der Staat damit den Zugang zu Bereichen, in denen er nach dem Grundsatz der Subsidiarität nichts verloren hat. Wie sehr er dabei den Charakter der menschlichen Gesamtordnung verändert, wird uns erst langsam bewusst.

Trotzdem werden der Staat und seine Institutionen die einmal besetzten Gestaltungsräume der Zivilgesellschaft nicht freiwillig räumen. Die in den letzten Jahrzehnten entstandenen und ausgebauten Herrschaftsbesitzstände sind zu selbstverständlich geworden. Für keinen Bereich staatlichen Handelns gilt dies mehr als für den Bereich der Sozialmacht. Denn in keinem anderen Bereich ist die Abhängigkeit des Einzelnen vom Staat größer.

Neben all dem gibt es eine weitere, kaum überschätzbare Notwendigkeit, die Zivilgesellschaft wieder zu beleben: Die abnehmende Leistungsfähigkeit demokratischen Regierens. Ich möchte sie bezeichnen als die Selbstzerstörung der westlichen Demokratien und ihrer Regierungsformen durch Überforderung in Gestalt einer zunehmend unkontrollierbaren Überdehnung ihrer Zuständigkeiten und Kompetenzen. Sie wird vor allem durch zwei Prozesse ausgelöst: Durch die mit Wachstumserwartungen gerechtfertigten ständigen, auch schuldenfinanzierten Expansionen staatlicher Zuständigkeiten und Haushalte und durch das damit ausgelöste wachsende Ungleichgewicht zwischen den staatlichen, das heißt öffentlich-rechtlichen, und den zivilgesellschaftlichen, also den privatrechtlichen Gestaltungsräumen zugunsten der staatlichen. Wir können diese Phänomene mehr oder weniger in allen westlichen Staaten beobachten. Das spricht dafür, dass wir es mit einer systemisch begründeten Gefährdung demokratischer Gemeinwesen zu tun haben.

Gelingt es nicht, die Ursachen für diese, die demokratische Ordnung gefährdenden Prozesse zu überwinden und ein neues Gleichgewicht zwischen Staat und Bürgerschaft zu finden, laufen die demokratischen Staaten Gefahr, ihre Fähigkeit zur zielgerichteten politischen Gestaltung auf Dauer zu verlieren. Die Komplexität moderner Industriegesellschaften, ihre wachsenden wirtschaftlichen Verflechtungen und ihre zunehmenden globalen Abhängigkeiten stellen ihre Governance bereits vor Herausforderungen ohne historisches Vorbild. Deren Beherrschung wird durch einen ständig wachsenden Strom von Interventionen, der von allen staatlichen Ebenen ausgeht, zusätzlich erschwert. Wachsende Unübersichtlichkeit, Intransparenz und Widersprüchlichkeit staatlichen Handelns sind die Folge. Die Regierungen »fahren auf Sicht«. Sie verweigern damit jegliche längerfristige Orientierung. Die großen Fragen finden wohl auch deshalb im politischen Diskurs keine Berücksichtigung. Sie werden als ohnehin unlösbar ausgeklammert. Gestritten wird um kurzfristig relevante Probleme. Die erscheinen damit als die eigentlich existentiellen Fragen. Nirgends wird dies deutlicher als an der Tatsache, dass unsere politischen Eliten die möglichen Auswirkungen der demographischen Explosion der Weltbevölkerung auf unsere Lebensverhältnisse – in Deutschland, Europa und der westlichen Welt – schlicht verdrängen. Obwohl diese Entwicklung ihren Höhepunkt noch nicht erreicht hat, findet sie keinen Widerhall in einem politischen Diskurs, der vor der Größe der Herausforderung Bestand haben könnte. Wie im Jahre 2050 acht Milliarden Menschen ausreichend mit trinkbarem Wasser, mit Eiweiß und Kohlehydraten, mit einer medizinischen Grundversorgung, mit Ausbildung und einer Infrastrukturbasis ausgestattet werden können: Die Antworten auf diese Fragen sind zwar spätestens ab der dritten Dekade des Jahrhunderts entscheidend für die Lebensqualität unserer Nachkommen. Aber wir sehen offenbar keine Veranlassung, sie mit politischer Wirksamkeit zu stellen und geben uns stattdessen mit 0,3 bis 0,5 Prozent des BIP für Entwicklungshilfe zufrieden. Gäbe es nicht das Interesse und die Aktivitäten einer schnell anwachsenden zivilgesellschaftlichen Bewegung, würden die eigentlichen Zukunftsfragen dieses Jahrhunderts von uns in Deutschland und Europa kaum wahrgenommen.

Eine Überdehnung staatlicher Zuständigkeiten kann zur Selbstzerstörung westlicher Demokratien führen.

Dieser Befund kommt einer Kapitulation der europäischen, besser der westlichen Regierungen vor der Größe der Herausforderung gleich. Dank der Missachtung des Subsidiaritätsprinzips haben sie sich durch die ständige Expansion in immer neue Bereiche bürgerlicher und zivilgesellschaftlicher Zuständigkeit geschwächt. Gemessen an den Leistungserwartungen demokratischer Governance sind sie bereits heute überfordert. Es fehlt ihnen schlicht die Kraft, sich auf die wirklichen Zukunftsfragen zu konzentrieren: Die Kraft, sie als Fragen anzunehmen, sich mit ihnen auseinander zu setzen und die Bevölkerung an der Suche nach Antworten zu beteiligen statt sie mit vormundschaftlichen Illusionen abzuspeisen. Dadurch legen sie das größte innovative Potential, über das eine freiheitliche Gesellschaft verfügt: Die Fantasie ihrer Bürger.

Weil dies so ist, entzieht sich die Wirklichkeit, ihre Komplexität und beschleunigte Veränderung zunehmend der Beherrschung durch die bisherigen Formen der Governance. Wir haben die Möglichkeiten staatlichen Handelns überfordert. Eine Fülle von Beispielen lassen sich dazu anführen: Die ständige Verkürzung der Gültigkeit gesetzlicher Regelungen, die wachsende Unfähigkeit zu koordinierter Planung, zunehmende Kostenüberschreitungen öffentlicher Bauvorhaben, wachsende Widersprüchlichkeiten zwischen den Ressorts und eine erkennbar abnehmende Verlässlichkeit staatlichen Handelns.

Zusammengefasst lässt sich voraussehen, dass die Regierungen die Fähigkeit verlieren, ihre eigentlichen Aufgaben zu erfüllen. In praktisch allen wesentlichen, für die längerfristige Entwicklung der Lebensverhältnisse politisch relevanten und längerfristig wirksamen Bereichen – auf nationaler, kontinentaler und globaler Ebene – entziehen sich die Entwicklungen inzwischen einer in ihren Auswirkungen nachvollziehbaren politischen Beherrschung.

Regierungen verlieren langsam die Fähigkeit, ihre eigentlichen Aufgaben zu erfüllen.

Die Zeit unmittelbar nach dem Zweiten Weltkrieg hatte uns auf dramatische Weise gelehrt: Die Familie ist der einzige politisch nicht verfügbare Ort, in dem der Mensch auch unter chaotischen Lebensbedingungen Schutz und Geborgenheit finden kann. Diese elementare Erfahrung haben wir vergessen. Sie gehört nicht mehr zu unserem politisch nicht verfügbaren Wertebestand.

Wenn es nicht gelingt, die Idee der Bürgergesellschaft neu zu beleben, werden wir weder diesen Wertebestand neu beleben, noch wird es uns gelingen, das Leben einer alternden Bevölkerung menschenwürdig zu gestalten. Die Herausforderung erfasst alle Lebensbereiche, vor allem die der geburtenstarken Jahrgänge und deren zukünftiges Verhältnis zu den nachwachsenden Generationen. Die Diskrepanz zwischen dem sozialen Anspruch der Älteren und der Wirklichkeit, in der er sich erfüllen soll, ist in diesem Fall besonders groß. Weder staatliches Handeln noch staatliche Geldmittel allein können die Widersprüche und Konflikte ausgleichen, die sich in den kommenden 20 Jahren in diesen Bereichen als Fragen der Gerechtigkeit zwischen den Generationen auftun werden.

Die geburtenstarken Jahrgänge haben ihre Basispflichten gegenüber denen auf besonders schwerwiegende Weise vernachlässigt, von denen sie dereinst in einem längeren Leben nach der Arbeitswelt soziale Sicherheit und Teilhabe am Leben der Jüngeren erwarten. Auf drei Mitglieder der geburtenstarken Jahrgänge kommen zwei Nachkommen. Statt diese so gut wie möglich auszubilden und reichlich mit Kapital für ihre wirtschaftlichen Aufgaben auszustatten, wird eine Schuldenlast von beispiellosem Gewicht auf sie warten. Die unvermeidlichen Konflikte können nicht von oben entschieden werden. Ihre Lösung muss durch eine Vielzahl an Experimenten von unten gefunden werden.

Dabei wird es um Antworten auf einen tiefgreifenden Paradigmenwechsel gehen. Bisherige Versuche machen auf eindrucksvolle Weise deutlich: Die Antworten werden wir mit den in Deutschland und Europa vorherrschenden Denkstrukturen nicht finden. Deshalb geht es nicht um Reformen, sondern um eine *Reformation* unseres Denkens. Das neue Denken muss sich in offenen, an den Problemen orientierten, politischen, gesellschaftlichen und kulturellen Diskursen entwickeln. Dazu braucht es Offenheit, Vertrauen und die Bereitschaft zum Wettbewerb – Eigenschaften, die der Staat weder hervorbringen kann noch zu bieten hat. Es wird die *Zeit der Zivilgesellschaft* und ihrer innovativen Fähigkeiten sein.

Wir brauchen nicht nur Reformen, sondern eine Reformation des Denkens.

So wird die Schlüsselrolle der Zivilgesellschaft immer deutlicher. Sie ist nicht so sehr verfasste Institution, eher eine neue Form der bewussten Mitverantwortung der Bürger für ihr Gemeinwesen und für die Regierbarkeit ihres Staates. Der ist erwiesenermaßen unfähig, sich ohne fremde Hilfe aus seinen Denkstrukturen zu befreien. Die Egoismen der Sonderinteressen bedrängen ihn, die Abgeordneten und damit das Parlament.

Die generelle Schwäche der Menschen, kollektiv für die Zukunft vorzusorgen, also nachhaltig zu leben, setzt sich so um in einen politischen Anspruch auf das gegenwärtig scheinbar Mögliche, ohne Rücksicht auf das zukünftig Gebotene. Ohne wirksame Unterstützung von außen wird der Abgeordnete dem Druck dieser Ansprüche regelmäßig schon deshalb nachgeben, weil er es nicht als seine Aufgabe ansieht, die Sicherheit seiner persönlichen Zukunft zugunsten des Wohles kommender Generationen zu gefährden. Er verhält sich damit nicht anders als die Wähler, die er vertritt und in deren Auftrag er die Gewalt ausübt, die vom Volke ausgeht.

Alle moralischen, ethischen oder glaubensgestützten Ermahnungen und Forderungen an die »Politik« werden daran nichts ändern, solange wir keine Antwort auf das systemische Dilemma des Abgeordneten bereithalten. Die Antwort können letztlich nur die geben, die dem Abgeordneten sein Mandat übertragen: Das Volk, genauer, die Bürgerinnen und Bürger, die das Volk bilden. Es handelt sich dabei um eine

Jeder ist gefragt, nicht nur Experten und Praktiker: In öffentlichen Debatten muss neu definiert werden, wie und wo Bürger ihre Verantwortung wahrnehmen können.

»Zuständigkeit«, die sich nicht institutionalisieren lässt. Zwar sieht die Verfassung eine Mitwirkung der politischen Parteien bei der Willensbildung des Volkes vor. Gemessen an der politischen Realität wäre es jedoch naiv, von ihnen zu erwarten, dass sie »ihre« Abgeordneten dabei unterstützen, dem Druck der Gegenwartsinteressen zu widerstehen. In vielen Fällen werden sie diesen Druck eher verstärken. Sie werden die Mandatsträger für die Vertretung der Sonderinteressen in Anspruch nehmen, von deren Berücksichtigung sie sich eine Verbesserung ihrer Wahlchancen versprechen. Die zurückliegenden Bundes- und Landtagswahlen sind reich an eindrucksvollen Beispielen.

So wendet sich unsere Aufmerksamkeit Formen politischer Willensbildung zu, die nicht Teile des institutionellen politischen Systems sind, aber über den öffentlichen Raum auf sie einwirken. Zu ihnen gehört die Zivilgesellschaft. Ihr Auftrag, auf den es hier ankommt, wird inhaltlich durch den Raum definiert, in dem die Bürger ihr Recht auf Verantwortung wahrnehmen. Es ist der Raum, in dem sich bürgerliche Freiheit, Eigenverantwortung, personale Solidarität und die kleinen Lebenskreise entfalten. Es sind die Kommunen, die ihm typischerweise einen verfassten Rahmen bieten.

Wenn die Bürger diesen Raum mit ihrem Recht auf Verantwortung besetzen, verteidigen sie ihn zugleich gegen die stets aufs Neue unternommenen Versuche des Staates, ihn unter Berufung auf das gemeine Wohl für seine vormundschaftlichen Zwecke zu verstaatlichen. Auch dabei haben wir es mit einer Machtfrage zu tun. Wenn wir sie stets aufs Neue zugunsten der Zivilgesellschaft entscheiden, definieren wir zugleich den freiheitlichen Gehalt unserer Demokratie.

Demokratie am Scheideweg

Ein Plädoyer für bürgerschaftliche Mitverantwortung und eine gemeinsame Entscheidungsvorbereitung

VON VOLKER HASSEMER UND STEFAN RICHTER

1. Krise der repräsentativen Demokratie

In unserer parlamentarischen Demokratie hat sich eine Vertrauenslücke aufgetan zwischen den Repräsentierten – dem Volk, von dem nach Artikel 20 des Grundgesetzes alle Staatsgewalt ausgeht – und den politischen Repräsentanten in Parlamenten und Regierungen. Wahlbeteiligungen gehen zurück, und in gleichem Maß nehmen Misstrauen und Proteste gegen Planungen und Entscheidungen von Politik und Verwaltung zu. Mögen sie auch nach geltenden Regeln legitimiert sein – sie bezeugen das Misstrauen.

Hintergrund dieses Misstrauens ist das gesteigerte Selbstbewusstsein der Bürgerinnen und Bürger. Sie sind sich ihrer Kompetenz bewusst. Ihre Urteilsfähigkeit ist gewachsen und damit auch ihre Bereitschaft und ihr Wunsch, die eigenen Kenntnisse und Einschätzungen in unserer demokratischen Entwicklung relevant zu machen.

Dass sie zur Zeit dort eher nur eine Randexistenz fristen, machen Begriffe deutlich, mit denen Bürger heutzutage in der öffentlichen Auseinandersetzungen vorkommen. Sie sind »Wutbürger«, machen sich also erst dann bemerkbar und wirksam, wenn sie Handlungen und Entscheidungen der Politik nicht nur kritisieren, sondern wenn sie derentwegen wütend geworden sind. Oder sie sind »Mutbürger«, benötigen also einen besonderen Mut, um sich Gehör und vielleicht auch Durchsetzung zu verschaffen. Das eine wie das andere widerspricht dem Grundgedanken unserer Verfassung, dass unsere Demokratie vom Bürger ausgeht, ohne dass er dafür wütend oder in besonderer Weise mutig sein muss.

Die Emanzipationsentwicklung der Bürgerinnen und Bürger ist eine große Chance für unsere Demokratie. Bürger sind auf dem Weg, ihre eigene Verantwortung für das gemeinsame Ganze zu erkennen und entsprechend zu handeln. Sie sind auf dem Weg, Mitverantwortung übernehmen zu wollen, anstatt wie bisher diese Verant-

wortung an die gewählten Politiker abzugeben und dafür bei sich selbst das Recht zur Kritik an diesen zu behalten.
Bürger können mehr als wählen, abstimmen oder protestieren. Wenn sie Mitverantwortung übernehmen, gewinnen Planungen und Entscheidungen schon im Vorfeld an Qualität, Transparenz, Verbindlichkeit und Verlässlichkeit. Es geht um eine neue Kultur der Zusammenarbeit zwischen Bürgern und Entscheidern. Ernsthafte und wirksame bürgerschaftliche Mitverantwortung verlangt frühzeitige Zusammenarbeit zwischen Entscheidern und Bürgern. Sie dient der Vorbereitung von Entscheidungen und ist strikt zu trennen von den Entscheidungen selbst; für diese sind die Verantwortlichkeiten nach Recht und Gesetz festgelegt.

Es geht um eine neue Kultur der Zusammenarbeit.

Bei allen Protesten und Auseinandersetzungen ist nicht zu übersehen: Die repräsentative Demokratie hat sich in Deutschland in erstaunlicher Weise produktiv entwickelt und gefestigt. Parlamente und Regierungen arbeiten in ihrer Struktur zuverlässig. Die Organe unserer parlamentarischen Demokratie und ihr Zusammenspiel haben sich in der Praxis bewährt. Wir haben allen Grund, gerade eingedenk der Zeiten vor 1945 darauf stolz und dafür dankbar zu sein. Wir haben allen Grund, diese parlamentarische Demokratie mit all unseren Kräften zu stärken, anstatt sie infrage zu stellen.
Es hat jedoch den Anschein, dass wir bei dieser Entwicklung die Basis unserer Demokratie, den Bürger, mehr oder weniger außer Acht gelassen haben. Dabei ist er am Anfang und am Ende der »Eigentümer« dieses demokratischen Systems. Von ihm lebt es, an ihm ist es ausgerichtet. Und doch befinden sich diese Bürger nach dem Wahlakt eher in einer passiven, in einer Zuschauerrolle. Dies muss sich ändern.

Das Gebot dieser Stunde unserer demokratischen Entwicklung ist also, den Bürgerinnen und Bürgern die von ihnen geforderte, die inhaltlich angemessene Mitverantwortung in unserem demokratischen Geschehen zuzubilligen und dafür offensiv Formate zu entwickeln: Formate der bürgerschaftlichen Mitverantwortung.
Der Grundsatz dafür ist: Politik auf der einen und Bürgerinnen und Bürger auf der anderen Seite bereiten demokratische Entscheidungen gemeinsam vor. Das Vorrecht der demokratisch gewählten Politik, für die repräsentative Demokratie unerlässlich und nicht anzutasten, ist die abschließende Entscheidung. Dieses Vorrecht auf die inhaltliche Vorbereitung der Entscheidungen auszudehnen, verlangen die Grundsätze unserer parlamentarischen Demokratie nicht. Dort ohne den Bürger zu agieren, haben wir uns ohne Not nur einfach angewöhnt.
Diese inhaltliche Entscheidungsvorbereitung ist auch der Ort, an dem die Kompetenz, die Erfahrung, auch die Betroffenheit der Bürger zum Tragen kommen kann, es auf Argumente ankommt, nicht auf Macht und politischen Auftrag. Diese

gemeinsame Entscheidungsvorbereitung will Entscheidungen nicht ersetzen. Sie muss und darf sie auch nicht usurpieren. Es geht um die Vorbereitung von Entscheidungen, nicht um diese selbst. Die Entscheidungen treffen dann die demokratisch gewählten Institutionen. Bürgerschaftliche Mitverantwortung fordert diese Entscheidungen heraus und will sie ermöglichen, nicht verhindern.
Dabei liegt es auf der Hand, dass die Bürger, die den Austausch von Argument und Gegenargument in der Entscheidungsvorbereitung miterlebt haben, anschließend eine größere Bereitschaft haben werden, die getroffenen Entscheidungen zu akzeptieren oder jedenfalls zu achten – auch wenn sie nicht mit ihnen einverstanden sein sollten.
Deshalb ist es auch von grundlegender Bedeutung, dass die späteren Entscheider selbst persönlich an dieser Entscheidungsvorbereitung teilnehmen, denn die Bürger kommen ja auch persönlich dorthin. Das kann auch nicht anders sein, handelt es sich doch um die Vorbereitung ihrer (!) Entscheidung.

Bürgerschaftliche Mitverantwortung zielt auf die Vorbereitung politischer Entscheidungen.

Die sowohl hinsichtlich des Inhaltlichen wie eben auch hinsichtlich der Personen hergestellte Gemeinsamkeit dieser Entscheidungsvorbereitung ist eine auf andere Weise kaum erreichbare Förderung gegenseitigen Vertrauens: Im Hinblick auf das jeweils konkrete Entscheidungsthema wie aber auch hinsichtlich des Vertrauensverhältnises zwischen Bürgern und Politik generell.
Die für die gemeinsame Entscheidungsvorbereitung erforderlichen kooperativen Verfahren erfordern Zeit und Aufwand, ersparen jedoch die Zeit sowie die finanziellen und politischen Kosten konfrontativer Strategien. Entscheider und Bürger tragen und verantworten sie gemeinsam. Es gibt in dieser Phase der Entscheidungsvorbereitung keine Vorrechte – weder für Entscheider noch für Bürger.

2. Bürgerbeteiligung gibt es schon

Verschiedene Formen der Bürgerbeteiligung haben sich in der Vergangenheit bewährt und wurden stetig weiterentwickelt: Verfahren der Information, der Konsultation und der Entscheidung durch die Bürger insbesondere durch Formen der direkten Demokratie. Alle Verfahren haben ihre Qualitäten und ihre Berechtigung. Das hier vorgestellte Konzept der gemeinsamen Entscheidungsvorbereitung ergänzt diese Verfahren und soll sie in gut begründeten Fällen ersetzen. Dazu gab es gerade bei großen oder sehr umstrittenen Vorhaben in der jüngeren Vergangenheit immer häufiger Anlass.
Wie ein nicht geeignetes Verfahren nicht nur zu Missverständnissen, sondern auch zu für die Mehrheit der Beteiligten nicht gewünschten Ergebnissen führen kann, hat das Beispiel der Entwicklung des Flughafens Tempelhof eindrucksvoll gezeigt. Die Nachnutzung des geschlossenen innerstädtischen Flughafens ist eine wunderbare

Möglichkeit für die Zukunftsgestaltung Berlins, wie sie kaum eine andere Stadt auf der Welt zur Verfügung hat. Die zuständige Senatsverwaltung für Stadtentwicklung organisierte zahlreiche Veranstaltungen, oft unter persönlicher Mitwirkung des zuständigen Senators Michael Müller (SPD), sammelte Bürgervorschläge ein, stellte Informationspavillons auf und verteilte Informationsmaterialien.

Bei vielen Bürgern entwickelte sich jedoch schnell das Gefühl, dass es dabei nur darum ging, die Bürger bei einer weitgehend feststehenden Bauplanung »mitzunehmen«, dass es vorrangig darum ging, so schnell wie möglich viele dringend benötigte Wohnungen zu schaffen. Die Beteiligung der Bürger wurde nicht ernst genommen. Die Bürger wurden nicht als Potential gesehen, sondern als zu Überzeugende. Waren eine mögliche Freihaltung oder eine losere oder deutlich dichtere Bebauung des Feldes überhaupt Gegenstand der Debatte? Gegenpositionen erhielten keinen Platz, sich auf Augenhöhe zu artikulieren.

Die Grundlage für eine Konfrontation war gelegt. Das ausschließlich vom Senat gesteuerte Bürgerbeteiligungsverfahren hatte für einen gleichberechtigten Dialog der unterschiedlichen Positionen und Ideen zur Entwicklung dieses einmaligen Gebietes keinen Raum. Es gab nicht zu wenige Beteiligungsmöglichkeiten, sondern nur die falschen.

So wählten die Bürger den Weg der direkten Demokratie, bei dem sich letztlich zwei Positionen unversöhnlich gegenüberstanden. Sie zwangen die Entscheidung in die eigenen Hände: Einen Volksentscheid mit einer Ja-Nein-Alternative. Viele Bürger bewerteten jedoch beide zur Abstimmung stehende Alternativen als ungeeignet. Sie waren in einem Dilemma.

So stimmten viele Befürworter einer Bebauung für die komplette Freihaltung des Feldes, um eine ihrer Ansicht nach qualitativ bessere Bebauung später zu erreichen. In der von gegenseitigen Vorwürfen geprägten Debatte war es nicht mehr möglich, Argumente und Vorschläge abzuwägen und zu Kompromissen zu finden.

Verloren hat Berlin, das heute ratlos ist, wie diese einmalige Ressource in Zukunft optimal zu nutzen ist. Im Moment kann die Stadt darüber nicht einmal eine ernsthafte Debatte führen. Verloren hat die Stadtgesellschaft, die sich heillos zerstritten und beschimpft hat – nicht zuletzt die Politik, die ihr Ansehen und ihre Glaubwürdigkeit selbstverschuldet beschädigt hat.

Die direkte Demokratie mag ein Korrektiv sein, wo sich Bürgerinnen und Bürger in Ausnahmefällen die Entscheidungsmacht zurückholen. Sie sollte jedoch in keinem Fall zur Regel für Beteiligungsprozesse werden. Solche Ja-Nein-Entscheidungen, die zudem oft stark polarisieren, sollten die absolute Ausnahme bleiben.

Gefährlich ist auch, auf steigende Bürgerproteste einfach mit einer quantitativen Ausdehnung von Beteiligungsformaten zu antworten. Bürgerbeteiligung heißt nicht, dass Bürger bei den unterschiedlichsten Formaten online und offline immer wieder und möglichst oft dieselben Dinge vortragen können. Viel hilft noch lange nicht viel. Nötig ist, die Qualität der Beiträge ernst zu nehmen und herauszufordern.

Da reicht es eben nicht, wenn Bürger kurze Schlagworte an große Tafeln hängen oder Fähnchen auf Tische stecken dürfen, die dann abfotografiert, dokumentiert und zu oft folgenlos abgelegt werden. Es fehlen die Begründungen für ihre Vorschläge und die öffentliche Abwägung mit anderen Vorschlägen, die den eigenen entgegenstehen oder die die eigenen befruchten und weiterentwickeln. Es darf also nicht darum gehen, die Masse an Formaten zu steigern, sondern die Qualität. Hier setzt die Arbeit der *Stiftung Zukunft Berlin* an.

Kooperative Verfahren erfordern Zeit und Aufwand, ersparen aber viel Ärger.

Das Selbstverständnis der Stiftung Zukunft Berlin:

1. Die *Stiftung Zukunft Berlin* ist ein unabhängiges Forum für bürgerschaftliche Mitverantwortung. Der *Stiftung Zukunft Berlin* geht es um die Zukunft Berlins. Wichtige Entscheidungen für die Stadt will sie nicht allein der Politik überlassen. Seit einer Reihe von Jahren arbeitet sie intensiv mit der *Herbert Quandt-Stiftung* zusammen. Mehr als 300 Berlinerinnen und Berliner in Gruppen mit jeweils fünf bis 15 ehrenamtlichen Mitgliedern treiben mit der Stiftung Themen voran. Sie bringen ihre Erfahrungen, Netzwerke und Ideen im Vorfeld von politischen Entscheidungen und gegenüber der Öffentlichkeit ein.
2. Ziel der Stiftung ist, den Berlinerinnen und Berlinern konkrete bürgerschaftliche Mitverantwortung für die Entwicklung ihrer Stadt zu ermöglichen: Indem sie ihr Engagement anregen, es mit dem Engagement anderer in Arbeitsgruppen bündeln und dann gemeinsam mit ihnen die Ergebnisse gegenüber Politik und Gesellschaft relevant machen.
3. So bestimmt sich das Arbeitsprogramm der *Stiftung Zukunft Berlin* nicht durch eine eigene und vorgegebene Programmatik, sondern durch die Aktivitäten der durch sie mobilisierten Bürgerinnen und Bürger. So entwickelten sich auch die Schwerpunkte der Stiftungsarbeit, die sie zurzeit in vier Überschriften zusammenfassen: Stärken stärken, Stadt durch Bildung und Kultur, Berlin für Europa, Stadt der Bürger.
4. Auf beiden Seiten (Bürger und Entscheider) kann die bisherige Arbeit der Stiftung Erfolge vorweisen: Bürgerinnen und Bürger ergreifen die Chance, ihre Erfahrungen, ihr Wissen, ihre Kompetenz für die Stadt relevant zu machen (ob zur Temporären Kunsthalle oder zum Campus Rütli, zum Humboldt-Forum oder zu unseren polnischen Nachbarstädten, zur Berliner Kultur oder der damit verbundenen Stadtentwicklung, von der Metropolregion

bis zur europäischen Rolle Berlins und dem kulturellen Potential Europas, von Zukunftskonferenzen bis zur Kooperation von Stiftungen und kulturellen Freundeskreisen, von »Sport und Kultur« bis zur Kreativwirtschaft, vom »freundlichen Berlin« bis zu »Jedem Kind eine Stimme«). Sie erfahren sich als produktiver Akteur in der Entwicklung Berlins. Dies wirkt sich aus auf ihre Arbeit in der Stiftung, aber auch auf ihre alltägliche Arbeit in den Institution und Organisationen der Stadt.

5. Auf der Seite der Entscheider wächst zugleich das Verständnis, dass solche Mitverantwortung von Bürgern, mag sie zunächst lästig erscheinen, zu neuen Argumenten und Sichtweisen, zur Qualifizierung schließlich der Entscheidungen führt. So entwickelt sich eine positive Spirale: Insoweit die Entscheider das Potenzial der Bürger nutzen, wächst deren Bereitschaft, sich zu engagieren, steigert sich die Qualität der Beiträge aus der Gesellschaft, wächst der für die Entscheider erkennbare Nutzen und damit ihre Bereitschaft, auf Bürger zu hören.

3. Die fünf Grundsätze bürgerschaftlicher Mitverantwortung

Die *Stiftung Zukunft Berlin* hat zwei wichtige Grundpfeiler entwickelt:

- Bürger müssen sich auf Augenhöhe mit den Entscheidern sehen können. Ihre Argumente dürfen nicht weniger zählen als die der Entscheider.
- Gleichwohl ist die Entscheidungshoheit der Politik in unserem repräsentativen System zu wahren.

Es geht im Ergebnis um eine gemeinsame Entscheidungsvorbereitung. Es geht um die gleichberechtigte Mitverantwortung der Bürger im Vorfeld der eigentlichen Entscheidung.

Solche bürgerschaftliche Mitverantwortung bei der Entscheidungsvorbereitung benötigt klare Grundsätze. Sie sind Voraussetzung für das Gelingen des Vorhabens. Diese Grundsätze sollten bei jeder Form von Bürgerbeteiligungsvorhaben Berücksichtigung finden, auch wenn nicht immer alle Grundsätze gleich gewichtet werden müssen.

3.1 Bürgerschaftliche Mitverantwortung ist ernsthaft gewollt

Das gilt für beide Seiten, Bürger wie Entscheider. Das Mitwirkungsverfahren lebt vom gleichberechtigten, von Hierarchien und Mehrheiten unabhängigen Austausch von Argumenten. Es muss darauf angelegt sein, gemeinsam Lösungen eines Problems vorzubereiten und so der später zu treffenden Entscheidung Anerkennung zu verschaffen.

Dies ist das Prinzip der in jeder Hinsicht notwendigen Gleichberechtigung zwischen Entscheidern und Bürgern. Eine Gleichberechtigung, die in dieser Phase der Entscheidungsvorbereitung zulässig ist. Sie ist nötig, wenn der Bürger sich nicht in

eine nur beitragende Rolle gesetzt sehen soll. In dem Verfahren zählen Argumente, keine Mehrheiten oder Zuständigkeiten.
Nach einem solchen Verständnis werden Bürger auch nicht lediglich von den eigentlich Zuständigen »beteiligt«, er wirken nicht nur lediglich mit. Beide Seiten agieren aus ihrer eigenen spezifischen Verantwortung heraus.
Deshalb sollte auch das gesamte Verfahren gleichberechtigt von beiden Seiten getragen werden. Das alle fünf Grundsätze durchziehende Prinzip der Gemeinsamkeit sollte sich auch in einer gemeinsamen Trägerschaft des Verfahrens niederschlagen. Bürger und Entscheider setzen sich zur Vorbereitung einer sie alle betreffenden Entscheidung an einen Tisch.

3.2 Es muss klar sein, worum es geht

Die am Verfahren Beteiligten müssen sich vorab über die relevanten Daten und Fakten verständigen, notfalls unter Beteiligung von Gutachtern oder Mediatoren. Der Stand der Vorentscheidungen wie ggf. bereits laufender Verfahren muss einvernehmlich festgestellt werden. Das »Versprechen« des Verfahrens muss realistisch sein. Gegenstand und Wirkung der danach fälligen Entscheidung müssen einvernehmlich beschrieben werden.
Die gemeinsame Arbeit ist mehr als ein Gedankenaustausch. Sie ist auch mehr als eine Problemerörterung. Sie ist zielgerichtet. Sie findet statt im Hinblick auf eine Entscheidung beziehungsweise eine in anderer Weise zu beschreibende konkrete Konsequenz. Die Orientierung auf solch eine Schlussfolgerung bestimmt die Ernsthaftigkeit und die Bedeutung des Verfahrens.
Von dieser am Schluss stehenden und von der Entscheidungsvorbereitung zu trennenden Entscheidung hängt auch ab, zu welchen Ausgangsfakten man ein gemeinsames Verständnis erarbeiten muss. Ebenso hängt davon ab, welche bereits getroffenen Vorentscheidungen zu beachten sind. Wie also der Spielraum aussieht, den die am Ende stehende Entscheidung hat. Zu all dem müssen die Partner ein gemeinsames Verständnis herstellen.

3.3 Die Auswahl der Mitwirkenden ist begründet

Wer zu beteiligen ist, richtet sich nach Anlass und Art des Verfahrens. Die Zusammensetzung des Kreises der Mitwirkenden muss begründet sein, um Exklusivität zu vermeiden. Jeder soll sich vertreten sehen. Die Kompetenz der Akteure kann auf Fachkunde ebenso wie auf spezifischer Erfahrung oder Betroffenheit beruhen, und sie sollte offengelegt werden. Ebenso wie die Bürger müssen auch die politisch und administrativ zuständigen Entscheider persönlich, verbindlich und vollzählig mitwirken. Vorab muss gemeinsam festgestellt werden, wer in Politik und Verwaltung – sowie gegebenenfalls auf privater Seite – die zuständigen Entscheider sind.

Nicht jeder Bürger kann an dem Verfahren mit den Entscheidern teilnehmen. Es ist eine qualitative, deshalb um so mehr mit aller Sorgfalt zu erörternde Entscheidung, welche Bürger angesichts ihrer Erfahrung, ihrer Kompetenz, ihrer Betroffenheit zu einer richtigen Zusammensetzung der Bürgerseite zusammengeführt werden müssen. Jeder zu viel erschwert den Prozess, jeder zu wenig verfälscht ihn.
Das gilt in gleicher Weise auch für die Seite der Entscheider. Die Zuständigkeiten für solche Entscheidungen sind oft sehr vielfältig und die notwendigen Mitwirkungsformen entsprechend heterogen. Auch hier muss deshalb eine »gültige« Zusammensetzung gefunden werden. Und, besonders wichtig: Wie die Bürger, so müssen auch die Entscheider persönlich im Verfahren vertreten sein.

3.4 Das Verfahren ist angemessen und transparent, seine Steuerung ist neutral

Vorab muss deshalb gemeinsam ein Verfahrensablauf festgelegt werden, der dem konkreten Fall angemessen ist. Das ist eine Frage von Technik und »gutem Handwerk«, einschließlich neuer Formen der Kommunikation.
Es muss auch festgelegt werden, in welcher Weise das Verfahren in aller Öffentlichkeit stattfindet bzw. über die Medien, das Internet eingeschlossen, öffentlich gemacht werden soll. Über die Steuerung des Verfahrens muss Einvernehmen hergestellt werden.
Ein einheitliches Standardverfahren für alles wird es nicht geben. Die Wahl der für den Einzelfall zweckmäßigen Verfahrensform ist »Technik«. Über sie muss man sich unter Beachtung der Grundsätze verständigen. Man muss auch die sich entwickelnden technischen Formen und Methoden, die zum Beispiel das Internet anbietet, einvernehmlich ins Auge fassen. Diese sind nicht Selbstzweck. Sie sind Instrumente mit der einzigen Aufgabe, eine möglichst effektive und inhaltsreiche Interaktion zwischen Entscheidern und Bürgern zu erleichtern und die Kommunikation mit der Öffentlichkeit sicherzustellen.

3.5 Die Bürger bleiben nach Abschluss des Verfahrens beteiligt

Es muss festgelegt werden, wie die Bürger, wenn das Vorhaben zu einer Entscheidung gebracht worden ist, auch nachträglich einbezogen bleiben. Zumindest sollten die Entscheider über den Entscheidungsprozess Rechenschaft ablegen.
So sehr die gesamte Entscheidungsvorbereitung auf die Entscheidung abzielt, so strikt ist die Kompetenzverteilung im Entscheidungsvorgang zu beachten. Geschieht dies nicht, wird der Entschiedenheit und der Zulässigkeit der Gleichberechtigung in der Phase der Entscheidungsvorbereitung der Boden entzogen.
Gleichwohl muss die Fairness des Vorbereitungsprozesses auch die Zeit nach der Entscheidung bestimmen. Deshalb ist die Verständigung darüber, wozu die gemein-

same Entscheidungsvorbereitung beide Seiten berechtigt und verpflichtet, von großer Bedeutung. Wird sie vernachlässigt, ist die befriedende Wirkung der gemeinsamen Arbeit gefährdet.

4. Das Modell der gemeinsamen Entscheidungsvorbereitung

Für den Ablauf einer solchen gemeinsamen Entscheidungsvorbereitung hat die *Stiftung Zukunft Berlin* ein Modell entwickelt. Es beruht auf den geschilderten Grundsätzen und wird vor allem geprägt durch die Arbeit auf gegenseitiger Augenhöhe zwischen Politik und Verwaltung auf der einen und Gesellschaft auf der anderen Seite. Das Ablaufmodell soll auch verdeutlichen, dass diese Vision realisierbar ist.
Den Kern der gemeinsamen Entscheidungsvorbereitung bildet das Forum. Hier treffen sich Politik und Verwaltung sowie Bürgerinnen und Bürger mit ihrer durch Erfahrung, Fachkenntnisse und Betroffenheit begründeten Kompetenz in einem festgelegten Prozess, um Antworten auf die durch die jeweilige Thematik aufgeworfenen Fragen zu entwickeln. Bei der Bildung des Forums wie bei seiner Durchführung ist immer entsprechend des Einzelfalles auf die Einhaltung der fünf Grundsätze zu achten.

KONSTITUIERUNG UND ARBEITSWEISE

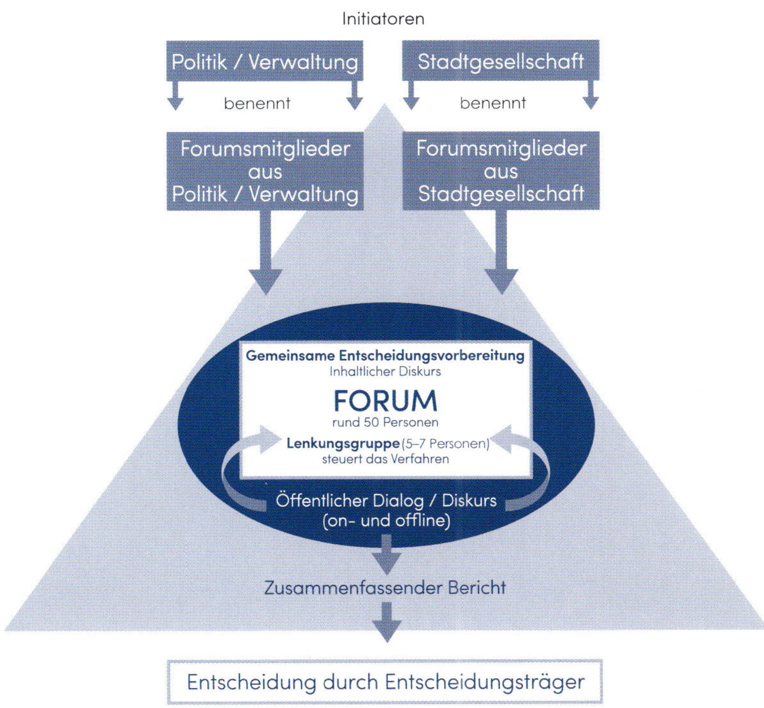

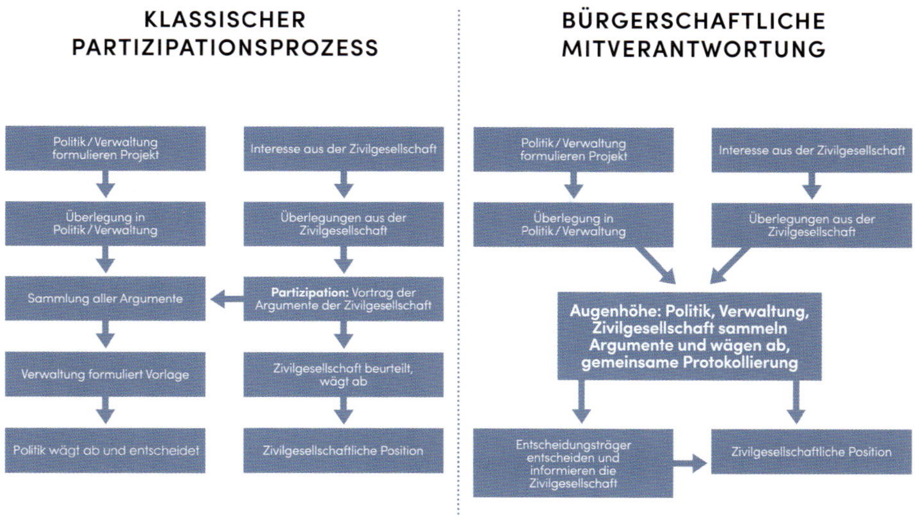

5. Die praktische Anwendung – erste Beispiele

Das Forumsmodell hat die *Stiftung Zukunft Berlin* in der Praxis beim Dialog zu einem neuen Berliner Hundegesetz und beim »Forum StadtSpree«, einem besonders wertvollen und umkämpften Gebiet inmitten Berlins, angewendet und erprobt.

Der Dialog zum Hundegesetz

a. Idee und Verlauf

Das Thema »Hunde in der Stadt« beschäftigt – und spaltet – regelmäßig die Berlinerinnen und Berliner. Die Prüfung des bestehenden Hundegesetzes war folglich eine der Aufgaben, die die Regierungsparteien im Koalitionsvertrag festgehalten haben.

Für den Vorbereitungsprozess vor der Überarbeitung des Berliner Hundegesetzes haben die Senatsverwaltung für Justiz und die *Stiftung Zukunft Berlin* gemeinsam einen offenen Dialog mit den Berliner Bürgern organisiert, den ersten Anwendungsfall für die »Grundsätze bürgerschaftlicher Mitverantwortung in der Vorbereitung von Entscheidungsprozessen«.

Für die Senatsverwaltung für Justiz wurde die Staatssekretärin Sabine Toepfer-Kataw von Senator Heilmann mit der Prozessbegleitung beauftragt. In zwei öffentlichen Bürgerversammlungen im August 2012 stellte sie der interessierten Öffentlichkeit das Vorhaben vor.

Eine Gruppe von durch die *Stiftung Zukunft Berlin* ausgewählten »Gewährsleuten« wählte die Forumsteilnehmer auf der Seite der Bürger aus und begleitete den Prozess in seinem Verlauf. Die Forumsteilnehmer vertraten die unterschiedlichen Belange im Themenfeld »Zusammenleben von Mensch und Hund in der Stadt«.

Das Forum mit etwa 35 festen gesetzten Teilnehmern nahm im Oktober 2012 seine Arbeit auf und absolvierte bis Februar 2013 in fünf Beratungen einen moderierten Diskussionsprozess. Dieser Prozess war presseöffentlich und wurde auch von Abgeordneten und Bezirksverordneten begleitet. Die Auswahl des unabhängigen Moderators sowie die Festlegung des gesamten Verfahrens wurde gemeinsam von der Senatsverwaltung für Justiz und der *Stiftung Zukunft Berlin* verantwortet.
Die Abstimmung in der Senatsverwaltung für Justiz, die Klärung der Umsetzungsbedingungen sowie die Abstimmung mit anderen Verwaltungen fanden bis Mai 2013 statt. Nach Vorlage des Gesetzestextes will Staatssekretärin Toepfer-Kataw die Sondierungspartner ein weiteres Mal einladen und ihnen dessen Inhalte vorstellen. Näheres zu diesem Verfahren findet sich im Interview mit Staatssekretärin Sabine Toepfer-Kataw in diesem Band.

b. Erfahrungen/Beurteilung
Die in Berlin zum Thema »Hunde« besonders hitzigen Streiter haben in erstaunlich sachlicher Weise das gemeinsame Gespräch in dem Forum geführt. Am Anfang gab es vereinzelt Fragen, ob das Forum ausgewogen besetzt sei. Spätestens nach einigen wenigen personellen Veränderungen spielte diese Frage keine Rolle mehr, auch nicht in der Begleitung durch die Presse.
Gemeinsam mit dem fachlich versierten Teilnehmerkreis sowie der immer anwesenden Staatssekretärin und ihren Mitarbeitern konnte das Verfahren im Umfang und in der Dauer im Rahmen gehalten und zu einem allseits akzeptierten Abschluss gebracht werden. Natürlich blieben die zu treffenden Entscheidungen offen.
Der senatsinterne Abstimmungsprozess zur Herbeiführung dieser Entscheidungen dauerte dann allerdings noch etwa viermal so lang. Zwar wurden diese Arbeiten essenziell gespeist durch die Argumente des Forums. Dass so viel Zeit verstrich, hatte jedoch zur Folge, dass auch in der Öffentlichkeit die Vorlage des Hundegesetzes immer weniger zusammen mit dem vorausgegangenen Forum wahrgenommen wurde. Damit wurde das Ganze wieder »politisch«. Am Ende kam hinzu, dass eine konkrete Problematik zum Umgang mit Hunden in einem der Berliner Bezirke – wie auch immer begründet – »von oben herab« behandelt wurde und der darauf folgende Streit alle Aufmerksamkeit auf sich zog.

Lange Abstimmungsprozesse beschädigen den Erfolg der Bürgermitverantwortung.

Fazit: Das Modell der gemeinsamen Entscheidungsvorbereitung hat funktioniert. Es sorgte dafür, dass Vorschläge, Kompromisslinien und Argumente den Entscheidern als Grundlage zur Verfügung standen. Die verwaltungsinterne Abstimmung des Gesetzestextes und damit die endgültige Entscheidung haben dann aber einen zu großen Zeitraum in Anspruch genommen. Das beschädigte den Erfolg dieses gemeinsamen Verfahrens sehr.

Das Forum StadtSpree

Die Entwicklung des Stadtraumes um die Jannowitz- und Schillingbrücke ist für Berlin von beispielhafter Bedeutung. In einem Verfahren gemeinsamer Entscheidungsvorbereitung auf der Grundlage der fünf Grundsätze der *Stiftung Zukunft Berlin* wurden Entwicklungsziele und die Machbarkeit einzelner Maßnahmen gemeinsam von Bürgern und Entscheidungsträgern in einem fest definierten Organisations- und Zeitrahmen erörtert.
Das Verfahren wurde von allen Initiatoren (Bezirke, Stadtentwicklungssenator und *Stiftung Zukunft Berlin*) gemeinsam getragen. Alle drei Partner steuerten ihren gemäßen Beitrag bei.
Gemeinsam verständigten sich die Partner über die Grundsätze des Prozesses: den organisatorischen Rahmen, die Ablaufplanung, die Zahl der Zusammenkünfte, die Beteiligung einer breiteren Öffentlichkeit. Zu dieser Verständigung gehörte auch, welche inhaltliche Sachkunde/Betroffenheit/Erfahrung bei den in Frage stehenden Erörterungen erforderlich war.
Das Verfahren sollte in keiner Weise an die Stelle förmlicher Verfahren treten. Es war für einen begrenzten Zeitraum verabredet. Es war auf gemeinsame Erkenntnisse aller Beteiligten und auf mögliche Verabredungen unter ihnen angelegt, nicht auf Beschlüsse.

a. Ablauf

Das gesamte Verfahren wurde von den Initiatoren gemeinsam organisiert und verantwortet. Geplant waren drei öffentliche Foren mit etwa 30 festen gesetzten Diskussionsteilnehmern. Was die personelle Besetzung des Forums anging, sorgten die Bezirke und der Stadtentwicklungssenator für die Beteiligung von Verwaltung und Politik (einschließlich Parlamentariern). Was die Gesellschaft anging, bediente sich die *Stiftung Zukunft Berlin* einer Gruppe von Gewährsleuten, die die teilnehmenden Bürgerinnen und Bürger vorschlugen. Vorschläge für Interessen oder Planungen konnten von allen Interessierten eingebracht werden. Ein Moderator und Protokollanten wurden von den Initiatoren gemeinsam ausgewählt.
Für die Öffentlichkeit gab es die Möglichkeit zu Gesprächen in den Pausen der Forumssitzungen. Außerdem bestand in einer begleitenden Ausstellung die Möglichkeit der Kommentierung.
Das erste Forum diente der Eröffnungsbilanz (Stand der Planungen) und der Erörterung der Handlungsmöglichkeiten. Das zweite Treffen diente der Vorstellung und Diskussion der unterschiedlichen Ideen, Pläne und Interessen, ein drittes Treffen diente der Abwägung sowie der Erörterung von Konsequenzen. Die Protokolle wurden im Internet unter www.stadtspree.org und presseöffentlich kommuniziert.

Die »Prozessbetreuung« erfolgte durch die Initiatoren (damals Michael Müller, Senator für Stadtentwicklung und Umwelt, Franz Schulz, Bezirksbürgermeister Friedrichshain-Kreuzberg, Christian Hanke, Bezirksbürgermeister Mitte, Volker Hassemer, *Stiftung Zukunft Berlin*, Stefan Richter, GRÜNE LIGA Berlin/ *Stiftung Zukunft Berlin*, Jochen Sandig, RADIALSYSTEM V). Sie geschah in Form von Fragen und Konsequenzthesen, in prozessualen Vorstellungen und Entscheidungen.
Die Initiatoren waren nicht Mitglieder des Forums. Sie gaben also keine inhaltlichen Positionen ab, wirkten aber dank ihrer Prozessanforderung auf den Diskussionsablauf ein und machten als die eigentlich (auf der Seite der Politik und der Gesellschaft) an dem Prozess Interessierten deutlich, wie wichtig ihnen die Arbeit des Forums und seine Ergebnisqualität war.
Teilnehmer des Forums waren Investoren sowie deren Fachleute wie Sachverständige für die Entwicklung von Bürolandschaft und Wohnungen (Grundstückseigentümer, Investoren, Nutzer), Kulturschaffende/Vertreter der Kreativszene, Anwälte für die angrenzenden städtischen Gebiete, ihre Angelegenheiten und Ziele, Anwälte für gesamtstädtische Belange (Möglichkeitsräume, Umweltqualität, Aufenthaltsqualität), Fachleute der Entscheidungsträger (Senat, Bezirke), Abgeordnete aus Bezirk und Land.

b. Ergebnis der Diskussion im Forum StadtSpree – Verabredungen

Das Forum StadtSpree endete wie inhaltlich konzipiert und wie vorgesehen mit seiner dritten Sitzung und den daraus entwickelten Folgepapieren (siehe www.stadtspree.org/uber-das-forum/).
Es hat sich für alle Beteiligten bestätigt, dass das Gebiet, mit dem sich das Forum StadtSpree beschäftigt hat, ein besonderer Raum in Berlin ist. Ein Raum, der es verdient und in dem es nötig ist, dass hier ein qualitativ neuer Umgang der Akteure miteinander verabredet und erprobt wird. Nur so, darüber bestand Einigkeit, können die vorhandenen Chancen genutzt, aber auch die damit verbundenen Probleme gelöst werden.
In dem Gebiet sollte es zur guten Sitte werden, sich mit den Nachbarn, die von den eigenen Aktivitäten betroffen sein könnten, auszutauschen und nach Lösungen für ein Miteinander zu suchen. Das bietet auf der einen Seite die Chance, Synergien herzustellen, auf der anderen Seite Probleme zu lösen, wie sie z. B. durch Lärm in der Nachbarschaft von Wohnen und Kultur-, Gastronomie- oder Freizeiteinrichtungen entstehen.
Zu den Schlussfolgerungen des Spreeforums gehörte auch die Übereinkunft, dass private und öffentliche Beteiligten vertieft zusammenarbeiten sollten. Dafür bieten sich drei Felder an:

- Drei Arbeitsgruppen zu den Querschnittsthemen Lärm/Clubs/Wohnen, Gestaltung, Betrieb und Pflege der öffentlichen bzw. öffentlich zugänglichen Uferzonen sowie Aspekte des Wassers/der Spree.
- Gemeinsame Arbeit an insgesamt mindestens sechs lokalen Kooperationsfeldern: Holzmarkt/Radialsystem und Umfeld, YAAM und Umfeld, Living Levels und Umfeld, Viktoria-Speicher und Umfeld, Eisfabrik und Umfeld, Sage Club/KitKatClub und Umfeld.
- Initiierung eines Beirats, der sich aus den Akteuren des gesamten Gebiets des Spreeforums zusammensetzen soll und der jedenfalls ein bis zweimal im Jahr tagt. Dort soll die Gesamtentwicklung des Gebiets, vor allem aber auch die Beachtung der Konsequenzen des Forums zur Sprache kommen.

Fazit: Das Modell der gemeinsamen Entscheidungsvorbereitung hat funktioniert. In nur drei Sitzungen ist es gelungen, sich auf gemeinsame Grundsätze und eine zukünftige Arbeitsstruktur der Akteure vor Ort zu verständigen. Nunmehr ist das Gesetz des Handelns wieder bei den privaten und öffentlichen Akteuren des Spreeraums. Diese waren in das Spreeforum mit einbezogen, dessen Schlussfolgerungen von keinem Beteiligten in Zweifel gezogen wurden. Als Schwierigkeit hat sich inzwischen herausgestellt, Verantwortliche für die übergreifenden Themen bei der Umsetzung zu finden.

Verantwortung bei der Umsetzung von Vereinbarungen ist zentral für gute Prozesse.

Das Beispiel Stadtmitte

Die Entwicklung der Berliner Mitte ist für die Gesamtstadt, für die Region und international von erheblicher Bedeutung. Die Berliner Mitte ist insbesondere seit Beginn des 21. Jahrhunderts Objekt unterschiedlichster städtebaulicher Vorstellungen, die politisch auf sie projiziert wurden. Bei allem Respekt vor Teilergebnissen dieses Prozesses ist der stadträumliche Zustand der Berliner Mitte vielfach unbefriedigend. Die bisherigen Planungen und Projekte laufen eher unkoordiniert nebeneinander her und bedürfen zwingend eines Gesamtkonzepts.

Vor allem fehlt eine gemeinsame Vision für dieses Gebiet: Was soll die Mitte der Stadt für die Gesamtstadt leisten? Diese Mitte ist der sichtbarste Ausweis für Berlin insgesamt, sowohl nach innen wie nach außen. Sie verdient und verlangt deshalb eine konzentrierte Aufmerksamkeit der Politik und der Stadtgesellschaft. Das war der Grund für die *Stiftung Zukunft Berlin*, die Anwendung ihrer Grundsätze für eine gemeinsame Entscheidungsvorbereitung von Politik und Verwaltung sowie Gesellschaft im Dialogprozess für die Mitte vorzuschlagen.

Die Senatsverwaltung für Stadtentwicklung und Umwelt hat sodann vom Abgeordnetenhaus den Auftrag zur Entwicklung der Berliner Mitte erhalten. Federführend ist Senatsbaudirektorin Regula Lüscher, die sich zur Ausgestaltung des gewünschten Dialogprozesses von einem Kuratorium beraten lässt. Dessen Geschäftsordnung spricht von einer »hohen Qualität des Beteiligungsprozesses mit einer breiten Einbindung der Bürgerinnen und Bürger, der maßgeblichen Berliner Institutionen in der Berliner Mitte« und dem »Einsatz zielführender und innovativer Beteiligungsformate«.

Dazu hat die *Stiftung Zukunft Berlin* die Organisation eines ergebnisoffenen Arbeits- und Dialogprozesses vorgeschlagen, bei dem Politik, Verwaltung und Stadtgesellschaft gleichberechtigt und auf Augenhöhe in einem gemeinsam abgestimmten Verfahren den besten Argumenten Gehör verschaffen und eine gemeinsame öffentliche Abwägung entsprechend unserem Modell für bürgerschaftliche Mitverantwortung einsetzen. Ergebnis des Prozesses sollen Grundsätze sein, nach denen Gestaltungsvorschläge für die Berliner Mitte entwickelt werden können.

Folgende Aspekte gilt es zu beachten:

- GRUNDSÄTZE: Die *Stiftung Zukunft Berlin* schlägt ein *Forum Berliner Mitte* vor, auf dem fachliche, zivilgesellschaftlich erfahrene und betroffene Akteure in gründlicher öffentlicher Erörterung zur Klärung von Ausgangspunkten und Entwicklungszielen für die Mitte Berlins zusammenwirken. Die Fraktionen des Abgeordnetenhauses sowie die Senats- und Bezirksbehörden nehmen von Anfang an mit ihren Entscheidungsbefugten teil. Die Entwicklungsziele und die Machbarkeit einzelner Maßnahmen werden gemeinsam von Bürgerinnen und Bürgern sowie von den Entscheidungsträgern in einem fest definierten Organisations- und Zeitrahmen erörtert.
- INITIATOREN: Das Verfahren wird von den Initiatoren (Senatsverwaltung für Stadtentwicklung und Umwelt, Bezirk Mitte von Berlin, Hermann Henselmann Stiftung, Planungsgruppe Stadtkern im Bürgerforum Berlin e.V., *Stiftung Zukunft Berlin*) gemeinsam getragen. Die zivilgesellschaftlichen Initiativen sind offen für Ergänzungen. Gemeinsam verständigen sich die Partner über die Grundsätze des Prozesses und den organisatorischen Rahmen.
- FORUMSMITGLIEDER und GEWÄHRSLEUTE: Das *Forum Berliner Mitte* setzt sich aus Repräsentanten von Politik/Verwaltung und der Stadtgesellschaft zusammen und umfasst max. 50 Personen. Der Bezirk und der Stadtentwicklungssenat bestimmen die Beteiligten aus Politik und Verwaltung (einschließlich Parlamentariern). Auf der anderen Seite organisiert sich die Stadtgesellschaft selbst und legt ihre Forumsteilnehmer in einem transparenten Verfahren fest. Dazu bedienen sich die Hermann Henselmann Stiftung, die Planungsgruppe Stadtkern im Bürgerforum Berlin e.V. und die *Stiftung Zukunft Berlin* »Gewährsleuten«, die die am *Forum Berliner Mitte* teilnehmenden Bürgerinnen und Bürger vorschlagen. Die Gewährsleute sind Personen der Stadtgesellschaft mit unterschiedlichen auf die Stadt und ihre Mitte bezogenen Kompetenzen. Das gesamte

Verfahren wird von den Initiatoren gemeinsam organisiert und verantwortet. Die Forumsmitglieder bleiben auch nach dem Dialogprozess im dann folgenden weiteren Verfahren in geeigneter Weise beteiligt.

- LENKUNGSGRUPPE: Die Initiatoren setzen aus den Mitgliedern des Forums eine fünf- bis siebenköpfige Lenkungsgruppe ein. Diese bestimmt die Moderation und ist verantwortlich für die Vor- und Nachbereitung der Foren (Tagesordnung, Verabredung nächster Schritte) sowie die Ablaufplanung, die Zahl der Zusammenkünfte und die Beteiligung einer breiteren Öffentlichkeit und setzt auf Ausschreibungsbasis eine Geschäftsstelle ein. Zu dieser Verständigung gehört auch die Festlegung der genauen Fragestellung und welche inhaltliche Sachkunde/Betroffenheit/Erfahrung bei den in Frage stehenden Erörterungen erforderlich ist und gegebenenfalls zu Einzelthemen hinzugezogen werden sollte.
- ÖFFENTLICHKEIT: Das *Forum Berliner Mitte* arbeitet öffentlich. Darüber hinaus können bei Bedarf bzw. externer Anforderung Interessengruppen, Betroffene und Initiativgruppen angehört werden. An einem geeigneten zentralen Ort sollte eine ständige Ausstellung mit der Möglichkeit zum kommunikativen Austausch geschaffen werden (Infobox). Die Protokolle werden im Internet und presseöffentlich kommuniziert. Vorschläge für Themen und Planungen können von allen Interessierten eingebracht werden. Darüber hinaus wird die Diskussion (z. B. durch Informationsveranstaltungen oder Planungswerkstätten) in die Stadt getragen. Ein Internet-Dialog wird organisiert.
- ABLAUF: Vier Sitzungen erscheinen zunächst sinnvoll. Die erste Forumssitzung sollte der ordentlichen Bestandsaufnahme dienen und der Klärung von Ausgangspunkten. Die zweite der Erörterung der Rolle der Mitte für die Zukunft Berlins. In der dritten Forumssitzung sollte geklärt werden, welche konkreten Ansprüche der Raum der »Berliner Mitte« erfüllen muss. In der vierten Forumssitzung wären dann die Programmatik sowie die Grundsätze für konkrete Gestaltungsaufgaben, die nicht bereits auf stadträumliche Fragen konzentriert sein müssen, und für deren Ausschreibungen zu erörtern. Damit ist die von Politik, Verwaltung und Stadtgesellschaft gemeinsam getragene Entscheidungsvorbereitung abgeschlossen. Die endgültigen Entscheidungen der Stadt verbleiben bei den dafür zuständigen Institutionen.

Die Reaktion des Senats auf diesen Vorschlag war offen und reserviert zugleich. Angesichts des noch laufenden Prozesses wollen wir als Vertreter der *Stiftung Zukunft Berlin* nichts vorwegnehmen. Die Zeichen stehen aber aktuell durchaus nicht gut: Der Senat tut sich nach allem anscheinend sehr schwer, eine wirklich gleichberechtigte, die einschneidenden Entscheidungen vorbereitende Arbeit zwischen Gesellschaft und Politik zuzulassen, eine gemeinsame Entscheidungsvorbereitung auf Augenhöhe.

Wir sind überzeugt: Es geht jetzt nicht mehr um die Frage, ob es einen Weg gibt, um faire, von gegenseitiger Achtung geprägte Mitwirkung, Mitverantwortung der Bürger zu realisieren. Den gibt es. Jetzt geht es darum, Wege mutig und konsequent zu beschreiten und nicht immer wieder neue zu suchen – sowohl seitens der Politik und Verwaltung als auch seitens der Gesellschaft. Dies zu erreichen, so ist unsere Erfahrung, wird noch einige Arbeit und Durchsetzungskraft benötigen. Denn es handelt sich um nichts weniger als um eine neue Verantwortungskultur in unserer repräsentativen Demokratie.

»Erfolgsfaktor bei der Bürgerbeteiligung: Aus Emotionen technische Fragen machen«

Der Bello-Dialog in Berlin erprobte bürgerschaftliche Mitverantwortung konkret

ROLAND LÖFFLER IM GESPRÄCH MIT DER BERLINER STAATSSEKRETÄRIN FÜR JUSTIZ UND VERBRAUCHERSCHUTZ, SABINE TOEPFER-KATAW, ÜBER DAS NEUE HUNDEGESETZ

Die Berliner Staatssekretärin für Justiz und Verbraucherschutz, Sabine Toepfer-Kataw (CDU), hat in Berlin ein neues Hundegesetz mit Foren der Bürgerbeteiligung vorbereitet. Ihre Senatsbehörde lud Hundegegner und Hundefreunde zwischen August 2012 und Februar 2013 zu einem intensiven Gesprächsprozess ein, der schnell den Titel »Bello-Dialog« erhielt. Sie kooperierte dabei mit der *Stiftung Zukunft Berlin*, die sich der bürgerschaftlichen Mitverantwortung in Planungs- und Entscheidungsprozessen verschrieben und eine dazu passende Methodik entwickelt hat. Der Bello-Dialog war die breiteste Beteiligung der Bürger im Vorfeld eines Gesetzes in den letzten Jahrzehnten in Berlin. Die Staatssekretärin gibt im Gespräch mit Roland Löffler Einblicke in ihren eigenen Erkenntnisprozess der Bürgerbeteiligung und erklärt das Potential des Modells für weitere Verfahren.

ROLAND LÖFFLER: Die CDU ist nicht gerade bekannt als die große Befürworterin der Bürgerbeteiligung – wie kam es dazu, dass Sie als CDU-geführte Senatsverwaltung beim Hundegesetz partizipativ vorgegangen sind?

SABINE TOEPFER-KATAW: Ach, sind wir das nicht? Da müssen wir wohl noch an unserer Außendarstellung arbeiten … Aber ernsthaft: Vielleicht hat diese Wahrnehmung damit zu tun, dass wir Bürgerbeteiligung dann skeptisch sehen, wenn sie nur auf Ja- oder Nein-Antworten abzielt. Das ist mir zu einfach, denn die meisten politischen Fragen sind sehr komplex. Deshalb war mir beim Hundegesetz der Gesprächsprozess wichtig. Gerade bei diesem Thema war uns klar, dass sich viele Menschen aus unterschiedlichen Gründen damit beschäftigen und eine Meinung dazu haben. So verstehe ich nämlich bürgerschaftliche Mitverantwortung: Im Vorfeld von Entscheidungen werden die Meinungen, Wahrnehmungen und Kompetenzen der Bürger zusammengetragen. Es gibt dann den Abgleich mit der fachlichen Expertise der Verwaltung und am Ende beschließt aber das Parlament den Gesetzesentwurf. So funktioniert unsere parlamentarische Demokratie – und daran würde ich auch nichts ändern.

ROLAND LÖFFLER: Der Hund und sein Herrchen sind ja geradezu sprichwörtlich ein Paar. Was waren die Kontroversen im Vorfeld des Bello-Dialogs?

SABINE TOEPFER-KATAW: Wer sich schon mal mit dem Thema Hunde beschäftigt hat, gerade auch mit Hunden in der Stadt, weiß, dass der zentrale Aspekt im Verhältnis von Mensch und Hund die Liebe ist. Und über Liebe lässt sich nicht diskutieren. Darum werden die Auseinandersetzungen sehr schnell sehr emotional – und zwar sowohl auf Seiten der Hundeliebhaber als auch der Hundegegner. Deshalb war meine erste, wichtige Erkenntnis für Bürgerbeteiligung bei Gesetzgebungsverfahren: Man muss emotionale Themen zu technischen Fragen machen, nur dann sind sie lösbar. Denn: Ich glaube nicht, dass es etwas weniger Politisches gibt als Tiere in der Stadt. Jeder ist Experte, jeder kann mitreden. Wir reden über 100.000 angemeldete Hunde, über Steuern und eine hohe Betroffenheit.

ROLAND LÖFFLER: Aus diesem Spannungsfeld ergab sich dann ja ein breiter Themenkatalog: Hundeführerschein, gefährliche Hunde, Maulkorb, Hundesteuer, Hundeauslaufgebiete, Leinenzwang, Tierschutz bis zum Hundekot. Konnten Sie am Anfang schon absehen, was inhaltlich genau auf Sie zukam?

SABINE TOEPFER-KATAW: Das war genau die spannende Frage. Wir haben keine Vorgaben gemacht, aber schon nach den ersten Vorgesprächen konnten wir ziemlich genau erahnen, welche Punkte besonders kontrovers sein würden. Dazu muss man wissen: Das Hundegesetz ist zunächst ein Gefahrenabwehr-Gesetz, es soll die Sicherheit der Bürger erhöhen. Regelungen etwa zum Hundekot gehören deshalb nicht ins Hunde-, sondern ins Straßenreinigungsgesetz. Trotzdem wollten wir das Thema Hunde in der Stadt breit diskutieren. Die Ergebnisse sind dann zwar nicht alle in »unser« Gesetz eingeflossen, wurden aber an anderer Stelle weiter bearbeitet. Dazu ein Beispiel: Die Frage von Hundeauslaufflächen und Hundespielplätzen gehört nicht in unseren Bereich, sondern in den der Senatsverwaltung für Stadtentwicklung – und da haben wir die Anregungen aus dem Bello-Dialog auch eingespeist.

ROLAND LÖFFLER: Mit welchen Methoden haben Sie gearbeitet?

SABINE TOEPFER-KATAW: Zunächst haben wir uns gefragt, mit welchem Zeitplan und in welchem Rahmen wir arbeiten wollten. Es war schnell klar, dass wir einen moderierten Prozess zwischen Befürwortern und Gegnern brauchen. Wir haben dann die Berlinerinnen und Berliner zum Mitmachen aufgerufen: Man konnte im Internet und auf mehreren Bürgerversammlungen seine Meinung einbringen. Diese Kommentare haben wir gesammelt, um sie dann während der eigentlichen Sondierungsrunden mitzuverarbeiten. Diese Sondierungsrunden waren im Prinzip das Kernstück des Bello-Dialogs. Hier haben Vertreter der Stadtgesellschaft aus verschiedenen Bereichen über das Thema beraten. Um diese Vertreter zu finden, haben wir uns mit der *Stiftung Zukunft Berlin* zusammengesetzt und uns gefragt, wie bilden wir die Gesellschaft am besten ab. Das konnte die Stiftung mit ihrem ganzheitlichen Blick besser als die Verwaltung. Sie brachte ganz unterschiedliche Gruppen zum Dialog zusammen: Hundefreunde, Hundegegner, Stadtreinigung, Hundelehrer, Mitglieder des Lindenvereins.

ROLAND LÖFFLER: Wo bekommt man den Hundegegner her? Bei Hundebefürwortern stelle ich mir das noch recht einfach vor.

SABINE TOEPFER-KATAW: Es gibt keine organisierten Hundegegner, das ist richtig. Also haben wir uns gefragt: Wo gibt es die meisten Konflikte mit Hunden? Die Stiftung brachte uns dann auf den Landeselternausschuss. In Parks und Grünanlagen gibt es ja häufiger Ärger, wenn spielende Kinder in Hundehaufen treten oder von Hunden angesprungen werden. Einige Hundegegner haben wir auch in unseren Bürgerversammlungen rekrutiert.

ROLAND LÖFFLER: Wie ging es dann weiter?

SABINE TOEPFER-KATAW: Wir haben definiert, worum es eigentlich im Prozess gehen sollte und uns für das Motto: »Zusammenleben von Mensch und Tier in der Stadt« entschieden. Der nächste Schritt war die Auswahl der Moderatoren. Für den Dialog selbst haben wir nur die Vorgabe gemacht, dass alle Teilnehmer die fünf Grundsätze der *Stiftung Zukunft Berlin* akzeptierten.[1] Und dann begann ein sehr spannender Prozess mit rund 30 Menschen, von denen viele sich vorher noch nie gesehen hatten. Es wurden kleinere repräsentativ besetzte Arbeitsgruppen zu Fachfragen gebildet. Dort wurde dann durchaus kontrovers diskutiert – und es entstanden tolle Ideen. Am Schluss wurden die ganzen Anregungen aus den einzelnen Arbeitsgruppen wieder zusammengeführt.

ROLAND LÖFFLER: Sie haben alle Sitzungen des Bello-Dialogs begleitet – sind derartig viele Sitzungen für eine viel beschäftigte Staatssekretärin nicht Zeitverschwendung?

---

[1] Siehe in diesem Band den Beitrag von Volker Hassemer und Stefan Richter: Demokratie am Scheideweg. Ein Plädoyer für bürgerschaftliche Mitverantwortung und eine gemeinsame Entscheidungsvorbereitung. S. 200-216.

SABINE TOEPFER-KATAW: Nein, da habe ich in der Politik schon in anderen Sitzungen viel mehr Zeit verschwendet. Außerdem möchte ich als Vertreterin der Verwaltung und als Politikerin doch wissen, wie die Menschen »ticken«: Unser Prozess war sehr praktisch ausgerichtet, da wurde sehr genau dargelegt, »wo der Schuh« drückt. Hinzu kommt: Die Teilnahme war für mich auch eine Frage der Wertschätzung der Sondierungspartner. Nicht nur die Staatssekretärin hat wenig Zeit, die Bürger schließlich auch. Alle haben diesen Prozess freiwillig und ehrenamtlich mitgemacht. Sie haben sich auf andere Menschen eingelassen, Argumente abgewogen und außer vom Senator und mir von niemandem Dank erhalten. Dieses Engagement hat mir sehr imponiert.

ROLAND LÖFFLER: Ist ein solcher Prozess auch für Sie ein Signal, dass Bürger und Politik auf Augenhöhe miteinander reden?

SABINE TOEPFER-KATAW: Ich halte die »Augenhöhe« für ein Muss im Umgang zwischen Bürgern, Verwaltung und Politik. Alles andere würde bedeuten, dass wir es mit Über- und Unterordnungsverhältnissen zu tun hätten, was ich nicht richtig fände. Fest steht aber auch, dass es bestimmte Strukturen gibt: Eine Verwaltung denkt anders als der Bürger auf der Straße. So ein Prozess kann helfen, Verwaltung und Bürger einander näher zu bringen.

ROLAND LÖFFLER: Vielleicht müsste die Verwaltung in diesem Sinne noch etwas Werbung für sich machen, damit der Bürger diese Haltung auch mehr spürt. Doch kommen wir nochmal zum Bello-Dialog zurück: Welche Konflikte gab es während des Gesprächsprozesses und wie wurden die behoben?

SABINE TOEPFER-KATAW: Ich fand es sehr erstaunlich, dass die Bürger über ein sehr emotionales Thema nicht emotional diskutiert haben. Die Debatte war in der Sache hart, in der Form aber sehr anständig – das hat mich wirklich beeindruckt. Es gab durchaus kontroverse Debatten darüber, wessen Bedürfnisse quasi höheren Rang haben. Wenn Kinder Angst vor Hunden haben zum Beispiel: Müssen dann Hundebesitzer Rücksicht auf das Kind nehmen oder ist es Aufgabe der Eltern, dem Kind die Angst wegzutrainieren? Da ging es ebenso hoch her wie bei der Diskussion darüber, ob man bestimmte Zeiten in Parks ganz oder teilweise für Hunde freigeben könnte. Tierschützer führten an, im Frühjahr ginge das definitiv nicht, weil Hunde junge Vögel jagen würden. Ein Vertreter der Verwaltung hielt Jahreszeitregelungen gleich für nicht kontrollierbar. Damit war für alle Beteiligten klar: Diese Sache ist nicht einfach zu bewerkstelligen.

ROLAND LÖFFLER: Wie haben Sie am Ende die Debatte zusammengetragen und zu einem Ergebnis gebracht? Wie kam der Dialog wieder in die Verwaltung?

SABINE TOEPFER-KATAW: Wir haben die Schwerpunkte zusammengefasst, Thesen gebündelt und in der fünften Runde zur Bewertung gestellt – von »volle Zustimmung« bis »geht gar nicht«. Dadurch entwickelte sich ein Konsens über Thesen, die umstritten waren, und Thesen, die akzeptiert wurden. Dieses Ergebnis haben wir in unsere Arbeit in der Behörde übernommen und zunächst auf unserer Website veröffentlicht. Dann haben wir uns eine Verwaltungsrichterin geholt, die im Streitfall hinterher entscheiden muss, wie Dinge zu handhaben sind. Diese Richterin hat unter Zuhilfenahme des aktuellen Gesetzes ein vollkommen neues Gesetz geschrieben. Wenn man beide Texte nebeneinander legt, merkt man, dass etwas komplett Neues entstanden ist – mit einer klaren Systematik: Definition-Vorfall-Konsequenz. Schließlich haben wir das Gesetz in die Tierschutzverwaltung und in die Berliner Bezirksverwaltungen gegeben, um die Praktikabilität des Gesetzes gegenchecken zu lassen.

ROLAND LÖFFLER: Wie viel blieb denn am Ende von der Bürgerbeteiligung noch übrig, wie viel Bürgerbeteiligung steckt heute im Gesetz?

SABINE TOEPFER-KATAW: Die Ergebnisse der Sondierungsrunden waren nicht die Blaupause für das Gesetz, sondern sie waren die Anregungen für die

Ein Hund, das liebste Haustier der Deutschen, braucht auch mal Auslauf. Das aber sorgt in Großstädten manchmal für Streit.

Schwerpunktsetzungen. Dazu zähle ich die Themen Anreizsystem, Leinenzwang, Hunderegister, die Frage nach der Einordnung der gefährlichen Hunde. Bestimmte Vorgaben haben wir gemacht – etwa die Verantwortung der Veterinärmediziner als Beurteilungsinstanz. Die Bürgerbeteiligung war also ein Pfeiler des Gesetzgebungsverfahrens, der zweite war das Expertenwissen aus unserer eigenen Verwaltung bzw. der Verwaltungsgerichtsbarkeit und der dritte Pfeiler waren die Meinungen aus den Rathäusern der Berliner Bezirke.

ROLAND LÖFFLER: Sie sind 2012 gestartet, im Februar 2015 haben Sie das Gesetz ins Berliner Abgeordnetenhaus gebracht, und 2016 wird es dann rechtliche Realität sein. Ist so eine lange Wegstrecke den Bürgern noch vermittelbar? Haben die dann wirklich das Gefühl, beteiligt gewesen zu sein?

SABINE TOEPFER-KATAW: Da sprechen Sie einen wunden Punkt an. Für eine Verwaltung ist der Zeitrahmen normal. Für den Bürger ist es langsam. Wer einmal in die Politik reingerochen hat, der weiß, wie lange es braucht, dicke Bretter zu bohren. Aber ich hätte es mir auch schneller gewünscht.

ROLAND LÖFFLER: Nun gut, aber warum braucht ein Hundegesetz fast vier Jahre, während der Euro-Rettungsschirm in drei Wochen durchs Parlament gepeitscht wird?

SABINE TOEPFER-KATAW: Da vergleichen Sie aber jetzt Äpfel mit Birnen. Mit einem Bürgerbeteiligungsverfahren à la Bello-Dialog hätte es auch beim Rettungsschirm länger als drei Wochen gedauert.

ROLAND LÖFFLER: Blicken wir nach vorne: Was bringt das Hundegesetz für die Befriedung und Benutzung des öffentlichen Raums?

SABINE TOEPFER-KATAW: Zunächst haben wir einen Konsens erreicht, nämlich, dass wir ein neues Gesetz brauchen. Das ist schon mal ein wichtiges Ergebnis des Diskussionsprozesses, denn wir sind ja ergebnisoffen an die Sache rangegangen. Dazu gab es eine Bewusstseinsbildung und breite Diskussionen über Hunde in der Stadt – gerade weil wir einen neuen und erfolgreichen Weg der Bürgerbeteiligung beschritten haben.

ROLAND LÖFFLER: Glauben Sie, dass Bürger-Dialoge eine neue Qualität in die Gesetzgebung bringen?

SABINE TOEPFER-KATAW: Ja, aber diese Form der Bürgerbeteiligung funktioniert nur mit breiter Rückendeckung der Verwaltung. Gibt es die, kann das Verfahren gelingen. Aber man kann es nicht unendlich oft und parallel machen. Denn das Verfahren benötigt viel Zeit bei der Vorbereitung und Begleitung – wir brauchen Menschen in der Verwaltung, die den Prozess intensiv mitgehen und rechtliche Sachverhalte erklären. Wenn das alles zusammenkommt, kann die Bürgerbeteiligung sehr erfolgreich sein.

ROLAND LÖFFLER: Ist ein derartiges Vorgehen wie bei der »bürgerschaftlichen Mitverantwortung« nur bei kleinen, überschaubaren Projekten wie dem Hundegesetz möglich oder auch bei Großprojekten wie der Umnutzung des Flughafen Tempelhofs oder einer zukünftigen Olympiabewerbung?

SABINE TOEPFER-KATAW: Bei größeren Planungsthemen muss man vermutlich den Umfang des Problems sehr technisch in viele kleine Themenblöcke zerlegen – und über diese Blöcke lässt sich dann auch in Bürgerdialogen diskutieren. Wichtig ist es, die Bürger frühzeitig in Prozesse einzubinden. Das Prinzip der »bürgerschaftlichen Mitverantwortung« würde natürlich zu Olympia und zu Tempelhof sehr gut passen. Denn da geht es um die Zukunft der Stadt. Da könnte man Befürworter und Gegner an einen Tisch bringen – und vielleicht kommt dann am Ende sogar eine neue Idee heraus, auf die bisher noch niemand gekommen ist.

Rund 100.000 registrierte Hunde gibt es in Berlin – Schätzungen zufolge könnten es sogar 165.000 sein. Sie produzieren täglich etwa 330.000 Haufen – umgerechnet sind das 55 Tonnen Kot. Die meisten Hunde sind friedlich, denn die Beißstatistik weist »nur noch« 655 Fälle pro Jahr auf – das ist ein Rückgang um 90 % im Vergleich zu vor 15 Jahren. Diese Abnahme hatte mit der Rasseliste von 1999 zu tun, nach der gefährliche Hundearten nur unter hohen Auflagen gehalten werden durften. Doch der Verursacher der meisten Hundebisse ist auch heute der Schäferhund – und der steht nicht auf der Rasseliste. Grund genug für die Berliner Landesregierung aus SPD und CDU, in ihrem Koalitionsvertrag eine Evaluierung und eine denkbare Überarbeitung des Hundegesetzes für die aktuelle Legislaturperiode festzulegen. Ob diese im Wege der Bürgerbeteiligung geschehe oder nicht, blieb dabei offen. Zugleich wollte die Große Koalition, wohl auch als Nachwehe der Auseinandersetzungen um Stuttgart 21, politische Partizipation fördern. Der CDU-Justizsenator Thomas Heilmann und seine Staatssekretärin Sabine Toepfer-Kataw machten sich das Thema zu eigen, wollten Bürgerbeteiligung ausprobieren und politische Transparenz praktizieren. Sie nahmen Ideen der *Stiftung Zukunft Berlin* auf und brachten 30 sachkundige Bürger – Hundegegner und Hundebefürworter – zu insgesamt fünf Runden an einen Tisch. Das Ergebnis: Künftig gilt in Berlin eine Leinenpflicht, es sei denn der Hundehalter unterzieht sich einer Sachkundeschulung bei einem Tierarzt oder einem Hundeführer und erhält den sogenannten »Hundeführerschein«. Entgegen

der Forderungen von Bündnis 90/Die Grünen ist der Sachkundenachweis aber keine Auflage für alle Hundebesitzer. Dafür sollen Hundeauslaufflächen ausgeweitet werden. Pflicht ist für »Herrchen« und »Frauchen« der »Kotbeutel«, um die Überreste der hündischen Geschäfte zu entfernen; wer sie vergisst, kann mit 30 Euro Bußgeld bestraft werden. Zur Umsetzung der Kotbeutel-Überprüfung braucht es aber mehr Personal in den Ordnungsämtern der Berliner Bezirke, doch um diesen Punkt wird noch zwischen Senat und Bezirken gerungen.
Die Liste der gefährlichen Hunde wird auf vier verkürzt: Pitbull, American Staffordshire Terrier, Bullterrier und Tosa Inu. Zucht und Vermehrung dieser gefährlichen Hunde sind in Berlin verboten, Maulkörbe müssen sie alle tragen und eine Haftpflichtversicherung für sie ist Pflicht. Die Behörden können zudem auch andere Hunde, sofern sie aggressiv sind, als gefährlich einstufen. Dank der individuellen Prüfung möglicher gefährlicher Hunde ließ sich die Liste stark reduzieren und zugleich flexibilisieren. Zudem wird eine Regelung mit Sinn erfüllt: Praktisch alle Hunde besitzen heute einen implantierten Chip, der bisher aber nur für eine freiwillige Registrierung genutzt wurde. Dieses Implantat wird jetzt Pflicht, so dass jeder Hund seinem Halter sofort durch Scannen des Chips zugeordnet werden kann, etwa wenn er entlaufen ist.
Das Gesetz gilt für alle Hunde – mit Ausnahme von Hunden im Polizei-, Wach- und Rettungsdienst sowie für Assistenzhunde (Blindenhunde). Sie dürfen auch ohne Leinenzwang laufen und auf Kinderspielplätze mitgenommen werden.

Die Autoren

ULRICH BERDING

Geboren 1971 in Friesoythe. Studium der Landschafts- und Freiraumplanung in Hannover. 1998-2000 Mitarbeit bei »KoRiS: Kommunikative Stadt- und Regionalentwicklung«, Hannover. 2001-2014 wissenschaftlicher Mitarbeiter am Lehrstuhl für Planungstheorie und Stadtentwicklung an der RWTH Aachen. 2007 Promotion zum Dr.-Ing. 2008 Ernennung zum Akademischen Rat auf Zeit, 2014 Ernennung zum Akademischen Oberrat auf Zeit. Bearbeitung und Leitung von Forschungsprojekten zum öffentlichen Raum. 2011 Gründung der Bürogemeinschaft »stadtforschen.de – Büro für Stadtforschung« (Entwicklung, Kommunikation, Praxis- und Forschungsprojekte zur Sozialraumanalyse, Quartiersentwicklung und zu Gemeinschaftsgärten in benachteiligten Stadtquartieren). Seit 2015 Mitarbeiter bei »plan zwei Stadtplanung und Architektur«, Hannover.

KURT BIEDENKOPF

Geboren 1930 in Ludwigshafen. Studium der Rechtswissenschaften und Volkswirtschaftslehre in den USA sowie in München und Frankfurt mit Promotion und Habilitation. 1964 Berufung als Ordinarius für Handels-, Wirtschafts- und Arbeitsrecht an die Ruhr-Universität Bochum. 1967-1969 Rektor der Ruhr-Universität Bochum. 1970 Wechsel in die Wirtschaft als Mitglied der zentralen Geschäftsführung des Düsseldorfer Chemiekonzerns Henkel. 1973 bis 1977 Generalsekretär der CDU. 1976-1980 Mitglied des Deutschen Bundestags, wirtschaftspolitischer Sprecher der CDU/CSU-Fraktion. 1980-1988 Mitglied des Landtags von Nordrhein-Westfalen. 1977-1986 Vorsitzender des CDU-Landesverbandes Westfalen-Lippe, 1986-1987 Vorsitzender des CDU-Landesverbandes Nordrhein-Westfalen. Nach dem Fall der Berliner Mauer am 9. November 1989 engagierte sich Kurt Biedenkopf im Prozess der Wiedervereinigung Deutschlands. 1990 Berufung an die damaligen Karl-Marx-Universität in Leipzig als Gastprofessur für Wirtschaftspolitik. 1990 Wahl zum ersten Ministerpräsidenten des Freistaates Sachsens. Fast zwölf Jahre lang, bis zum 17. April 2002, diente er Sachsen in diesem Amt. Seit 2003 ist er als Vorsitzender, seit 2010 als Ehrenvorsitzender des Kuratoriums der Hertie School of Governance am Aufbau dieser ersten deutschen Professional School for Public Policy in Berlin engagiert.

CHRISTOF EICHERT

Geboren 1953 in Bochum. Studium der Rechts- und Staatswissenschaften in Heidelberg, Erlangen und Freiburg. Promotion zum Thema »Obdachlosigkeit und polizeiliche Intervention«. 1981-1985 tätig als Jurist auf allen Ebenen der baden-württembergischen Landesverwaltung. 1985-2003 parteiloser Bürgermeister in Isny im Allgäu und Reutlingen sowie Oberbürgermeister der Stadt Ludwigsburg. 2003-2007 erst in der Geschäftsleitung der Bertelsmann Stiftung, dann der Gemeinnützigen Hertie-Stiftung. 2007-2010 Abteilungsleiter im nordrhein-westfälischen Ministerium für Generationen, Familie, Frauen und Integration. Seit Dezember 2010 Vorstand der Herbert Quandt-Stiftung.

OLAFUR ELIASSON

Geboren 1967 in Kopenhagen. 1989-1995 Studium an der Königlich Dänischen Kunstakademie in Kopenhagen. 1995 gründete er das Studio Olafur Eliasson in Berlin, das heute neunzig Mitarbeiter in den Bereichen Werkstatt, Architektur, Kommunikation, Verwaltung und Küche umfasst. Von 2009 bis 2014 leitete er das Institut für Raumexperimente, ein Experiment der Kunstausbildung in Verbindung mit der Universität der Künste Berlin. Eliasson arbeitet in verschiedenen Medien, darunter Installation, Malerei, Fotografie und Film. Er setzt sich intensiv mit physikalischen Phänomenen in der Natur auseinander und nutzt den öffentlichen Raum für seine Installationen. Zu seinen bekanntesten Kunstwerken gehören *Green river*, ein Projekt, das zwischen 1998 und 2001 in verschiedenen Städten durchgeführt wurde, *The weather project*, 2003, *The New York City Waterfalls*, 2008, *Your rainbow panorama*, Aarhus, 2011, *Ice Watch* mit Minik Rosing, realisiert in Kopenhagen 2014 und Paris 2015, sowie *Cirkelbroen* (die Kreisbrücke) in Kopenhagen, 2015. Zu sehen waren seine Arbeiten unter anderem auf der Biennale in Venedig; in der Tate Modern in London; im Museum of Modern Art, New York; im Martin-Gropius-Bau, Berlin; in der Fondation Louis Vuitton, Paris, und im Moderna Museet, Stockholm. Zahlreiche Ehrungen, darunter den Goslarer Kaiserring und den Mies-van-der-Rohe-Preis der Europäischen Union für zeitgenössische Architektur (gemeinsam mit Henning Larsen Architects), erhielt er beide 2013.

THOMAS GAULY

Geboren 1960 in Bad Neustadt/Saale. Studium der Politischen Wissenschaften, der Katholischen Theologie sowie der Mittleren und Neueren Geschichte in Mainz und Bonn. 1990 Promotion bei Karl-Dietrich Bracher zum Dr. phil. 1980-1986 Journalist für Tageszeitungen und Fernsehen (ZDF). 1986-1987 Referent in der Akademiearbeit und Hochbegabtenförderung der Katholischen Kirche. 1991-1995 Leiter der Stabsstelle »Politische Planung und Sonderaufgaben« beim Generalsekretär der CDU Deutschland und Berater des Parteivorsitzenden und Bundeskanzlers Dr. Helmut Kohl. 1998-2007 Generalbevollmächtigter und Leiter »Konzernkommunikation und Investor Relations« der ALTANA AG, Mitglied des Vorstands der Herbert Quandt-Stiftung sowie Sprecher der Familie Herbert Quandt. 2007-2011 Vorstand und Partner bei der CNC AG. Mitgründer und Vorsitzender des Vorstands des Beratungs- und Investmenthauses Gauly | Dittrich | van de Weyer AG sowie Leiter des Geschäftsbereichs »Unternehmensberatung für Strategie & Kommunikation«. Seit 2011 Mitglied des Vorstands der Deutschlandstiftung Integration. Seit 2014 Stellvertretender Vorsitzender des Stiftungsrates der Herbert Quandt-Stiftung.

VOLKER HASSEMER

Geboren 1944 in Metz. Studium der Rechtswissenschaften, 1967 Promotion. Bis 1981 Leiter der Gruppe »Umweltplanung« im Umweltbundesamt. 1981-1983 sowie 1991-1996 Berliner Senator für Stadtentwicklung und Umweltschutz, 1983-1989 Berliner Senator für kulturelle Angelegenheiten. 1996-2002 Geschäftsführer von »Partner für Berlin«, Arbeit an diversen Projekten wie »Schaustelle Berlin«, »Berliner Rede«, »Lange Nacht der Museen«, u.a. Vorsitzender der Initiative »Europa eine Seele geben«. Seit 2006 Vorstandsvorsitzender der Stiftung Zukunft Berlin.

CHARLOTTE HOPF

Geboren 1978 in Würzburg. 1999 Architekturstudium in Dresden und Paris. 2006 Diplom. 2004 einjähriges Praktikum bei Buol & Zünd Architekten in Basel. 2006-2009 Mitarbeit bei Studio Libeskind und Kahlfeldt Architekten GmbH. 2009-2011 Wissenschaftliche Mitarbeiterin am Lehrstuhl Grundlagen und Theorie der Baukonstruktion an der TU Dortmund. Freiberufliche Tätigkeit als Architektin. Seit 2011 Dombaumeisterin an der Oberpfarr- und Domkirche zu Berlin. Seit 2011 ehrenamtliches Engagement für das Stadtentwicklungsprojekt Flussbad Berlin, seit 2012 zweite Vorsitzende des Flussbad Berlin e.V.

GERT-JAN HOSPERS

Geboren 1974 in Enschede/Niederlande. Studium der Ökonomie, Rechtswissenschaften und Verwaltungswissenschaften an den Universitäten Tilburg, Utrecht und Enschede. Tätigkeit für das Wirtschaftsministerium der Niederlande. 2000 Rückkehr an die Twente Universität in Enschede, dort 2004 Promotion. Extraordinary Professor für *Place Marketing* an der Radboud University in Nijmegen – die erste Professur dieser Art in Europa – sowie Dozent für Wirtschaftsgeografie an der Twente Universität. Redaktionsmitglied von *Geografie* und von *European Spatial Research and Policy;* Mitglied des Redaktionsbeirats von *Regional Studies, Regional Science*. Seit 2012 Fellow der internationalen *Regional Studies Association*. 2015 Fellow am Zentrum für Niederlande-Studien der Universität Münster. Forschungskooperationen mit der Linköping Universität in Schweden. Forschungsschwerpunkte städtische und regionale Entwicklungen in Nord- und Westeuropa, demografischer Wandel in Schweden und in den Niederlanden.

SUSANNE KLATTEN

Geboren 1962 in Bad Homburg. 1984-1985 *Business Studies* an der *University of Buckingham*, BSc. 1988 MBA-Studium am *International Institute for Management Development* in Lausanne. Seit 1991 selbstständige Unternehmerin. Aufsichtsratsmandate in familiennahen Unternehmen: Stellvertretende Aufsichtsratsvorsitzende der ALTANA AG, Aufsichtsratsmitglied der BMW AG, Aufsichtsratsvorsitzende der SGL Carbon AG, Aufsichtsratsvorsitzende der UnternehmerTUM GmbH, Garching. Mitglied des Hochschulrates der Technischen Universität München, Vorsitzende des Stiftungsrates der Herbert Quandt-Stiftung.

SABINE KNIERBEIN

Geboren 1977 in Lippetal. 1997-1999 Berufsausbildung zur Gärtnerin, Fachrichtung Garten-, Landschafts- und Sportplatzbau. 1999-2004 Studium der Landschaftsarchitektur/Freiraumplanung in Osnabrück, London und Córdoba/Argentinien. 2004-2009 Promotion zum Dr. phil. an der Bauhaus Universität Weimar. Mehrere Stipendien und Auszeichnungen. Seit 2008 tätig als Leiterin des *Interdisciplinary Centre for Urban Culture and Public Space* am Department für Raumplanung sowie der Stiftungsgastprofessur für Stadtkultur und öffentlicher Raum der Stadt Wien, Technische Universität Wien. Gastforschungsaufenthalte in Buenos Aires/La Plata, Rio de Janeiro und Zagreb. Seit 2013 Assistenzprofessorin für Stadtkultur und öffentlicher Raum an der Technischen Universität Wien.

ROLAND LÖFFLER

Geboren 1970 in Homberg/Efze. 1991-1998 Studium der Ev. Theologie und Philosophie in Tübingen, Berlin, Cambridge und Marburg. 1997-2007 freiberufliche journalistische Tätigkeit. 2002-2004 Vikar der Ev. Kirche von Kurhessen-Waldeck. 2005 Promotion in Marburg zum Dr. theol. 2005-2006 Wissenschaftlicher Mitarbeiter an der Universität Marburg. 2006 Gastprofessor an der Université de Montreal. 2007-2011 Leiter des Themenfeldes »Trialog der Kulturen« der Herbert Quandt-Stiftung in Bad Homburg und seit April 2011 Leiter des Themenfeldes »Bürger und Gesellschaft« in der Berliner Repräsentanz der Stiftung. Ehrenamtlich tätig als Kuratoriumsvorsitzender der Björn-Schulz-Stiftung und Vorstandsmitglied im Jerusalemsverein, Berlin.

CHRISTOPH MÄCKLER

Geboren 1951 in Frankfurt am Main. Studium der Architektur an der Technischen Hochschule in Aachen, 1980 Diplom. Bereits 1979 Auszeichnung mit dem Schinkelpreis. 1981 Gründung eines eigenen Büros für Architektur und Stadtentwicklung in Frankfurt am Main. Seit 1998 Ordentlicher Professor für Städtebau an der Technischen Universität Dortmund. Seit 2008 Direktor und Begründer des Deutschen Instituts für Stadtbaukunst. Berater für zahlreiche Städte. Zu seinen bekanntesten Bauten gehören (mit Jo Franzke) der Erweiterungsbau des Terminals 1 (Flugsteig A) des Frankfurter Flughafens, das Lindencorso in Berlin (1994-1996), der Neue Portikus auf der Maininsel in Frankfurt (2002-2006), der Opernturm in Frankfurt (2007-2010), das Hochhaus Zoofenster in Berlin (2009-2013) sowie der Neubau des Terminals 3 des Frankfurter Flughafens.

SIGRID EVELYN NIKUTTA

Geboren 1969 in Szczytno, Polen. Studium der Psychologie an der Universität Bielefeld. Promotion an der Ludwig-Maximilians-Universität München zum Thema »Mit 60 im Management – Vorstand oder altes Eisen?«. Bis zum Wechsel im Jahr 1996 zur Deutschen Bahn AG im Management eines mittelständischen Unternehmens in Bielefeld tätig. Seit 2001 erst bei Schenker Rail im Schienengüterverkehrsbereich der Bahn in Duisburg angestellt, anschließend Leitung der Produktion und Sprecherin der Geschäftsführung des Transportbereichs Ganzzugverkehr in Mainz. Vorstand Produktion bei DB Schenker Rail Polska. Seit Oktober 2010 Vorstandsvorsitzende und Vorstand Betrieb der Berliner Verkehrsbetrieben (BVG) AöR. Aufsichtsratsvorsitzende der BT Berlin Transport GmbH sowie des Instituts für Bahntechnik. Mitglied des Senats des Deutschen Zentrums für Luft- und Raumfahrt, Präsidiumsmitglied im Verein der Berliner Kaufleute und Industrieller sowie im Deutschen Verkehrsforum und im Verband Deutscher Verkehrsunternehmen, *Policy Board Member* des Internationalen Verbands für öffentliches Verkehrswesen.

JOCHEN PARTSCH

Geboren 1962 in Hammelburg. 1982-1989 Studium der Sozialwissenschaften an der Georg-August-Universität in Göttingen. Tätigkeit im Marketing eines Stuttgarter Softwareunternehmens. 1995-2004 Referent für Lokale Beschäftigungsförderung der »Landesarbeitsgemeinschaft Soziale Brennpunkte« in Hessen. Bis 2006 Wissenschaftlicher Mitarbeiter und Dozent an der Hochschule Darmstadt im Bereich der Forschung zur gemeinwesenorientierten Beschäftigungsförderung in benachteiligten Stadtteilen sowie Leiter eines europäischen Berufsbildungsprojekts beim Werkhof Darmstadt. 1983 Mitbegründer des Kreisverbandes der Grünen im Landkreis Kissingen. 2006-2011 Hauptamtlicher Stadtrat und Dezernent für Soziales, Jugend, Wohnen, Arbeitsmarktpolitik, Frauenpolitik und Interkulturelle Angelegenheiten der Wissenschaftsstadt Darmstadt. Seit Juni 2011 Darmstädter Oberbürgermeister. 2012 Mitglied der 15. Bundesversammlung.

TILL VAN RAHDEN

Geboren 1967 in Bremen. Studium der Geschichtswissenschaft, Soziologie und Literaturwissenschaft in Bielefeld und Baltimore, wo er 1993 den M.A. in *American History* an der *Johns Hopkins University* erwarb. 1999 Promotion im Fach Geschichte an der Universität Bielefeld. 2000-2006 Wissenschaftlicher Assistent an der Universität zu Köln. Seit 2006 Inhaber des *Canada Research Chairs for German and European Studies* an der *Université de Montréal*. Januar bis August 2015 als Gast des Clusters »Die Herausbildung normativer Ordnungen« *Senior Fellow* am Forschungskolleg Humanwissenschaften, Bad Homburg. Im Zentrum seiner Forschungen steht die europäische Geschichte seit der Aufklärung. Sein besonderes Interesse gilt der Geschichte des Spannungsverhältnisses zwischen dem Versprechen der Gleichheit und der Realität der kulturellen Vielfalt.

STEFAN RICHTER

Geboren 1965 in Berlin, Elektronikfacharbeiter mit Abitur, Studium der Elektrotechnik-Elektronik an der Humboldt-Universität zu Berlin. Seit 1992 Projektleiter, geschäftsführender Vorstand und von 2001 bis 2013 Geschäftsführer der parteiunabhängigen GRÜNEN LIGA Berlin, einem Netzwerk ökologischer Bewegungen mit 20 Mitgliedsgruppen und über 50.000 Einzelmitgliedern. 1998 bis 2001 Mitarbeit in den Enquetekommissionen »Zukunftsfähiges Berlin« und »Lokale Agenda 21/Zukunftsfähiges Berlin«. Seit 1992 Begleitung der Rio-Konferenz für Umwelt und Entwicklung. Bis 2013 Sprecher des »Forums Umwelt und Entwicklung«, einem Zusammenschluss von umwelt- und entwicklungspolitischen Nichtregierungsorganisationen in Deutschland. Von 2001 bis 2011 Mitglied des Stiftungsrates der Stiftung Naturschutz Berlin. Seit 2013 Vorstand der Stiftung Zukunft Berlin.

JOSEFINA SYSSNER

Geboren 1973 in Kungsbacka, Schweden. Studium der Sozialwissenschaften, Volkswirtschaft und Politischen Geografie. 2006 Promotion mit der preisgekrönten Dissertation: »What kind of regionalism – regionalism and regional mobilization in Northern European peripheries« an der Universität Linköping. *Research Fellow* an der Linköping Universität and Dozentin im Fach »Tourism Studies« derselben Universität, Department for Studies of Social Change and Culture. *Associate professor* für Kulturgeografie und Direktorin des *Centre for municipality studies* an der Linköping Universität. Gastdozentin am European University Institut in Florenz sowie an der Universität Rostock. Forschungsschwerpunkte: Lokale und regionale Entwicklung, *place branding, destination management*, Kommunal- und Regionalpolitik, demografischer Wandel in Schweden und in den Niederlanden in Kooperation mit der Twente Universität.

PETER TAUBER

Geboren 1974 in Frankfurt am Main. Studium der Mittleren und Neueren Geschichte, Germanistik und Politikwissenschaft an der Johann Wolfgang Goethe-Universität Frankfurt am Main. 2000 Magister Artium mit Auszeichnung. 2007 Promotion in Geschichte bei Lothar Gall über die gesellschaftliche Stellung und ideologische Funktionalisierung des Sports im Deutschen Kaiserreich. 1992 Eintritt in die CDU, 2003-2009 Landesvorsitzender der Jungen Union Hessen. Tätigkeit als Pressesprecher der Deutschen Vermögensberatung AG in Frankfurt am Main und Lehrbeauftragter am Historischen Seminar der Johann Wolfgang Goethe-Universität. Seit Oktober 2009 Mitglied des Deutschen Bundestags. Seit Dezember 2013 Generalsekretär der CDU Deutschlands.

SABINE TOEPFER-KATAW

Geboren 1963 in Berlin. Studium der Rechtswissenschaften an der Freien Universität Berlin mit Studienaufenthalten in Großbritannien und Frankreich sowie einem Jahresaufenthalt als *cultural representative* in den USA. 1989 Diplom als Verwaltungswirtin an der Fachhochschule des Bundes. Seit 1981 Mitglied in der CDU Ortsvorsitzende, Kreisvorsitzende und Mitglied des Landesvorstandes. 1986 bis 2011 Beamtin bei der Deutschen Rentenversicherung Bund. 1991 bis 2001 Mitglied des Abgeordnetenhauses von Berlin. Stellvertretende Vorsitzende der CDU-Fraktion, Mitglied des Präsidiums. Seit 1.12.2011 Staatssekretärin in der Senatsverwaltung Justiz und Verbraucherschutz.

DANIEL WALL

Geboren 1966 in Karlsruhe. 1984 Einstieg in das väterliche Unternehmen und Ausbildung zum Industriekaufmann. Übernahme der Leitung der IT-Abteilung der Wall AG. Mitte der 1990er Jahre Aufbau des unternehmenseigenen Produktionswerkes in Velten/Brandenburg sowie Leitung der Produktion und Entwicklungsabteilung als Geschäftsführer. 1999 Berufung in den Vorstand für Vertrieb & Marketing und gleichzeitig Verantwortung für das internationale Geschäft, u.a. in USA, Italien, Niederlanden, Türkei, Ungarn, Ägypten und Bulgarien. 2007-2015 Vorstandsvorsitzender der Wall AG mit rund 1000 Mitarbeitern deutschlandweit. 2009 wird die Wall AG mehrheitlich Teil der internationalen JCDecaux-Gruppe. 2011-2015 verantwortlich für die operative Führung der Marken Wall und JCDecaux in Deutschland und der Türkei. Ab 1.1.2016 selbstständiger Unternehmer.

RAINER MARIA KARDINAL WOELKI

Geboren 1956 in Köln. 1978-1983 Studium der Katholische Theologie und Philosophie an der Rheinischen Friedrich-Wilhelms-Universität Bonn und an der Albert-Ludwigs-Universität Freiburg unter anderem bei Karl Lehmann. 2000 Promotion an der Päpstlichen Universität vom Heiligen Kreuz in Rom. 1984 Priesterweihe in Köln. 1990 Erzbischöflicher Kaplan und Geheimsekretär von Joachim Kardinal Meisner. Von 1997 bis 2003 Direktor des Theologenkonviktes Collegium Albertinum in Bonn. 1999 verlieh ihm Papst Johannes Paul II. den päpstlichen Ehrentitel »Kaplan Seiner Heiligkeit« (Monsignore). 2003-2011 Weihbischof in Köln. Von 2011 bis 2014 Erzbischof von Berlin. 2012 erhob ihn Papst Benedikt XVI. zum Kardinal. Seit 2014 ist er Erzbischof von Köln. Rainer Maria Kardinal Woelki ist der 95. Bischof in der Geschichte des Erzbistums Köln.

35. Sinclair-Haus-Gespräch

am 24./25. April 2015 in Bad Homburg v.d. h.

Teilnehmer

Bank, Frauke; Leiterin Unternehmenskommunikation der Wall AG, Berlin

Beinhauer-Köhler, Prof. Dr. Bärbel; Professorin für Religionswissenschaften, Philipps-Universität, Marburg und Mitglied des Stiftungsrats der Herbert Quandt-Stiftung, Marburg

Berding, Dr. Ulrich; plan zwei Stadtplanung und Architektur, Hannover

Eichert, Dr. Christof; Vorstand der Herbert Quandt-Stiftung, Bad Homburg

Führer, Dr. Ruth; Moderatorin, hr2 Kultur, Frankfurt/Main

Gauly, Dr. Thomas; Vorstandsvorsitzender der Gauly|Dittrich|van de Weyer AG, Frankfurt und Stellvertretender Vorsitzender des Stiftungsrates der Herbert Quandt-Stiftung, Bad Homburg

Hassemer, Dr. Volker; Vorstandsvorsitzender der Stiftung Zukunft Berlin und Berliner Senator für Stadtentwicklung a.D., Berlin

Hildmann, Dr. Philipp W.; Leiter des Büros der Vorsitzenden/Interkultureller Dialog der Hanns-Seidel-Stiftung, München

Höller, Ulrich; Vorstandsvorsitzender DIC Asset AG, Frankfurt/Main

Hopf, Charlotte; Architektin, Dombaumeisterin des Berliner Doms und Vorstandsmitglied des Flussbad Berlin e.V., Berlin

Klatten, Susanne; Unternehmerin und Stiftungsratsvorsitzende der Herbert Quandt-Stiftung, Bad Homburg/München

Klump, Prof. Dr. Rainer; Rektor der Universität Luxemburg und Mitglied des Stiftungsrats der Herbert Quandt-Stiftung, Bad Homburg

Knierbein, Prof. Dr. Sabine; Leiterin des Arbeitsbereiches Stadtkultur und öffentlicher Raum, Technische Universität Wien

Krüger, Andreas; Vorstandsvorsitzender der Belius Stiftung, Berlin und Vorstandsvorsitzender Bioenergiedorf Volkfien/Wendland e.V.

Landsberg, Kaija; Geschäftsführerin der Organisation Children for a better world e.V., München und Mitglied des Stiftungsrats der Herbert Quandt-Stiftung, Bad Homburg

Löffler, Dr. Roland; Leiter des Themenfeldes »Bürger und Gesellschaft« der Herbert Quandt-Stiftung, Berlin

Lohr, Karin; Geschäftsführerin des Vereins »Bürger in sozialen Schwierigkeiten« und der gleichnamigen Obdachlosenzeitung, München

Mäckler, Prof. Christoph; Inhaber Christoph Mäckler Architekten, Frankfurt/Main

Nikutta, Dr. Sigrid Evelyn; Vorstandsvorsitzende der Berliner Verkehrsbetriebe, Berlin

Partsch, Jochen; Oberbürgermeister der Stadt Darmstadt

Van Rahden, Prof. Dr. Till; Canada Research Chair in German and European Studies, Université de Montréal und Fellow am Forschungskolleg Humanwissenschaften, Bad Homburg

Rohark, Dr. Regine; Geschäftsführerin der Bautzener Wohnungsbaugesellschaft mbH, Bautzen

Schmidt, Dr. Wolf; Stiftungsratsvorsitzender der MecklenburgerAnStiftung, Wismar

Schmidt-Degenhard, Meinhard; Ressortleiter und Moderator, Hessischen Rundfunk-Fernsehen, Frankfurt/Main

Schwarz-Boenneke, Dr. Bernadette; Leiterin des Themenfeldes »Trialog der Kulturen« der Herbert Quandt-Stiftung, Bad Homburg

Sevindim, Aslı; Journalistin und Moderatorin beim Westdeutschen Rundfunk, Köln und Mitglied des Stiftungsrats der Herbert Quandt-Stiftung, Bad Homburg

Tauber, Dr. Peter; Generalsekretär der CDU Deutschland und Mitglied des Deutschen Bundestages, Gründau/Berlin

Weigand, Roman; Leiter der Presse- und Öffentlichkeitsarbeit der Herbert Quandt-Stiftung, Bad Homburg

Woelki, Rainer Maria Kardinal; Erzbischof von Köln

Sinclair-Haus-Gespräche

Themen

1. Welt im Umbruch: Können Demokratie und Marktwirtschaft überleben?
November 1993

2. Verwildert der Mensch? Voraussetzungen gesellschaftlicher Ordnung
April 1994

3. Quo vadis? Deutschland nach einem besonderen Wahljahr
Dezember 1994

4. Kulturen im Konflikt – Die Bestimmung Europas
März/April 1995

5. Kultur als Machtinstrument
Dezember 1995

6. Globale Wirtschaft – nationale Sozialpolitik:
Wie lange geht das noch gut?
April 1996

7. Löst sich die Industriegesellschaft auf?
November 1996

8. Europa nach der Wirtschafts- und Währungsunion
April 1997

9. Russland – wohin?
Dezember 1997

10. Leben – um welchen Preis?
April 1998

11. Trialog der Kulturen im Zeitalter der Globalisierung
Dezember 1998

12. Vom christlichen Abendland zum multikulturellen Einwanderungsland?
April 1999

13. Die Zukunft des Gewesenen – Erinnern und Vergessen an der Schwelle des neuen Millenniums
November 1999

14. Die stille Revolution – Geschlechterrollen verändern sich
April 2000

15. Kapitalismus ohne Moral? Ethische Grundlagen einer globalen Wirtschaft
November 2000

16. Europas Verfassung – Eine Ordnung für die Zukunft der Union
Mai 2001

17. Wem gehört der Mensch?
November 2001

18. Brücken in die Zukunft – Museen, Musik und darstellende Künste im 21. Jahrhundert
April 2002

19. Afrika – der vergessene Kontinent?
November 2002

20. Medien in der Krise
Mai 2003

21. Jenseits des Staates? »Außenpolitik« durch Unternehmen und NGOs
November 2003

22. Gesellschaft ohne Zukunft? Bevölkerungsrückgang und Überalterung als politische Herausforderung
Mai 2004

23. Mut zur Führung – Zumutungen der Freiheit. Wie wahrheitsfähig ist die Politik?
November 2004

24. Europa und Lateinamerika – Auf dem Weg zu strategischer Partnerschaft?
April 2005

25. Unternehmerischer Patriotismus in Zeiten globaler Märkte
November 2005

26. Die Zukunft der gesellschaftlichen Mitte in Deutschland
Mai 2006

27. Die Mitte als Motor der Gesellschaft – Spielräume und Akteure
April 2007

28. Wege zur gesellschaftlichen Mitte – Chancen, Leistung und Verantwortung
April 2008

29. Aspekte gesellschaftlicher Mitte in Europa – Annäherungen und Potentiale
April 2009

30. Vertrauen und das soziale Kapital unserer Gesellschaft
April 2010

31. Autorität in der Moderne – neue Formen, andere Akteure?
Mai 2011

32. Freiheit – Sicherheit – Gleichheit. Perspektiven für unsere Gesellschaft
Mai 2012

33. Die Bürger und ihr Staat. Ein Verhältnis am Wendepunkt?
April 2013

34. Landflucht 3.0. Welche Zukunft hat der ländliche Raum?
Mai 2014

35. Die Bürger und ihr öffentlicher Raum. Städte zwischen Krise und Innovation
April 2015

Die Herbert Quandt-Stiftung und die Sinclair-Haus-Gespräche

Herbert Quandt-Stiftung

Den Bürger stärken – die Gesellschaft fördern

Gestiftet als Dank für die Lebensleistung des Unternehmers Dr. Herbert Quandt, setzt sich die Herbert Quandt-Stiftung für die Stärkung und Fortentwicklung unseres freiheitlichen Gemeinwesens ein. Ausgangspunkt ihres Handelns in den Satzungsbereichen Wissenschaft, Bildung und Kultur ist entsprechend diesem Vorbild die Initiativkraft des Einzelnen und die Einsatzbereitschaft für andere. Die Stiftung will mit ihrem Wirken dazu beitragen, das Ideal des eigenständigen Bürgers zu fördern: Sie möchte Menschen anregen, ihre individuellen Begabungen zu entfalten und Verantwortung für sich sowie für das Gemeinwesen zu übernehmen.

Die Stiftung ist grundsätzlich operativ tätig in Form von längerfristigen Programmen. Sie greift gesellschaftspolitische Themen auf, erschließt sie in Kooperation mit der Wissenschaft, entwickelt praktikable Lösungsansätze und bringt sie in das Bewusstsein der Öffentlichkeit und der Politik. Sie möchte damit auch die politische Kultur unseres Landes fördern. Je nach Erfordernis setzt die Herbert Quandt-Stiftung auf Bündnisse mit anderen Institutionen und Organisationen, um den gesamtgesellschaftlichen Dialog zu befördern sowie andere zu ermutigen, die Anliegen der Stiftung aufzunehmen und weiterzutragen.

Isaak von Sinclair

Isaak von Sinclair (1775-1815) war Berater und enger Vertrauter des Landgrafen von Hessen-Homburg, dessen Interessen Sinclair unter anderem auf dem Wiener Kongress vertrat. Sinclair war aber nicht nur Beamter und Diplomat, sondern auch Intellektueller und Poet. Seine idealistische Philosophie und die seines Freundeskreises, dem Hegel, Schelling und Hölderlin angehörten, waren von der geistigen und politischen Auseinandersetzung im Gefolge der Aufklärung und der Französischen Revolution geprägt.

Sinclair war Hölderlin insbesondere während dessen schwierigen Lebensphasen ein hilfreicher Freund. Als »edler Freund des Freundes« gewährte Sinclair dem Dichter Zuflucht, finanzierte seinen Lebensunterhalt und kümmerte sich um den Kranken.

Sinclair-Haus-Gespräche

1978 erwarb die ALTANA AG das Sinclair-Haus, das 2006 in den Besitz der ALTANA Kulturstiftung gGmbH überging. Das dem Bad Homburger Schloss gegenübergelegene Haus wurde in der Schönheit seiner ursprünglichen Barockform restauriert.

Von 1993 bis 2015 fanden hier die Sinclair-Haus-Gespräche statt, in denen die Herbert Quandt-Stiftung internationale Persönlichkeiten aus Wirtschaft, Wissenschaft, Kultur, Politik und den Kirchen zum Gespräch über die grundlegenden Fragen der Gegenwart mit dem Ziel zusammenführt, gemeinsam tragfähige Ansätze für Problemlösungen zu entwickeln. Die Begegnungen erfolgen in einem geschlossenen Kreis von etwa 25 Teilnehmern und dienen so einem offenen Gedankenaustausch. Die Ergebnisse werden veröffentlicht, um den gewonnenen Erkenntnissen über den Teilnehmerkreis hinaus Resonanz zu verschaffen.

Bildnachweis

Titel: Roman Weigand
S. 4, 28, 48, 63, 68, 219, 223-231, 233f., 236, 241: Mirko Krizanovic
S. 14: Antje Klaudius
S. 17: Christoph Mäckler Architekten/Thomas Eicken
S. 23: picture alliance/Hajo Dietz
S. 34, 88, 161, 187: Mika Schmidt
S. 54: Madeleine Buchmann
S. 58f.: Olafur Eliasson/Anders Sune Berg
S. 62: Mäckler Architekten/Wolfgang Leihener
S. 70, 73: Flussbad Berlin
S. 78: C. Brueckner, Berlin
S. 82: Andreas Krüger
S. 88: BVG/Lang
S. 95: BVG/Lambert
S. 100: Wall AG
S. 110, 177: Roman Weigand
S. 111: Archiv Grünes Gedächtnis der Heinrich Böll Stiftung/Ralph Rieth
S. 116, 196: Netzwerktreffen Engagierte Stadt/Kathrin Harms
S. 126: picture alliance/Sven Simon
S. 132: Vadstena kommun/Bo Gäfvert
S. 136: picture alliance/Arco Images
S. 145: picture alliance/AP Photo
S. 152: picture alliance/Ulrich Baumgarten
S. 170: picture alliance/dpa
S. 206f.: Stiftung Zukunft Berlin
S. 223 unten: mediagroupberlin.com/Frank Ossenbrink
S. 224 unten: Studio Olafur Eliasson/María del Pilar García Ayensa
S. 226 unten: Gerwin Nijkamp/Achterhoek Nieuws
S. 228 unten: Mäckler Architekten/Hardy Müller
S. 230 unten: privat
S. 231 oben: Linus Lindgren
S. 232 oben: Landesarchiv Berlin
S. 232 unten: Hoffotografen

Impressum

HERAUSGEBER

Herbert Quandt-Stiftung
Am Pilgerrain 15
61352 Bad Homburg v. d. Höhe
www.herbert-quandt-stiftung.de

VERLAG

Verlag Herder GmbH
Hermann-Herder-Straße 4
79104 Freiburg
www.herder.de

TEXTREDAKTION

Dr. Roland Löffler
Antje Klaudius
Stephanie Hohn

LEKTORAT

Sarah Mayer-Voigt

ÜBERSETZUNG AUS DEM ENGLISCHEN

Till van Rahden/Axel Waller (Beitrag van Rahden)
Sebastian Gillwald (Beitrag Syssner/Hospers)

GESTALTUNGSKONZEPT

Stählingdesign, Darmstadt

SATZ UND BILDBEARBEITUNG

Arnold & Domnick, Leipzig

HERSTELLUNG

Graspo CZ, Zlín

Januar 2016

ISBN 978-3-451-34829-7

FSC www.fsc.org MIX Paper from responsible sources FSC® C010798